高等教育会计类创新应用型规划教材

Fundamentals of Accounting

会计学基础

（第二版）

黄爱玲　韩永斌　主　编
缪艳娟　费　新　副主编

东北财经大学出版社
Dongbei University of Finance & Economics Press　大连

图书在版编目（CIP）数据

会计学基础 / 黄爱玲，韩永斌主编．—2版．—大连：东北财经大学出版社，2023.12（2025.8重印）
（高等教育会计类创新应用型规划教材）
ISBN 978-7-5654-5075-4

Ⅰ.会… Ⅱ.①黄… ②韩… Ⅲ.会计学-高等学校-教材 Ⅳ.F230

中国国家版本馆CIP数据核字（2023）第255951号

东北财经大学出版社出版
（大连市黑石礁尖山街217号 邮政编码 116025）
网 址：http://www.dufep.cn
读者信箱：dufep@dufe.edu.cn
大连雪莲彩印有限公司印刷 东北财经大学出版社发行
幅面尺寸：185mm×260mm 字数：332千字 印张：14
2023年12月第2版 2025年8月第2次印刷
责任编辑：王 莹 孔利利 责任校对：王 华
封面设计：原 皓 版式设计：原 皓
定价：42.00元

教学支持 售后服务 联系电话：（0411）84710309

如有印装质量问题，请联系营销部：（0411）84710711

第二版前言

在如今“大智移云物区”时代，互联网等新技术的涌现，对经济环境产生了重大影响，不断催生新的商业模式，经济的发展面临新的转型，会计职业与会计教育面临着前所未有的挑战，进一步深化会计教育改革势在必行。信息技术的发展改变了会计学科的发展方向，颠覆了传统会计思维模式，改变了传统会计技能和方法，拓展了会计学科发展边界，丰富了会计学科体系内涵。在会计理论、会计实务面临新技术持续冲击的同时，高等教育的会计教学内容必须随之变革。

会计学基础作为会计入门课程，正面临着课程框架体系和内容的创新。教材是教学的纽带，是教师授课取材之源，也是学生求知解惑之本，因此，我们着手编写一本适应新时代要求的《会计学基础》教材。本教材可供高等院校会计学专业及其他经济管理类专业的在校学生使用，也可供会计工作者、会计教师、经济管理人员等进行自学或培训使用。本教材具有以下特色：

（1）凸显思政元素。将社会主义核心价值观和思政教育等学生思想素质培养贯穿教材之中。例如，结合中国会计发展的光辉历程，总结中国会计发展所取得的伟大成就；从以诚信为本的基本职业道德准绳出发，加强会计职业道德素养教育等。

（2）确立大会计思维。结合会计学“宽口径、厚基础”的培养模式，在第一章将企业生产经营、资金运动与会计信息三者有机融合，摆脱传统教材侧重会计业务核算的狭隘范畴，有利于初学者构建更为全面的大会计思维，强化“业财融合”的基本理念。

（3）重构教材内容体系。改变现行《会计学基础》教材在手工与信息化之间徘徊不前的局面，大幅度缩减手工会计模式下的会计载体形式和核算程序的教学内容。结合会计职能的重新定位和重心转移，大篇幅增加会计监督审核和财务报表分析内容，尤其增加对信息化环境下会计理论与实务的创新和变革的反思。

（4）打造立体化数字模式。通过二维码形式，本教材将案例企业（服装生产企业）的实际生产经营过程进行展示，从而增强学生对企业生产经营的直观认知，实现线上和线下、业务和财务的有机融合。

（5）实现产教融合、校企合作。本教材不仅根据企业的实务需要，体现国家最新颁布的会计准则、税法等法律法规内容，而且实现大学教材与企业培训教材的协调。

（6）融入作者教学和研究的思索。本教材由扬州大学几位具有二三十年教学经验和丰富实践经验的教授、副教授编写，并且在有关章节中融入了作者的探索、思考及研究成果，如会计概念框架等会计理论及会计核算方法、程序等。

与第一版相比，本教材第二版主要做了以下修订：结合党的二十大报告精神，对应教材章节主要内容，增补“课程思政拓展阅读”材料，进一步强化思政特色；根据我国会计法律法规和会计准则的最新变化，修订和增补最新会计法律法规条文，力求与实务同步发展；结合会计智能化转型发展趋势，专门在第七章增加“会计大数据及其可视化”内容；根据任课老师提出的修改意见，及时完善在课堂教学过程中发现的疏漏之处。

本教材由扬州大学黄爱玲副教授、韩永斌副教授担任主编，缪艳娟教授、费新副教授担任副主编。黄爱玲副教授、韩永斌副教授负责确定本教材的编写思路、拟定大纲、审阅定稿以及本次修订的组织工作。本次修订最后由韩永斌副教授总纂定稿。各章修订的具体分工依然由原先章节编写人员负责：韩永斌副教授编写第一章，缪艳娟教授编写第二章，骆红兰副教授编写第三章，黄爱玲副教授编写第四章，费新副教授编写第五章，韩永斌、赵龙副教授编写第六章，袁凤林副教授编写第七章，潘向阳老师编写第八章。许莲艳博士参与部分章节修订，并对修订内容进行了全面校对。

本教材受扬州大学出版基金资助，并且在编写过程中参考了大量的相关教材、论著及期刊论文等，在此向有关作者深表谢意。在修订过程中，我们还得到了东北财经大学出版社和会计学基础相关课程任课教师的中肯建议，在此一并致以诚挚的谢意。同时，衷心感谢江苏虎豹集团有限公司及其财务部门对本教材编写所提供的业界方面的大力支持。

由于编者水平有限，疏漏在所难免，敬请同行专家和广大读者批评指正。

编 者

2023年11月

目 录

第一章　企业经济活动与会计信息

【学习目标】

通过本章学习，学生应该了解企业的基本组织结构和主要经济活动，掌握会计反映企业主要经济活动的基本原理，学会从资金流、信息流等多视角审视企业经济活动，理解企业经济活动与主要财务报表之间的关系，从而达到“业财融合”的目的。

【引导案例】

扬子津食堂奶茶店访谈记录

探寻问题：

1.开一家奶茶店需要投入哪些设备？设备价格大约是多少元？

2.做奶茶需要购买哪些原料？具体原料的进货成本是多少元？

3.每杯奶茶的平均成本和售价大致是多少元？

访谈记录：

1.开设奶茶店需要投入的基本设备包括：破碎机（1 500～3 000元）、制冰机、封口机、两个冰柜、豆浆机、榨汁机（3 500元）、保温箱、加热器（2 000～3 000元）、过滤器（3 000元）；以上所需设备如果整套购买，大约需要35 000元。

2.开设奶茶店需要的基本原料：纯净水；珍珠（20元/包）；椰果（26元/瓶）；红豆（20～40元）；布丁；巧克力。奶茶杯0.22元/个；盖子0.04元/个；吸管0.06元/个。

3.每杯奶茶的平均成本大约为6元，平均售价大约为8元。

试问，奶茶店的主要经营活动包括哪些？制作奶茶的基本工艺流程包括哪些环节？会计如何对奶茶店的运行情况加以核算和反映？

第一节　企业经济活动

一、公司治理结构与组织结构

从会计发展的历史来看，会计被广泛运用于政府和企业的经济活动，本书将会计的工作环境定位于企业组织。企业是指从事生产、流通、服务等经济活动，以生产或服务满足社会需要，实行自主经营、独立核算、依法设立的一种营利性的经济组织。

在通常情况下，企业按财产的组织形式和所承担的法律责任可分为独资企业、合伙企业和公司企业，这是按照法定标准进行分类的。公司企业又称股份制企业，是由两个以上投资人（自然人或法人）依法出资组建，有独立的法人财产，自主经营、自负盈亏的法人企业，公司企业的所有权和经营权分离，出资者按出资额对公司承担有限责任，主要包括有限责任公司和股份有限公司。

（一）公司治理结构

公司治理结构，是指为实现资源配置的有效性，所有者（股东）对公司的经营管理和绩效进行监督、激励、控制和协调的一整套制度安排，它反映了决定公司发展方向和业绩的各参与方之间的关系。

典型的公司治理结构是由所有者、董事会和执行经理层等形成的一定的相互关系框架。公司的最高权力机构和最高决策机构是股东大会，由全体股东组成。公司内设机构由董事会、监事会和总经理组成，分别履行公司战略决策职能、纪律监督职能和经营管理职能，在遵照职权相互制衡的前提下，客观、公正、专业地开展公司治理活动，并对股东大会负责，以维护并争取实现最佳经营业绩。公司治理结构如图1-1所示。

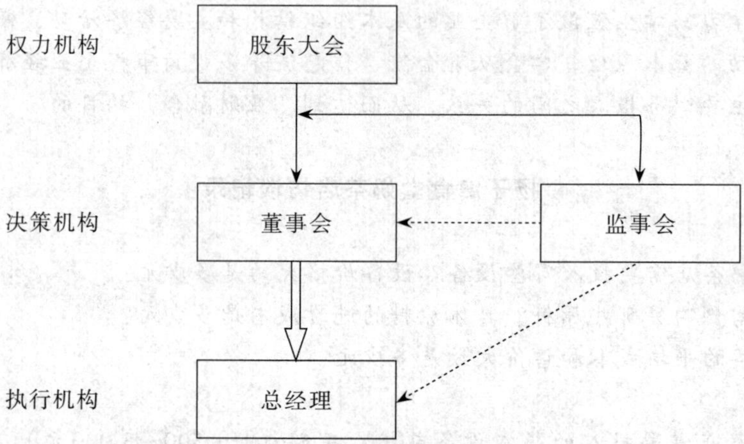

图1-1　公司治理结构

（二）公司组织结构

通常所说的组织结构，是指为了实现组织的目标，在组织理论指导下，经过设计形成的组织内部各个部门、各个层次之间固定的排列方式，即组织内部的构成方式。不同的企业，由于性质不同，其组织结构也不完全一样，如直线型组织结构、职能型组织结构、事业部制组织结构等。某制造业企业的组织结构如图1-2所示。

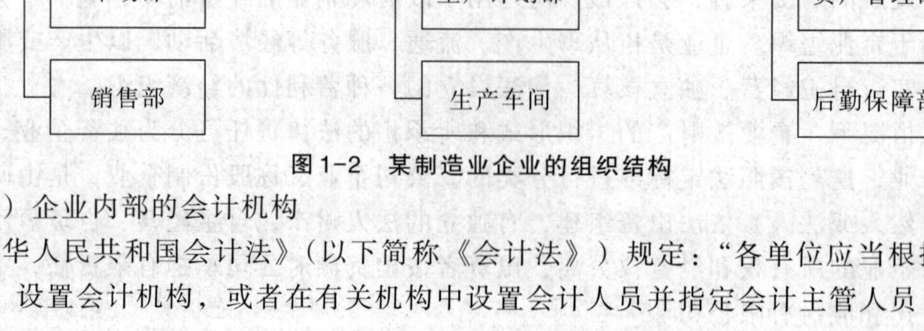

图1-2　某制造业企业的组织结构

（三）企业内部的会计机构

《中华人民共和国会计法》（以下简称《会计法》）规定："各单位应当根据会计业务的需要，设置会计机构，或者在有关机构中设置会计人员并指定会计主管人员；不具备设置条件的，应当委托经批准设立从事会计代理记账业务的中介机构代理记账。”同时，《会计法》还规定：“会计机构内部应当建立稽核制度。出纳人员不得兼任稽核、会计档案保管和收入、支出、费用、债权债务账目的登记工作。”

由上述规定可以看到，企业内部会计机构的设置需要遵循两条基本原则：第一，除非企业规模太小，一般都需要设置独立的会计机构；第二，会计机构设置必须保证机构内部的互相牵制，尤其是出纳与会计记账职能应该严格分开。当然，企业内部会计机构设置的具体做法，也必须充分考虑企业自身的生产经营、管理特点和要求，不能一概而论。但是，企业会计机构的设置状况还是有一定规律可循的，例如，企业规模越大，会计机构的设置通常越复杂；企业内部管理要求越高，会计机构的设置通常越细化；企业财务管理权力越集中，会计机构的权力也就越集中于企业总部层面。在规模比较大的现代企业组织中，典型的会计机构通常包含以下功能组织：财务会计、管理会计、税务会计、财务管理、内部审计等。

二、制造业企业主要经济活动

制造业企业的经济活动，涵盖了企业经济活动或商业模式的主要环节，最具代表性。中国证券监督管理委员会（以下简称“中国证监会”）将我国资本市场全部上市公司分为农、林、牧、渔业（A），采矿业（B），制造业（C），电力、热力、燃气及水的生产和供应业（D），建筑业（E），批发和零售业（F），交通运输、仓储和邮政业（G），住宿和餐饮业（H），信息传输、软件和信息技术服务业（I），金融业（J），房地产业（K），租赁和商务服务业（L），科学研究和技术服务业（M），水利、环境和公共设施管理业（N），居民服务、修理和其他服务业（O），教育（P），卫生和社会工作业（Q），文化、体育和娱乐业（R），综合（S）等十九大类，其中制造业的公司占全部公司数量超过一半。按照中国证监会行业分类目录的界定，制造业是指“经物理变化或化学变化后成为新的产品，不论是动力机械制造，还是手工制作；也不论产品是批发销售，还是零售，均视为制造”。制造业包括30个子行业，如农副食品加工业，食品制造业，酒、饮料和精制茶制造业，纺织业等。了解制造业企业的经济活动，有助于理解不同情境企业经济活动及其会计的应用。

制造业企业的经济活动通常包括筹资活动、投资活动和经营活动和利润分配活动。

（一）筹资活动

任何一个企业想要正常运行，都必须有一定数量的资本，用来购买厂房、设备、生产用材料，支付员工工资，支付其他各种必要的费用开支。筹资活动，又称融资活动，具体分为股权融资和债权融资。股权融资是指企业通过出售其股权给投资者以取得资金的行为。债权融资是指企业从金融机构借入资金，或向社会发行债券进行融资的行为。企业要从各种渠道筹集生产经营所需要的资金，其筹资的渠道主要包括接受投资者的投资和向债权人借入各种款项。完成筹资任务即接受投资或形成负债，资金筹集业务的完成意味着资金投入企业，因而，企业就可以运用筹集到的资金开展正常的经营业务。如何以较低的成本和风险，筹集到满足经济活动需要的资金，是所有企业都面临的一项重要任务。

（二）投资活动

企业筹集资金的目的是把资金用于生产经营活动以取得盈利，从而不断提升企业的价值。企业把筹集到的资金用于购置自身经营所需的固定资产、无形资产等，从而形成企业的对内投资；企业把筹集到的资金用于投资其他企业的股票、债券，与其他企业联营进行投资以及收购另一家企业等，从而形成企业的对外投资。

任何一家制造企业都需具备相应的制造能力，如购买机器设备、建造厂房、购买专利技术等，为未来的高效生产做好准备，这些都是企业非常重要的经济活动。当然，在充满竞争的市场经济社会，企业的分工程度高，加之互联网普及降低了信息搜寻成本，企业可以通过多种方式来解决制造能力的需求问题，如租用厂房、设备，甚至，企业不再需要自己完成全部活动，可以通过“外包”业务，将制造环节委托给那些具有制造能力的企业。

（三）经营活动

经营活动是指企业日常发生的经济业务。制造业企业是产品的生产单位，其完整的生产经营过程由材料供应活动、产品生产活动和产品销售活动构成。

1.材料供应活动

制造业的主要活动就是借助机器设备等，将各类材料经过加工后，生产出符合要求的产成品。例如，海天味业，作为调味品生产企业，其主导产品——海天酱油产销量连续20多年稳居全国第一，并遥遥领先。它需要采购的主要原材料是大豆、白糖等，此外，还需要一些辅助材料如包装材料、备品备件等。大豆的蛋白质含量是保障酱油品质最基本的一环。大豆原料成本是酱油酿造企业成本的重要构成。从制造角度看，能够准备充足的、满足生产需求的各种材料，是企业制造环节顺畅运行的前提；当然，过量采购、储存原材料，同样会造成极大的浪费，因此，适度采购与存货管理，是企业运营管理的一个重要内容。

2.产品生产活动

生产过程是制造业企业经营过程的中心环节。这也是制造业区别于其他行业（如贸易业）的主要标志。在生产过程中，劳动者借助劳动资料对劳动对象进行加工，生产出各种各样适销对路的产品，以满足社会的需要。生产过程既是产品的制造过程，又是物化劳动和活劳动的耗费过程，即费用、成本的发生过程。从消耗或加工对象的实物形态及其变化过程看，原材料等劳动对象通过加工形成在产品，随着生产过程的不断进行，在产品终究要转化为产成品；从价值形态来看，在生产过程中发生的各种耗费形成企业的生产费用。具体而言，为生产产品耗费材料就会形成材料费用，耗费活劳动就会形成工资及福利等人工费用，使用厂房、机器设备等劳动资料就会形成折旧费用等。在生产过程中发生的这些生产费用总和构成了产品的生产成本（又称制造成本）。在此过程中，企业运用一定的生产设备，采用生产技术，按照生产工艺流程对产品进行生产加工。例如，海天酱油生产工艺流程主要包括：原料检测—原料蒸煮—制曲—天然发酵—物理压榨—灭菌澄清—成品生产—成品检验—产品包装—产品检验—包装入库。从黄豆到酱油，要经过清洗—浸泡—蒸煮—制曲—酿晒—压榨—灭菌澄清—灌装等环节，其中酿晒是极为关键的一环，这一环节关系到酱油成品的口感。为此，海天味业就必须建立大规模天然晒池等基础设施。企业需要准确核算各个阶段产品的生产成本，以便给产品定价，同时也为企业能够有效管理并控制各个环节的生产成本，提供依据。

3.产品销售活动

销售过程是产品价值的实现过程。在销售过程中，企业通过销售产品，并按照销售价格与购买单位办理各种款项的结算，以及收回货款。只有所生产的产品能够顺利销售出去，并且回收资金，企业才能够存活下去，从而顺利地进行再生产，进而谋求发展、壮大。企业通过多种销售方式推销自己的产品，销售模式在不断地创新。基本销售模式可以分为现销和赊销、线上和线下、加盟和直营等。不同的销售模式对企业销售收入的核算产生了不同的影响。海天味业主要采用平台直销模式，与经销商、分销商建立了长期合作关系；采用“先款后货”的结算方式，有力保障公司充裕的现金流，并且防止坏账的发生。海天味业通过采取线上线下相结合的销售模式，已成为调味品平台型企业，其在 B2C、B2B、新零售等板块已分别与天猫、京东、苏宁、唯品会、盒马鲜生、宾果盒子、零售通、新通路等主流电商平台建立了合作关系。

（四）利润分配活动

企业在经营过程中会产生利润，也可能会因对外投资而分得利润，这表明企业有了资金的增值或取得了投资报酬。从企业角度来看，将所制造的产品顺利销售出去，实现利润，其经营活动循环已经完成，但从投资者角度来看，投资者投入资金，是为了获取回报，因此，企业在实现利润后，需要按规定的程序向投资者进行利润分配，之后剩余的利润，企业可以投入下一个经营活动循环中去。

综合上述内容可以看出，制造业企业在经营过程中发生的主要经济业务内容包括：筹资活动；投资活动；经营活动；利润分配活动。其中，经营活动具体可以分为：材料供应活动；产品生产活动；产品销售活动。

企业的筹资活动、投资活动、经营活动和利润分配活动之间的相互联系，构成一个完整的经济活动循环，企业成立初始主要依赖投资者提供的资金，待企业进入正常的生产经营活动以后，又会形成源源不断的利润推动企业持续发展。

三、制造业企业的资金运动

制造业企业的经济业务活动，可抽象理解为资金运动。资金是社会再生产过程中各项财产物资的货币表现以及货币本身。企业的生产经营过程，既是实物流转的过程，又是资金运动的过程。制造业企业的生产经营活动，包括“供应—生产—销售”三个过程，其资金就是在这样一个过程中周而复始不断循环运动的。

企业筹集到的资金最初一般表现为货币资金形态。货币资金形态是资金运动的起点。制造业企业进行生产经营活动，首先要用货币资金去购买材料物资为生产过程做准备；生产产品时，再到仓库领取材料物资；生产出产品以后，要对外出售，售后还应收回已售产品的资金。制造业企业的资金随着供应过程、生产过程和销售过程其形态也在发生变化：用货币购买材料物资，货币资金转化为储备资金（材料物资等所占用的资金）；车间生产产品领用材料物资，储备资金又转化为生产资金（在生产过程中各种在产品所占用的资金）；将车间加工完毕的产品验收入库后，生产资金又转化为成品资金（待售产成品占用的资金）；将产成品出售并收回货币资金，成品资金又转化为货币资金。

经营资金在生产经营过程中被具体运用时表现为不同的占用形态，一般可以分为货币资金、储备资金、生产资金、成品资金等形态，而且随着生产经营过程的不断进行，这些资金形态不断转化，从而形成经营资金的循环与周转。上述只是资金在企业内部的循环周转，就整个资金运动而言，还应包括资金的投入和资金的退出。资金的投入包括所有者的资金投入和债权人的资金投入。投入企业的资金一部分形成流动资产，另一部分形成企业的固定资产等非流动资产。资金的退出包括企业偿还银行借款、上缴税金和分配利润等环节，此时资金离开企业。

制造业企业的资金运动如图1-3所示。

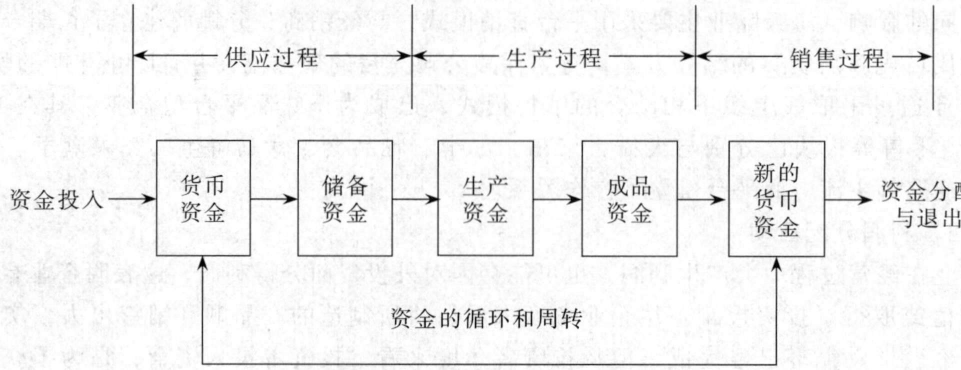

图1-3 制造业企业的资金运动

第二节 会计信息：会计视角的企业经济活动

一、会计信息及其使用者

人类所从事的绝大多数社会活动，都是通过一定的组织来完成的。组织，是指那些为了实现一个或多个共同目标而使许多人集合在一起的团体，如企业、政府机构、学校及医院等。企业是营利性组织，其主要目标是赚取利润；政府机构、学校及医院等，通常是非营利性组织，其主要目标是管理社会或服务社会。凡是组织，无论是营利性的还是非营利性的，人们都希望其有高效率，这就需要对这些组织进行管理，而管理就需要信息。例如，作为一个企业，经理人需要对库存原材料和库存产品进行管理，既要减少不必要的资金占用，又要避免由于缺货而导致的停工待料或销售机会损失。为此，经理人就需要随时了解并掌握这些库存物资的数量和金额，在一个过程（如一天周或一个月）中的增减变化情况以及质量情况等。类似地，经理人也需要对企业的人力资源进行管理，以充分发挥所有人的积极性并挖掘其潜力。为此，经理人需要掌握企业现有人员的数量及构成状况，以及他们能力的发挥情况等信息。

不仅经理人等企业的“内部人”需要了解关于该企业的各种信息，而且诸如股东和债权人等企业的“外部人”也需要了解该企业的各种信息，以便制定相关决策。例如，作为一个企业的股东，需要知道企业在一个过程（如一个季度、一个年度）中实现了多少销售额，赚取了多少利润，在一个过程结束之后企业的资产有多少，负债有多少，剩余给股东的净资产（资产减去负债）有多少，以及该企业所从事的经营业务及其所在行业未来的发展前景等。只有了解了这些信息，股东才有可能对其所持有的企业股票价值及其可能的未来变化趋势做出一定的分析和判断。类似地，作为一个企业的债权人，如银行，也需要了解企业的上述信息，以便分析和判断企业的信贷风险。

综合上述分析，我们可以发现，信息需求者主要有两大类，即企业的“内部人”（如各个层面的经营管理者）和“外部人”（如股东、债权人、政府等）。同时，我们还可以发现，企业“内部人”和“外部人”所需了解的这些信息，有些是定量的，有些则是定性的。会计系统提供的信息，主要是定量信息。当然，信息需求者所需要的定量信息，也未必都是会计信息，即未必都是由会计信息系统提供的。有些信息是由会计部门之外的其他部门提供的。例如，企业经理人可能需要了解本企业的市场份额，诸如此类的信息是定量信息，但它们通常是由营销管理部门提供的，而不是由会计部门提供的。

二、会计视角的企业：从企业经济活动到企业财务报表

作为一种重要的企业组织类型，现代企业制度下的产品制造业企业，不仅要将原始的材料转换为可以销售给单位或个人的商品，而且要在市场经济的竞争中不断发展壮大，对其拥有的财产实现保值增值。

对过去的交易、事项的结果和计划中的未来经营的可能效果进行分析、评价，是管理职能的精华所在，而企业的会计部门作为一个为其内、外部利益相关者提供信息的职能部门通过对企业经营过程进行核算，必定有助于这个过程的完善。

企业经济活动是会计进行核算和披露的对象。会计试图用国际通用的语言形式去揭示企业纷繁复杂的经济活动原貌。会计的最终产品是企业财务报表。企业的经济活动被提炼浓缩在财务报表中。企业财务报表以会计特有语言描述企业的基本财务状况、经营成果和现金状况。它是企业经理人及其他会计信息使用者理解企业经济活动过程及结果的载体。无论企业的组织结构、业务内容、经营规模、经营业绩有何不同，所有的企业都通过资产负债表、利润表和现金流量表等财务报表反映财务状况、经营成果和现金流动状况。

企业财务报表用“会计特有语言”总结了企业经济活动的财务后果。企业会计系统提供了一种机制，通过这种机制，对企业的经济活动进行确认、计量，以财务报表的形式对外报告，从而完成了从企业经济活动到企业财务报表的转化过程。

图1-4描述了企业基于特定经营环境和经营战略所从事的经济活动，经过会计环境、会计政策和会计系统的影响、加工，最终表现为企业财务报表的过程。

由图1-4可见，企业经济活动是财务报表试图反映的经济实质，财务报表只是用来反映经济活动的一面美妙的“镜子”。如果财务报表的分析者不了解企业所面临的经营环境、经营战略、会计环境和会计政策，仅仅走入会计数字的迷宫，那么就难以把握和理解企业经济活动的实质。

下面，我们通过一家企业的经营业务分析会计信息的产生过程，说明企业经济活动对财务状况、经营成果的影响。

三、企业经济活动与资产负债表

资产负债表反映企业在某一特定时点（如2023年12月31日）的财务状况。资产负债表是一幅企业财务状况的静态图画，它是报表编制日（如2023年12月31日）企业财务结构的“快照”。一般来说，企业过去的经营、投资和融资等活动的结果都会反映在资产负债表上。可以说，资产负债表在一定程度上总括地反映了企业全部交易、事项与情况的影响。资产负债表的左边列示了各项资产，右边列示了各种负债及所有者权益（或股东权益）。从经营角度理解，企业筹资活动的结果体现在资产负债表的右边，企业投资活动的结果体现在资产负债表的左边。

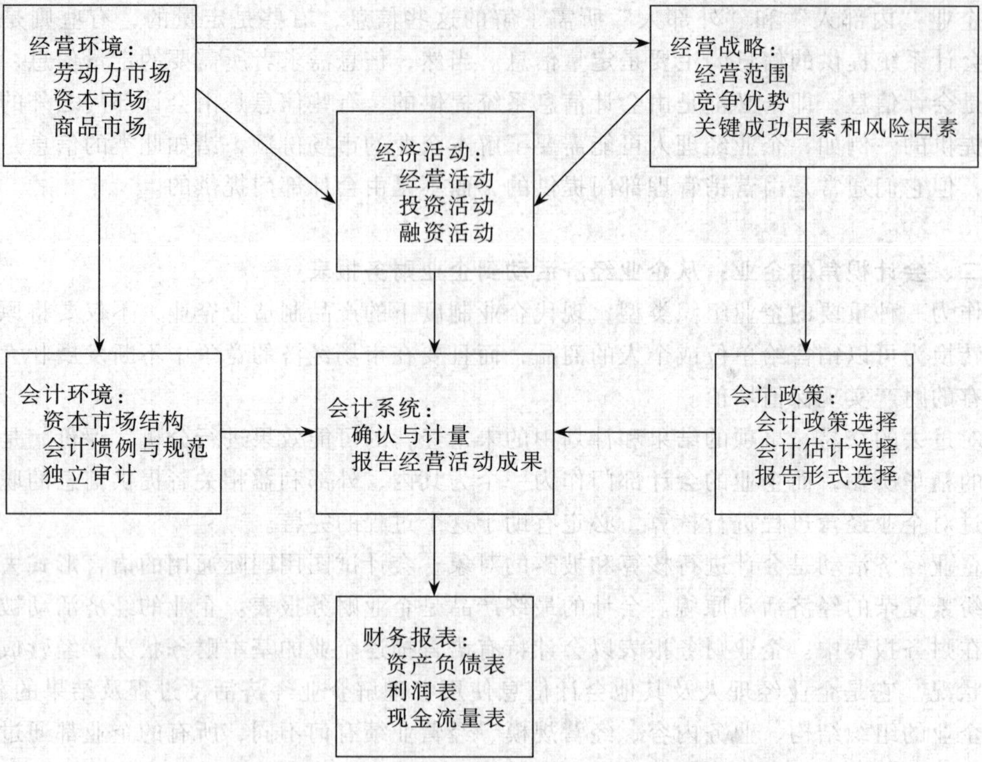

图1-4 企业从经济活动到财务报表的转化过程

1.筹资活动与资产负债表右边

假设你准备在学校附近开一家扬子津奶茶店。企业创立以后，随着经济业务的发生，会计信息被记录，记录的分析过程如下：

（1）2023年2月5日，扬子津奶茶店正式注册成立。你作为投资者投入资金20万元，存入银行。

这属于典型的股权融资。企业承诺未来向投资者进行利润分红换取投资者当前的资金投入。企业收到投资者投入资金20万元，仅仅在资产负债表左边的“货币资金”（具体包括“现金”“银行存款”等项目）列填入20万元是不够的，还需要解释这笔资金的来源，是所有者投入的“实收资本”增加20万元。所以，应在资产负债表的“资产”项目和“所有者权益”项目分别进行登记。资产负债表的左边和右边同时增加，保持平衡。扬子津奶茶店2023年2月5日资产负债表（简表）见表1-1。

表1-1 **扬子津奶茶店2023年2月5日资产负债表（简表）** 单位：元

项目	金额	项目	金额
资产：		负债：	
货币资金	200 000	短期借款	
应收账款		应付账款	
存货		所有者权益：	
固定资产		实收资本	200 000
无形资产		留存收益	
资产总计	200 000	负债和所有者权益总计	200 000

（2）2023年2月25日，扬子津奶茶店为了扩大经营，向银行借款10万元，还款期限为6个月。

这是典型的债务融资业务，企业承诺未来向银行还本付息以换取当前的资金投入。企业获取银行6个月的贷款10万元，取得借款后，在“货币资金”增加10万元的同时，负债中的“短期借款”也增加10万元，以此说明企业经济业务的来龙去脉。资产负债表的左边和右边同时增加，保持平衡。扬子津奶茶店2023年2月25日资产负债表（简表）见表1–2。

表1–2　**扬子津奶茶店2023年2月25日资产负债表（简表）**　单位：元

项目	金额	项目	金额
资产：		负债：	
货币资金	300 000	短期借款	100 000
应收账款		应付账款	
存货		所有者权益：	
固定资产		实收资本	200 000
无形资产		留存收益	
资产总计	300 000	负债和所有者权益总计	300 000

从表1–2可以看出，资产负债表的右边反映了企业的筹资结果。企业货币资金30万元源自两个渠道：所有者投入资金20万元和向银行获得短期借款10万元。两种不同的筹资方式会给企业带来不同的筹资成本和风险。

2.投资活动与资产负债表左边

接上例，2023年3月3日，扬子津奶茶店购买制作奶茶的封杯机等专业设备支付4万元，预计可以使用6年，款项用银行存款支付。

这是典型的投资活动，即为了赚取更多的现金而在当前预先做出的资金支付。其财务后果为：购买制作奶茶专业设备支付4万元，导致企业的货币资金减少4万元，同时固定资产增加4万元；该业务导致资产负债表的左边资产项目内部的不同资产发生增减变化，反映了企业资金形态的转变，货币资金转化为固定资金，总额保持不变，而资产负债表右边没有发生变化，最终资产负债表依然保持平衡。扬子津奶茶店2023年3月3日资产负债表（简表）见表1–3。

表1–3　**扬子津奶茶店2023年3月3日资产负债表（简表）**　单位：元

项目	金额	项目	金额
资产：		负债：	
货币资金	260 000	短期借款	100 000
应收账款		应付账款	
存货		所有者权益：	
固定资产	40 000	实收资本	200 000
无形资产		留存收益	
资产总计	300 000	负债和所有者权益总计	300 000

从表1-3可以看出，资产负债表的左边反映了企业的投资结果，企业资金的去向。企业货币资金30万元中的4万元被用于购买生产设备投资，流动性最强的现金资产转化为固定资产，为长期生产经营做准备。

3.经济活动与资产负债表

接上例，2023年3月5日，购买一批制作奶茶的原材料（冲粉、牛奶、珍珠球等）支付1万元。

这是材料采购供应的业务过程。其财务后果为：购买一批制作奶茶的原材料（冲粉、牛奶、珍珠球等）支付1万元，导致企业货币资金减少1万元，同时企业存货（包括原材料、产成品等项目）增加1万元；资产负债表的左边资产项目内部不同资产发生增减变化，反映了企业资金形态的转变，货币资金转化为储备资金，总额保持不变，而资产负债表右边没有发生变化，最终资产负债表依然保持平衡。扬子津奶茶店2023年3月5日资产负债表（简表）见表1-4。

表1-4 **扬子津奶茶店2023年3月5日资产负债表（简表）** 单位：元

项目	金额	项目	金额
资产：		负债：	
货币资金	250 000	短期借款	100 000
应收账款		应付账款	
存货	10 000	所有者权益：	
固定资产	40 000	实收资本	200 000
无形资产		留存收益	
资产总计	300 000	负债和所有者权益总计	300 000

企业购买原材料花费1万元，也是为正常生产经营做准备。但是，原材料和机器设备在企业生产经营中发挥不同的功能和作用。原材料将会构成未来产品（奶茶）实体，计入存货项目；而机器设备代表企业的生产能力，并不构成未来产品实体，计入固定资产项目。

四、企业经济活动与利润表

利润表是一家企业在一段时间内的财务绩效（企业赚钱的能力）记录。更广义地说，利润表记录在某个时期内，企业创造的所有收入减去这个时期发生的成本费用之后的余额，由此得到这个时期的利润，即“利润=收入-成本费用”（如果发生的成本费用大于收入，那么企业出现亏损），利润表的基本结构据此而设计。企业经济活动的结果直接体现在利润表中。

接上例，2023年3月31日，经过一个月的经营，销售了1 000杯奶茶，每杯奶茶定价15元，总共收入现金1.5万元；每杯奶茶消耗原料成本（冲粉、牛奶、珍珠球等）5元，总共消耗原材料0.5万元。

企业通过销售奶茶增加营业收入1.5万元，为此付出的代价是消耗了原材料成本0.5万元，计入营业成本，如果不考虑其他人工和房租等费用和税收因素，奶茶店3月份的利润为1万元。扬子津奶茶店2023年3月利润表（简表）见表1–5。

表1–5 **扬子津奶茶店2023年3月利润表（简表）** 单位：元

项目	金额
一、营业收入	15 000
减：营业成本	5 000
期间费用等	
二、营业利润	
加：营业外收入	
减：营业外支出	
三、利润总额	10 000
减：所得税费用	
四、净利润	10 000

同时，在资产负债表上，销售奶茶获得现金，导致货币资金增加1.5万元，在制作和销售奶茶过程中消耗原材料0.5万元，导致存货减少0.5万元。总资产增加1万元，与此同时，由于实现销售利润1万元导致资产负债表中的留存收益（包括盈余公积、未分配利润等）增加1万元，最终资产负债表依然保持平衡状态。扬子津奶茶店2023年3月31日资产负债表（简表）见表1–6。

表1–6 **扬子津奶茶店2023年3月31日资产负债表（简表）** 单位：元

项目	金额	项目	金额
资产：		负债：	
货币资金	265 000	短期借款	100 000
应收账款		应付账款	
存货	5 000	所有者权益：	
固定资产	40 000	实收资本	200 000
无形资产		留存收益	10 000
资产总计	310 000	负债和所有者权益总计	310 000

由此可见，资产负债表体现了一个重要的平衡关系：资产=负债+所有者权益。实际上可以理解为，投资活动结果=筹资活动结果。也就是，资产负债表左边反映了企业资金的来源，右边反映了这些资金投资的去向，实际上是从两个侧面来反映同一项资金，两者必然相等。

任何企业要从事生产经济活动，必定有一定数量的资产。而每一项资产，一方面表现为一种实际存在，比如机器设备、现金、银行存款等；另一方面，这些资产都是按照一定的渠道进入企业的，或由投资者投入，或通过银行借入等，即每项资产必定有其提供者，谁提供了资产谁就对资产拥有索偿权，这种索偿权在会计上称为权益。这样就形成了最初的会计等式：资产=权益。权益通常分为两种：一是以投资者的身份向企业投入资产而形成的权益，称为所有者权益；二是以债权人的身份向企业提供资产而形成的权益，称为负债或债权人权益。这样，上述等式又可表达成：资产=负债+所有者权益。因为这个等式是资产负债表（静态报表）中蕴含的，所以，该等式又称“静态等式”。它反映的数量关系和经济关系是会计学中极为重要的内容，是设置账户、复式记账和编制资产负债表的重要依据。

利润表体现了一个平衡关系：收入-成本费用=利润。我们把所有对利润的增加有贡献的项目称为“收入”，包括与经营直接相关的营业收入，以及与经营无直接关系的营业外收入；把所有对利润的减少有贡献的项目称为“成本费用”，包括为取得收入而需要支付的营业成本和在经营过程中发生的销售费用、管理费用，以及与经营无关的其他支出。净利润是收入和费用的差额，如果成本费用大于收入，则称为净亏损。

会计用一系列数字，将企业的融资活动、投资活动和经营活动通过财务报表加以集中反映，从而帮助与企业相关的投资者、债权人等决策者进行各种决策。

【课程思政拓展阅读】

仰望会计星空 静思会计发展

当我们站在中国这块土地上，遥望真正属于中华民族会计的星空，蓦然发现，在遥远的三千多年前，灿烂的中华文化星空就高高悬挂着“会计”两字。“司会……掌国之官府、郊、野、县、都之百物财用凡在书契、版图者之贰，以逆群吏之治，而听其会计。”（《周礼·天官冢宰》）“孔子尝为委吏矣，曰：会计当而已矣！”（《孟子·万章下》）“会稽者，会计也。”（《史记·夏本纪》）中文“会计”一词的存在，相比于19世纪才产生于西方的“Accounting”（后由日本人译为汉语传入中国而流行于现在的“会计”）一词，至少早了两千多年。

最原始的中国会计是以当事人为主，以解决个人对组织的忠诚与能干问题为核心目标。以物与事来考察人，与日后西方“Accounting”以“责任利益”来考察人的做法在基本逻辑上截然不同。这种不同点表现在，中国传统文化强调事与物对各个具体人而言都是公家的，为公家尽职、多做贡献是天经地义的，会计就是要考察每一个具体人对这种理念的认同与践行程度，即所谓的“公人”。西方强调每个人是一个独立的利益存在，追求自己利益最大化是人的天性，“Accounting”就是考察每一个具体人发挥这种天性的状况与结果，即所谓的“私人”。如果我们站在现在的时点上来看原汁原味的“会计”与“Accounting”，这两种工具技术性制度实施的后果截然不同：“会计”将培养出越来越多具有公德心即以公为核心的能人；“Accounting”将培养出越来越多个人利益至上即以私为核心的能人。中西方两种会计，事实上奉行着截然不同的世界观。“会计”只承认一个永恒的存在——整个民族、国家、社会、自然，而每一个独立具体存在的个人，其存在只有相对于整个民族、国家、社会、自然才有价值；“Accounting”只承认一个独立自由的个体，民族、国家、社会、自然只有让每一个独立的个性自由存在才有价值。简言之，对人类社会而言，“会计”是整体长远利益导向，“Accounting”是个体看得见的利益导向。

人类发展至今，我们不能无视个体看得见的利益与整体长远利益并不真正兼容这一事实，无论是终极意义上还是在日常生活中，这两者的冲突都是一个客观存在的事实，人类社会的基本制度安排必然会在这样的矛盾中做出以哪一个为中心出发点的选择。

资料来源：杨雄胜.会计基本理论研究［M］.北京：中国财政经济出版社，2021：296.（笔者摘选整理）

【本章巩固练习题】

一、简答题

1. 企业的主要经济活动包括哪些内容？

2. 如何从资金运动的角度理解企业经济活动？

3. 反映企业经济活动的常见财务报表有哪些？

4. 如何从会计的视角理解企业经济活动？如何从企业经济活动的视角理解财务报表信息？

二、研讨题

1. 举例说明资产负债表对于企业经济活动的反映方式。

2. 举例说明利润表对于企业经济活动的反映方式。

【本章知识结构图】

第二章　会计基础理论体系

【学习目标】

通过本章的学习，学生应了解会计产生及其变迁、会计目标及会计对象；掌握会计的含义及其基本职能、会计基本假设及会计信息质量要求，理解并掌握会计基本要素及其核算的基础和原则。

【引导案例】

中外会计小史话

故事一：

老师：请问“会计”读作“会（kuài）计”还是“会（huì）计”?

同学：当然是读作“会（kuài）计”了。但是从来没有细想过为什么“开会”读“会（huì）”，而“会计”却读“会（kuài）”……

老师：这就是我们汉语的博大精深之处，古汉语中有诸多的通假字，也有诸多的多义词。“会”有聚集、汇合、彼此见面等多种含义，这时都读作“会（huì）”。“会（kuài）”是年终、月终汇总考核，所以年终、月终结算都叫“会（kuài）”。“司会（kuài）”是西周时期负责对会计核算工作进行管理和监督的长官……

故事二：

当年哥伦布出航时，小型船队有40个人，其中，包括一位外科医生和一位西班牙国王指派的会计师，这位皇家会计之所以被委派同行，是因为在哥伦布计算累计获得的黄金和香料成本时，监视有关远征历险的账簿记录。

资料来源：普雷维茨，莫里诺.美国会计史：会计的文化意义［M］. 杜兴强，于竹丽，等，译.北京：中国人民大学出版社，2006.

根据上述两段故事资料，请同学们思考：“会计”具有哪些功能？其对象主体可能有哪些?

第一节　会计的含义

一、会计的产生及其变迁

人类的会计实践行为源远流长，其起点可以追溯到人类史前。据专家考证，当原始社会末期人类的生产能力达到一定程度时，为了正常地进行生产、分配和储存剩余物品，单凭头脑记事已无法达到这一目的，“垒石计数”“结绳记事”“刻木求日”等原始计量记录行为应运而生。显然，会计早期的计数及管理功能是作为谋取生活物品、生产物资等主要活动的附属组成部分而存在，即其蕴含在生产活动过程之中，并没有成为一项专门的工作。只有当社会生产力水平发展到一定阶段，剩余物品逐渐增多，社会分工逐渐形成，会计才逐渐从生产职能中分离出来，形成特殊的、专门的独立职能，会计在记录、计数的同时，一方面发挥着拓展人脑凭记忆记事的功能，另一方面通过记录所提供的信息，既为管理生产经营活动提供基础信息资料，又为日后的监督检查提供最基本的线索和依据。

会计自萌发、产生、发展至今经历了漫长的历史时期。不同学者将会计发展演进的历史按照不同标准进行划分的阶段也各不相同，如有学者将会计演进阶段划分为古代、中世纪、近代和现代四大历史阶段；也有学者根据会计所具备的功能和发挥的作用，将会计分为：记忆的会计、为他人（或第三方）作证的会计、为自己作证的会计、管理的会计和预测的会计；还有学者将会计的产生和发展划分为五个时代：会计前史，即原始计量与记录时代；单式簿记演进时代；复式簿记演进时代；会计学演进时代；电算化会计时代。显然这种划分限于其研究所处的时代，仅截止到20世纪80—90年代，若将时间轴延长到21世纪20年代，必定还应加上会计的第六个时代：大智移云会计时代。

在我国，会计也经历了漫长的发展过程。原始社会末期出现的“结绳记事”“刻木记数”等原始计算记录的方法，就是会计的萌芽阶段。

随着奴隶制国家的建立，“官厅会计”应运而生。在西周时期，就设有专门核算官方财赋收支的官职——司会。据史料记载，“会计”一词就源于西周，据《孟子》记载：“孔子尝为委吏矣，曰：‘会计当而已矣’。”清代焦循在《孟子正义》中对会计的解释是：“零星算之为计，总合算之为会。”

随着封建社会生产力的发展，会计技术也有了进步。西汉就出现了“计簿”“簿书”的账册，用以登记会计事项。宋代，官厅办理钱粮报销或移交，要编造“四柱清册”。四柱是指“旧管”“新收”“开除”“实在”四个方面，即相当于现代会计术语中的“期初结存”“本期收入”“本期支出”“期末结存”，通过“旧管+新收=开除+实在”的平衡公式，结算财产物资的增减变化及其结果。明末清初，出现“龙门账”，将全部账目划分为“进（收入）”“缴（支出）”“存（资产）”“该（负债）”四大类，并运用“进-缴=存-该”的平衡公式核算，编制“进缴表”和“存该表”，实行双轨计算盈亏，二表结果相等，称为“合龙门”。民国初期，产生“四脚账”，又称“天地合账”。“四柱清册”“龙门账”“四脚账”显示了我国不同历史时期传统簿记的特色，尤其自周朝出现的“官厅会计”至宋朝出现的“四柱清册”，还一度走在世界的前列。

中华人民共和国成立，社会主义制度建立，会计也有了新的发展和变化，引进了与高度集中的计划经济体相应的苏联会计模式，在财政部设立了会计制度司（1982年更名为“会计事务管理司”）主管全国的会计工作。1950年，财政部着手统一全国企业的会计制度，后来还根据会计工作长期的实践，总结并创造了新的记账方法——增减记账法、收付记账法等复式记账法。

改革开放后，国民经济得到了飞速发展，会计在经济生活中的地位、作用日益重要，中华人民共和国第一部《中华人民共和国会计法》于1985年颁布（1993年、1999年和2017年分别进行了修正与修订，以下简称《会计法》），标志着我国会计工作法治化的开端；1992年财政部发布了《企业财务通则》和《企业会计准则》，随后又陆续发布了十三大行业的企业财务制度和企业会计制度（简称“两则两制”），并自1993年7月1日起在全国所有企业实施。“两则两制”的发布实施，标志着我国的会计模式实现了与国际会计惯例的接轨以及初步协调，成为我国会计发展史上的里程碑。随着我国市场经济发展和对外开放的深入，迫切要求建立能够满足市场化、国际化要求的会计准则体系，提升会计准则在实际工作中的地位和作用。鉴于此，财政部自2006年至2023年，共制定（或修订）并颁布了1项基本准则和42项具体准则，使我国会计准则走上与国际财务报告准则实质性趋同的道路。

总之，不同时期所采用的记录载体及计量计数方法，既应按其所处时代生产管理及社会经济发展需求而发展和进化，同时也必定受同时代物质条件与技术发展水平的支持或制约。

二、会计的定义及其特点

（一）会计的定义

随着会计的不断发展，人们对会计的认识程度也在不断加深，对会计定义的讨论也愈来愈激烈，并且要使会计学成为一门真正的科学，对其进行科学定义也是必要的。加之会计学属于社会科学的范畴，必然体现出社会科学的共同特性，即受人们视觉、思维方法、社会发展的需要等约束，对其定义总是难以取得完全统一，“百花齐放，百家争鸣”的局面在会计定义的讨论中至今仍体现得非常充分。例如，在我国，到了20世纪80年代，随着改革开放的进行，对会计定义的讨论达到了高峰，最终，“信息系统论”和“管理活动论”成为会计领域的两大主要流派。

会计信息系统论，就是把会计的本质理解为一个经济信息系统，即“会计是一个以提供财务信息为主的经济信息系统”。具体地讲，会计信息系统是指在企业或其他组织范围内，旨在反映和控制企业或组织的各种经济活动，而由若干具有内在联系的程序、方法和技术所组成，由会计人员加以管理，用以处理经济数据、提供财务信息和其他有关经济信息的有机整体。

会计管理活动论认为会计的本质是一种经济管理活动。它吸收了最新的管理科学思想，从而成为当前国际国内会计学界具有重要影响的观点。

自从会计学界提出“会计信息系统论”和“会计管理活动论”之后，这两种学术观点就展开了尖锐的交锋。我们认为，讨论会计的本质，首先应明确“会计”是指什么？是指“会计学”，还是指“会计工作”或是“会计方法”？如果不明确界定这一前提，那么必将引起一场无结果的辩论。在本教材中，我们将“会计”界定为“会计工作”。基于这一前提，我们认为“会计管理活动论”的观点代表了我国会计改革的思路与方向，是对会计本质问题的科学论断，因此，我们倾向于选择“会计管理活动论”。在“会计管理活动论”的前提下，我们完全有理由认为会计是经济管理的重要组成部分，是以提供经济信息、提高经济效益为目的的一种管理活动。它以货币为主要计量单位，采用一系列专门的程序和方法，对社会再生产过程中的资金运动进行反映和监督。

综上所述，会计是以货币为主要计量单位，并利用专门的方法和程序，对企业和行政事业单位的经济活动进行完整地、连续地、系统地反映和监督，并在此基础上，对经济活动进行分析、预测、决策和控制，以取得最大经济效益的一种管理活动。

（二）会计的特点

会计是在社会生产实践中产生和发展起来的。会计的特点是指会计和其他经济核算的不同点。由于会计核算是会计的基本环节，因此，会计的特点主要体现在会计核算方面，具体有以下几点：

1.会计以货币为主要计量单位

任何一项经济业务的记录都要应用一定的计量单位。会计计量单位有实物量度、劳动量度、货币量度三种。实物的计量单位有件、只、辆、吨等；劳动的计量单位有工作月、工作日、工作时等；这些计量单位的衡量基础各不相同，它们只能表示个别的数据，而不能进行综合和比较，如3辆汽车加5把椅子，其结果什么也得不到，但我们可以将3辆汽车的价值与5把椅子的价值相加，得出总金额。因此实物的、劳动的计量单位在会计核算中，只能作为辅助计量单位。货币作为交换媒介，是衡量其他一切有价物价值的共同尺度，具备储藏手段、流通手段、支付手段等职能，可以对经济业务进行全面、综合的核算。因此，会计以货币作为主要的、统一的计量单位来进行核算。

2.会计核算具有连续性、系统性、综合性和全面性

这一特点决定了会计综合反映已发生或已完成的各项经济活动，便于了解和考核经济活动的过程和结果。随着社会生产的发展，经营规模的扩大和经济活动的日趋复杂，在经营管理上，除了要求提供反映现状的核算指标外，还要提供预测未来的数据资料，使会计从事后反映发展到事前预测，以便为实现预期效果而采取相应的措施。

3.会计具有一整套科学实用的专门方法

会计通过一系列专门方法，为企业经营管理提供必要的经济信息。这些专门方法相互联系，相互配合，各有所用，构成一整套核算经济活动过程和计量其结果的方法体系，从而有效地发挥着会计应有的作用，并成为经济管理的重要组成部分。

三、会计的职能

会计职能通常是指会计工作在经济管理过程中所固有的内在功能，是会计本质属性的外在表现形式。会计功能发挥的强弱受社会生产活动过程对经济管理需求迫切程度的影响，也受其所处时代技术条件的支持或制约。会计职能可以分为基本职能和延展职能，后者是在前者基础上的进一步拓展、发展和丰富，离开会计的基本职能，其延展职能便难以发挥且难以得到落实。

马克思在《资本论》中有著名的论断："生产过程越是按照社会的规模进行，越是失去纯粹个人的性质，作为对过程的控制和观念总结的簿记就越是必要。""过程的控制"与"观念总结"是马克思对会计基本职能的高度概括，这往往被后人阐释为会计的"反映"与"控制"职能。反映是控制的基础，控制蕴含在反映活动过程的始终，反映也因控制功能的存在而超越其简单、被动的特性，而使反映功能得以升华。

我国《会计法》则将会计的基本职能概括为会计核算与会计监督。

（一）会计核算

会计核算是指所有单位都应当对实际发生的经济业务和事项，填制或者取得会计凭证、登记会计账簿、编制财务会计报告。简而言之，会计核算就是将纷繁复杂的各类经济业务和事项，运用会计专门方法，通过会计语言予以记录和呈现的过程。会计核算的基本环节主要包括确认、计量、记录和报告。

1.确认

确认是指对各类主体（企业是典型的主体之一）所发生的经济业务和事项进行筛选和分析，以确定其是否应在会计簿记系统中用会计专门语言和专门方法进行记录和反映的过程，其既包括发生时的初始确认，又包括随后增减变动环节的再确认。初始确认是指对初次进入会计核算系统的原始经济业务信息进行识别、判断、筛选和归类，运用会计专门语言和技术方法，将其转化为会计信息；再确认是指已经进入会计核算系统经济业务，由于随后发生变化增减变动而需要重新进行加工和处理的过程。会计确认是会计核算各环节的起点，且贯穿会计核算的全过程。

2.计量

计量是指在会计核算过程中，对各项经济业务和事项都须以某种尺度确定其金额的过程。会计计量包括计量单位和计量属性两个维度，将在本章第二节详细展开。

会计确认与计量是会计专门技术中的两个密切相关的环节，若其无法计量，则难以用会计语言记录和反映。具体来说，若某项经济业务和事项符合会计确认标准和条件，但其无法以恰当的方式进行计量，则其无法进入会计核算系统或无法用会计语言进行表达和呈现。

3.记录

记录是指将各项经济业务和事项确认、计量后，采用一定的方法在账簿中加以登记，以便对会计数据进一步加工处理的过程。记录包括以原始凭证为依据编制记账凭证，再以记账凭证为依据登记账簿。按照记录方式和提供信息所发挥作用的不同，会计记录可以分为序时记录和分类记录；按照记录所采用技术手段的不同，会计记录可以分为手工记录、计算机替代手工记录（即电算化）、信息系统自动生成记录等。会计记录的载体相应地各不相同，如纸质、磁盘、光盘、云空间等。

4.报告

报告是指以账簿记录为依据，将通过会计确认、计量与记录等环节收集的会计信息以表格和文字等形式向会计信息使用者提供的报告性文件。会计报告通常包括财务报表、财务报表附注及其他应当在会计报告中披露的相关信息和资料等构成。列报是指在上述报表中报告相关信息。

会计核算的上述4个基本环节，密切相关、紧密相连，记录以确认、计量为基础和依据，报告则以记录为基础和依据，报告是会计核算系统向信息使用者提供信息的最终表现形式。

在当今深入发展信息化的时代，会计记录主要体现在根据会计确认和计量编制记账凭证环节，而其中的账簿记录往往都由预先设置的程序和系统根据记账凭证自动完成，在此条件下，会计记录环节的确认和计量就显得尤为关键，该环节工作的正确与否、及时与否直接关系会计信息的质量。

综上所述，记录并不是产生会计信息必不可少的环节，其更多表现为一种中间环节或过程，在信息化的环境下，该中间环节可通过程序设计由软件系统自动完成。因此，会计核算就其本质来说，仅包括确认、计量和报告。

正因为在信息化时代，会计记录程序比传统手工记账时代大为简化，会计记录工作量也大幅减少或几乎全部为系统自动化完成，这也为会计功能从核算向管理和控制转型提供了更多可能。

（二）会计监督

会计监督就单个微观主体而言，主要是指内部会计监督，即除了在会计核算过程中所蕴含的审查、核对、复核等基本环节外，还应当通过内部控制、内部审计等专门手段，确保会计信息资料的真实、合法和完整。此外，还应包括对所发生经济业务在合法合规及效率、效果等方面的监督。

若将会计服务主体放眼于全社会，则会计监督职能还应从社会宏观层面来进行阐释和剖析，其不仅应当表现在确保会计信息资料的真实、合法和完整，而且应当表现在为社会经济活动健康发展的保驾护航。

会计核算是会计监督的基础，会计监督有时又需要通过会计核算得以实现，这两大基本职能相互依存、相互支持。在信息化纵深发展和全面应用的环境下，会计监督可以在更大程度上与会计核算同步进行，会计监督也可以在更大程度上不受时空范围和条件的限制，从而更好发挥会计监督的职能作用。

四、会计学及其分支

物质财富的生产是人类社会生存和发展的基础。用尽可能少的劳动消耗创造出尽可能丰富的劳动成果，是公认的社会经济发展基本规律。人们要管理好各种经济活动，就必须掌握好经济活动的信息。围绕着经济活动信息的记录、加工、提供、使用等问题的展开，就形成了专门的学科——会计学。

会计学是对会计实践活动所进行的规律性总结而形成的科学知识体系。会计学作为一门学科要远远晚于会计实践活动。目前学术界大多公认为1494年意大利数学家卢卡·帕乔利出版的著作《算术、几何、比及比例概要》（又称《数学大全》）是会计开始具有科学体系的标志或起点。《数学大全》中有一篇章专门介绍复式簿记，详细论述了商业会计，并反复强调作为复式簿记基础的二重性、综合性和均衡性特征，反映了到15世纪末期为止威尼斯的先进簿记方法，该书成为了最早出版的论述15世纪复式簿记发展的总结性文献，有力地推动了西式簿记的传播和发展。从此以后的两三百年被认为是会计学发展的停滞时期，期间会计学只是在原有簿记方法、体系基础上的日臻完善。直到产业革命的兴起，大企业形成，诸多前所未有的管理实践问题亟待解决，经济管理实践的现实需求催生了对会计实践的新需求，其中以成本管理问题最为典型，于是以成本会计等为代表的现代会计应运而生。1885—1920年成本会计已经发展到可以与现代教科书中论述的许多内容相媲美的阶段。但随着现代公司制企业的盛行，原主要满足企业内部管理需要的会计信息系统愈发难以满足不直接参与企业经营决策等外部信息使用者的需要，于是现代会计由此产生分化，并形成两大分支——财务会计与管理会计。财务会计主要满足外部信息使用者的需要，因此又称对外报告会计；管理会计主要满足内部信息使用者管理决策的需要，因此又称对内报告会计。

由于财务会计信息的提供者与使用者存在着信息不对称，并且该信息涉及诸多利益相关团体，因此，财务会计信息的生产和提供过程必须遵循公认的会计准则，同时该信息的质量必须受到外部监管部门的严格监督和检查。而管理会计信息的提供者和使用者往往较为一致，因此，管理会计信息的生产和提供无须受上述约束。此外，财务会计与管理会计在反映和解决问题的侧重点、时效性要求等方面也存在差异。显然，财务会计与管理会计的差异主要在于其服务对象的不同，但这些差异并非与生俱来，而主要是缘于在手工记账时代或信息技术尚未与经济活动完全融合的情况下，单一会计信息系统难以满足不同目标会计信息生成而逐渐产生的分化，事实上财务会计所提供的信息并不单单为满足外部信息使用者的需求，往往也是企业管理当局决策的主要依据。

财务会计与管理会计的区别见表2-1。

表2-1 财务会计与管理会计的区别

项目	财务会计	管理会计
工作目标	向外部提供对决策有用的信息	为内部管理所用
工作重点	反映企业过去发生的经济业务，属于“报账型”会计	控制现在和筹划未来，属于“经营型”会计
约束依据	在核算工作中，要遵循会计准则和国家的财经法规	以系统理论、管理者的需要和成本效益为原则
方法模式	遵循“凭证—账簿—报表”的会计循环，会计核算方法一经使用，不得随意变更	可灵活多样地结合使用不同方法，以便比较各种方案的优劣，选择最佳方案
时间跨度	有明确的会计期间：年、季和月	因管理者不同的信息需要而具有较大的弹性

当然，随着现代信息技术的进一步发展及其在现代社会经济各领域的广泛应用，财务会计与管理会计的界限将会逐渐模糊，因为不同信息使用者的信息需求将完全可以通过现代信息技术在会计信息系统中得以满足。

此外，按照研究和关注领域的不同，会计学除了研究传统已为人们所熟知并认为已经解决计量难题的微观主体经济活动领域的会计，还有诸如环境资源会计、人力资源会计、宏观层面的社会会计等分支。

了解会计学及其分支的产生、发展，对把握会计研究及其发展方向和规律具有现实及理论意义，会计学的不同分支都是从会计学这棵大树的树干上长出的分枝，其均具有同源性。

第二节 会计目标与会计信息质量要求

一、会计目标

会计目标是会计工作应该达到的目的和要求，也是会计基本职能作用发挥的具体体现。会计目标是会计理论研究的起点，不同会计分支，其所要实现的目标并不完全相同，譬如财务会计主要要满足外部信息使用者的需求，管理会计主要要满足内部信息使用者的需求，环境资源会计则主要解决在环境资源的再生及其消耗过程中如何能够达到生态平衡的要求等，显然，每一不同领域的会计目标都值得深入研究和探讨。

在会计学这门基础学科课程中所探讨的会计目标主要是指财务会计目标。财务会计目标又称财务报告目标，是指企业编制财务报告提供会计信息的目的。财务报告目标对财务会计的规范发展起导向性作用，其主要解决以下两个相互关联的问题：第一，应当向谁提供会计信息（或应当保护谁的经济利益）；第二，所提供的会计信息应当具备何种质量特征。前者决定后者，后者为前者服务。

关于财务报告目标，理论界较为公认的有两种观点，即受托责任观和决策有用观。

（一）受托责任观

财务报告目标的受托责任观主要形成于公司制企业发展与盛行时期。由于在公司制下，公司财产的所有权与经营权分离，财产所有者将财产投入公司后可以不再直接参与公司的经营决策，而是委托给公司管理层或职业经理人进行管理，公司管理层作为受托责任人享有对公司财产的自主经营权和处置权，但其必须定期向委托人报告其履行受托责任的情况，财务报告则肩负着在受托人和委托人之间架起桥梁的作用。这就是基于公司制企业财务报告的受托责任观的基本含义和缘由。

（二）决策有用观

财务报告目标的决策有用观则主要源于资本市场的发展。随着公司制企业的发展，股权交换和流通显得越来越迫切，资本市场顺应其需要获得长足发展。资本市场的发展又进一步提升了公司股权交易的活跃度，公司的股权也愈加分散。为数众多的拥有分散股权的中小投资者更不可能也不愿意直接参与企业的经营管理和决策，其更多是采取“用脚投票”的方式对企业管理层的履职情况和表现进行投票表决，而其投票表决的直接依据即公司的财务业绩和市场业绩。公司的财务业绩主要通过公司财务报告这一载体向市场上现有及潜在的投资者进行传递，进而可能会影响公司的市场业绩。由此可见，财务报告扮演着负责向投资者传递其是否买卖公司股票决策信息的重要角色。

财务报告目标的受托责任观和决策有用观各有侧重。在受托责任观下，财务报告目标主要在于反映企业管理层受托责任的履行情况，为此，财务会计信息更侧重于强调可靠性，会计计量主要采用历史成本计价原则；在决策有用观下，财务报告目标是为决策者提供对决策有用的信息，因此财务会计信息更侧重于强调相关性。如果采用其他计量属性能够提供更加相关的信息，那么财务会计系统会较多地采用除历史成本之外的其他计量属性。

从国际财务报告准则和全球大多数国家会计准则，以及会计实务的发展来看，决策有用观日渐占上风。2018年国际会计准则理事会（IASB）发布的新修订版《财务报告概念框架》将决策有用目标涵盖了受托责任目标，有进一步提高决策有用目标而弱化受托责任的趋势。本书认为，无论是从会计产生的本源需求，还是从我国社会经济结构的现实来看，都不应该忽视或弱化受托责任目标，毕竟上市公司和非上市公司在我国国民经济中各有千秋，各占半壁江山，我国财务报告目标必须兼顾受托责任观和决策有用观。

我国《企业会计准则——基本准则》指出：财务会计报告的目标是向财务报告使用者提供与企业财务状况、经营成果和现金流量等有关的会计信息，反映企业管理层受托责任履行情况，有助于财务报告使用者做出经济决策。

二、会计假设

会计假设是会计核算的基本前提，是指对会计核算所处时间、空间等所做的合理假定。通常认为，会计基本假设包括会计主体假设、持续经营假设、会计分期假设和货币计量假设。

（一）会计主体假设

会计主体，又称会计实体，是指会计工作服务的特定对象。会计主体假设界定了企业会计确认、计量、记录和报告的空间范围。为了向财务报告使用者反映企业的财务状况、经营成果和现金流量等信息，某主体的会计应立足于核算和控制该主体的经济活动。

明确界定会计主体是开展会计确认、计量、报告工作的重要前提。明确会计主体，才能明确其会计处理是站在哪个会计主体的立场进行的，才能划定本会计主体所要处理的各项交易或事项的范围，才能将会计主体的交易或者事项与会计主体所有者的交易或者事项以及其他会计主体的交易或者事项区分开来。例如，甲企业向乙企业销售一批商品，站在甲企业会计主体的角度应作为销售业务进行会计处理，而站在乙企业会计主体的角度则应作为采购业务进行会计处理。再如，甲企业的所有者因私出差，就不属于甲企业这个会计主体所发生的业务，因此不应该属于甲企业会计核算的范畴。

会计主体与法律主体、报告主体（又称编报主体）并不是等同的概念，它们各不相同，但也存在一定的交叉或重复关系。

一般来说，法律主体必然是会计主体或报告主体，但会计主体或报告主体未必是法律主体。例如，一个公司制企业肯定是一个法律主体，其应当建立财务会计系统，反映其财务状况、经营成果和现金流量，因此它也是一个会计主体。而一个分公司、车间、事业部或合伙制企业一般不具有法人资格，但其仍有必要进行会计核算并加强财务管理，也就是说，它虽不是法律主体但却是会计主体。再如，一个母公司拥有若干子公司，它们共同构成了一个企业集团，母子公司是各自独立的法律主体、会计主体，还是报告主体；同时，为了全面反映企业集团的财务状况、经营成果和现金流量，有必要将企业集团看成一个会计主体，编制合并财务报表，因此，该企业集团也是一个报告主体。由此可见，在这种情况下，一个报告主体是由若干个法律主体构成的。

企业是最为典型的会计主体之一，为阐述方便，本书除非特别说明，会计主体均以企业表示，或两者互换使用。

（二）持续经营假设

持续经营，是指在可以预见的将来，该会计主体将会按当前的规模、状态无限期延续下去，不会停业，也不会大规模削减业务。

会计主体是否持续经营，在会计原则、会计方法的选择上有很大差别。明确持续经营这个基本假设，就意味着会计主体将按照既定用途使用资产并按照既定的合约条件清偿债务。诸多会计原则和会计方法都是建立在持续经营假设的基础上的，如权责发生制、资本性支出与收益性支出的划分等。如果判断企业能够持续经营，那么就可以假定企业取得的固定资产会在生产经营过程中长期发挥作用，因此在固定资产取得之初，就应将其作为资本性支出并按历史成本入账，并在使用过程中采用一定的折旧方法，将历史成本分摊到各会计期间及相关产品或服务的成本中去。如果判断一个企业将面临破产清算，即该企业不再持续经营，那么该企业的固定资产就不应采用历史成本记录，亦无须再计提折旧，而应采用清算价进行相应会计处理。

如果一个会计主体不能持续经营时却仍按持续经营假设选择会计确认、计量、记录和报告的原则与方法，那么就不能客观地反映该会计主体的财务状况、经营成果和现金流量，因此会误导会计信息使用者的正确决策。

《企业会计准则第30号——财务报表列报》规定：企业正式决定或被迫在当期或将在下一个会计期间进行清算或停止营业的，则表明以持续经营为基础编制财务报表不再合理。在这种情况下，企业应当采用其他基础编制财务报表，并在附注中声明财务报表未以持续经营为基础编制的事实、披露未以持续经营为基础编制的原因和财务报表的编制基础。

（三）会计分期假设

会计分期，是指将会计主体持续经营的生产经营活动划分为一个个连续的、间隔期相同的期间。会计分期的目的在于通过会计期间的划分，将持续经营的生产经营活动划分成连续、相等的期间，并据以结算盈亏，按期编报财务报告，从而及时向会计信息使用者提供该主体的财务状况、经营成果和现金流量等信息。

在会计分期假设下，会计主体应当划分会计期间，分期结算账目并编制财务报告。会计期间通常分为年度和中期。以一年为一个会计期间，称为会计年度。我国执行的是与公历一致的历年制会计年度。中期，是指短于一个完整的会计年度的报告期间，如月、季、半年等。由于有了会计分期，才会有本期和非本期之分，才会有权责发生制和收付实现制等不同的记账基准，才会有应收款项和应付款项、预收款项和预付款项之分，才会有折旧、摊销等会计处理方法，而这一切又与持续经营假设密不可分，没有持续经营假设就没有会计分期假设存在的必要。

（四）货币计量假设

货币计量，是指会计主体在确认、计量、记录和报告等会计核算环节时均以货币为计量单位，反映会计主体的生产经营活动。

在会计的确认、计量、记录和报告过程中之所以选择以货币为基础进行计量，是由货币本身的属性决定的。货币是商品的一般等价物，是衡量一般商品价值的共同尺度，具有价值尺度、流通手段、贮藏手段和支付手段等职能。其他计量单位，如重量、长度等，只能从一个侧面反映企业的生产经营情况，无法在量上进行汇总、比较，因此不便于会计计量和经营管理，只有选择货币尺度进行计量，才能较为综合、充分地反映企业的生产经营情况。《企业会计准则——基本准则》规定，会计确认、计量、记录和报告应选择货币作为计量单位。我国会计核算一般应以人民币为记账本位币。业务收支以人民币以外的其他币种为主的单位，也可以选定其中一种货币作为记账本位币，但编制的财务会计报告应当折算为人民币进行反映。

货币计量假设除了假定货币是最好的计量单位这层含义外，还有假定币值不变的另一层含义。否则，若突破这个假设，则需要运用物价变动会计进行会计处理和报告。

随着云计算、移动互联网、大数据等计算机技术的深入发展和有效融合及其在财务领域的应用，财务云将成为与移动支付、电子发票一样日益普及和影响人们经济生活的新技术。在一项由大众及专家投票确定的“影响中国会计人员的十大信息技术”活动中，财务云在2018年、2019年连续两年均高居榜首。随着财务云技术的应用和普及，将对会计四大基本假设产生相应的影响，例如，会计核算主体将可能更为精细化，不仅限于法人、分公司、分部等层面，而且可能针对员工、订单、客户等更为细致的“主体”；会计信息的提供不仅限于建立在会计分期基础上的定期信息，而且可能提供实时信息；会计信息可能不再仅限于货币维度，还可能拓展为各种反映业务数量、规模和质量的非货币维度，由此看，均可能突破现有会计基本假设。但尽管如此，我们认为，新技术只是使得会计所提供信息的质与量、时与空受生成技术的限制越来越少，其背后仍蕴含着会计核算最初的基本逻辑。

三、会计信息质量要求

会计目标解决了会计主要应向谁提供会计信息，提供的信息应该发挥什么样的作用的问题。而要想实现上述目标，就离不开对会计信息质量提出应有的要求或标准，否则，难以实现上述目标。

会计信息质量要求是对企业财务报告所提供的会计信息质量的基本要求，是使所提供的会计信息对投资者等信息使用者决策有用应具备的基本特征，也相当于是会计系统在提供会计信息时应当遵循的基本原则和要求。其主要包括可靠性、相关性、可理解性、可比性、实质重于形式、重要性、谨慎性和及时性等八大基本特征和要求。

（一）可靠性

可靠性要求企业应当以实际发生的交易或事项为依据进行确认、计量、记录和报告，如实反映符合确认和计量要求的会计要素及其他相关信息，从而保证会计信息真实可靠、内容完整。会计信息要有用，必须以可靠性为基础，如果财务报告所提供的会计信息是不可靠的，那么会对投资者等会计信息使用者的决策产生误导，甚至带来损失。为了贯彻可靠性要求，企业应当做到：

（1）以实际发生的交易或者事项为依据进行确认、计量。将符合会计要素定义及其确认条件的资产、负债、所有者权益、收入、费用和利润等如实反映在财务报表中，而不得虚构或随意估计经济业务和会计事项。

（2）企业所提供的会计信息应当是中立的、无偏的。如果企业在提供会计信息时为了达到事先设定的结果或效果，从而选择性地提供会计信息以影响信息使用者的决策和判断，那么就有违会计信息的中立性，这样的会计信息不具备可靠性。

（二）相关性

相关性要求企业提供的会计信息应当与投资者等会计信息使用者的经济决策需要相关，有助于投资者等会计信息使用者对企业过去、现在或未来的情况做出评价或者预测。会计信息能否发挥其应有的作用，关键看其与信息使用者决策是否相关，能否有助于决策或者提高决策水平。相关的会计信息应当能够有助于使用者评价企业过去的经营业绩、财务状况等，并预测企业未来的财务状况、经营成果和现金流量。

会计信息质量的相关性要求，需要企业在确认、计量、记录和报告会计信息的过程中，充分考虑会计信息使用者的决策模式和信息需要。相关性是以可靠性为基础的，两者之间并不矛盾，不应将两者对立起来。也就是说，会计信息应在可靠性的前提下，尽可能地做到相关性，以满足投资者等会计信息使用者的决策需要。

（三）可理解性

可理解性要求企业提供的会计信息应当清晰明了，便于投资者等会计信息使用者理解和使用。

企业编制财务报告、提供会计信息的目的在于为会计信息使用者决策所用，而要想让会计信息使用者有效使用会计信息，就应当让其了解会计信息的内涵，理解会计信息的内容，这就要求财务报告所提供的会计信息应当清晰明了，易于理解。只有这样，才能提高会计信息的有用性，实现财务报告的目标，从而满足向投资者等会计信息使用者提供决策有用信息的要求。

由于会计信息是一种专业性较强的信息，在强调会计信息的可理解性要求的同时，还应假定会计信息使用者具有一定的有关企业经营活动和会计方面的基础知识，并且愿意付出努力去研究这些信息。对于某些复杂的信息，如交易本身较为复杂或者会计处理较为复杂，但若其与会计信息使用者的经济决策相关，企业就应当在财务报告中充分披露。

（四）可比性

可比性是指企业提供的会计信息应当相互可比，其包括纵向可比和横向可比两层含义。

纵向可比是指同一企业不同时期的会计信息之间应当具有可比性。会计信息的纵向可比要求同一企业前后各个不同会计期间发生的相同或者相似的交易或者事项，应当采用相同的会计政策，会计政策一旦选定不得随意变更。这主要是为了便于会计信息使用者比较企业不同时期的财务报告信息，了解企业的财务状况、经营成果和现金流量的变化趋势，全面、客观地评价过去、预测未来，从而做出正确的决策。为确保会计信息的纵向可比，会计准则要求企业不得随意变更会计政策，若国家法律、法规或会计准则等做出修订或有新的要求，又或者企业会计政策变更后可以提供更可靠、更相关的会计信息的，也可以变更会计政策，但应当在财务报告附注中披露会计政策变更的性质、内容、原因及当期和各列报前期财务报表中受影响的项目名称、调整金额等信息。

横向可比是指不同企业所提供的会计信息之间应当相互可比。会计信息的横向可比要求不同企业应当遵循公认的会计准则，对于同类经济业务和事项应当按照会计准则的要求采用相同或类似的会计政策，以确保会计信息生成口径一致、相互可比，这样不同企业按照相互一致的确认、计量、记录和报告要求提供会计信息，就便于会计信息使用者对不同企业的财务状况、经营成果和现金流量等进行比较、评价和决策。

（五）实质重于形式

实质重于形式要求企业应当按照交易或者事项的经济实质而不仅仅以交易或者事项的法律形式为依据进行会计确认、计量、记录和报告。

在实际工作中，企业发生的交易或者事项在多数情况下，其经济实质和法律形式是一致的。但在有些情况下，交易或者事项的外在法律形式与其实质内容会不一致。例如，在现实经济活动中存在的售后回购业务，就其形式而言，属于销售与采购业务，但就其经济实质而言，属于融资业务，因此，就不能在销售环节时确认相应的销售收入和利润。

如果企业的会计核算仅按照交易或事项的法律形式进行，而这些形式又没有反映其经济实质和经济现实，那么，其最终结果将不仅不会利于会计信息使用者做决策，反而会误导会计信息使用者。

（六）重要性

重要性要求企业提供的会计信息应当反映与企业财务状况、经营成果和现金流量等有关的所有重要交易或者事项。这就要求企业会计在对相关交易和事项进行确认、计量、记录时应当区别其重要程度，采用不同的核算和报告方式。对资产、负债、损益等有重大影响，并进而影响财务会计报告使用者据以做出合理判断和决策的重要会计事项，必须按照会计准则规定的方法和程序予以处理，并在财务报告中予以充分披露；对于次要的会计事项，在不影响会计信息真实性和不至于导致会计信息使用者做出错误判断、决策的前提下，可以不必按照严格的会计程序和方法进行处理而适当简化处理。之所以强调重要性原则，主要是基于生产和提供会计信息成本与效益原则的考虑。

在会计实务中，重要性的运用需要依赖会计师的职业判断，应当根据经济交易或事项所处环境和实际情况，从项目的性质和金额大小两方面加以判断。从性质方面来看，只要该会计事项发生就可能对决策产生重大影响的，或者某项会计事项信息的省略或错报会影响会计信息使用者据此做出正确决策的，那么其就属于具有重要性的会计事项。从金额方面来看，当某一会计事项的发生达到总资产的一定比例（如5%）时，一般认为其具有重要性。但总体而言，会计信息重要性的判断主要视其对正确决策的影响而定。

（七）谨慎性

《企业会计准则——基本准则》规定："企业对交易或者事项进行会计确认、计量和报告应当保持应有的谨慎，不应高估资产或者收益、低估负债或者费用。"

如果企业的生产经营和财务活动面临的环境都是确定的，那么，对这些交易和事项的确认、计量和报告也就是确定的，也就无须提出谨慎性原则的要求。但在市场经济环境下，企业的生产经营活动面临着诸多风险和不确定性，如应收款项的可收回性、固定资产的使用寿命、无形资产的使用寿命、售出存货可能发生退货或者返修、企业可能会面临侵权诉讼等，面对上述诸多不确定性，无论是对资产或收益的确认和计量，还是对负债或费用、损失的确认和计量，都需要基于会计师应有的职业判断。谨慎性就是要求会计师在基于职业判断和估计时，应"充分估计各种风险和损失，不高估资产或者收益，也不低估负债或者费用"，以使财务会计报告的结果较企业实际情形更为保守，故谨慎性又称稳健性。例如，要求企业对可能发生的资产减值损失计提资产减值准备、对售出商品可能发生的保修义务确认预计负债等，均体现了会计信息质量的谨慎性要求。此外，在财务报告中也应提供尽可能全面的会计信息，特别是对可能发生的风险损失要予以充分披露。

需要注意的是，谨慎性要求"不应高估资产或者收益，不应低估负债或者费用"，但并不意味着可以故意低估资产或者收益，高估负债或者费用，更不能提取秘密准备或故意隐藏利润。

（八）及时性

及时性要求企业对于已经发生的交易或者事项，应当及时进行确认、计量、记录和报告，不得提前或延后。

会计信息对于会计信息使用者的经济决策而言是具有时效性的，即便是可靠、相关的会计信息，如果不及时提供，那么该信息对于会计信息使用者的效用就会大大降低，甚至不再具有实际意义。因此，要求企业在会计确认、计量和报告过程中应当贯彻及时性原则。一是要求及时收集会计信息，即在经济交易或者事项发生后，及时收集整理各种原始单据或者凭证；二是要求及时处理会计信息，即按照会计准则的规定，及时对经济交易或者事项进行确认、计量，并编制财务报告；三是要求及时传递会计信息，即按照国家规定的有关时限，及时地将编制的财务报告传递给会计信息使用者，以便于其及时使用并进行决策。

2018年国际会计准则理事会（IASB）发布《财务报告概念框架》，将会计信息质量特征分为基本性质量特征和提升性质量特征两个层次，将基本性质量特征概括为相关性、如实反映两点，而将可比性、可验证性、及时性和可理解性概括为提升性质量特征，同时，《财务报告概念框架》还认为有用的财务信息还需要考虑成本制约因素。其中，如实反映可以看作是对可靠性的取代，这意味着对存在计量不确定性的信息在现有概念框架下也可能纳入会计核算系统，这是对公允价值计量属性在会计核算中的广泛采纳而做出的适时调整。而会计信息提供或加工时需要考虑成本制约因素，这意味着应当结合成本效益原则对重要性进行判断和取舍。

四、会计计量属性

会计计量是指将符合确认条件的会计对象登记入账，并列报于财务报表且确定其金额的过程。会计计量是在会计核算过程中必不可少的重要环节，且贯穿会计核算全过程。

会计计量通常由计量单位和计量属性两个维度构成。

1.计量单位

计量单位是指会计计量所使用的尺度。按照会计基本假设前提之一——货币计量假设，在当前技术条件下，会计计量必须以货币作为计量单位。作为计量单位的货币通常是一国或一个地区的法定流通货币，如人民币、美元、英镑等。计量单位通常以元、百元、千元、万元等货币单位表示。

在不存在恶性通货膨胀的情况下，一般都以名义货币作为会计的计量单位。按名义货币计量的特点是不需要调整不同时期货币购买力而直接采用固定的货币单位计量。如果在存在恶性通货膨胀的情况下，那么通常要考虑物价变动指数，以不变货币单位（即一般购买力单位）为计量单位。

2.计量属性

计量属性是指计量对象可供计量的某种特性或标准，是指计量对象的特性或外在表现形式，是其予以数量化的特征。

一种计量模式区别于另一种计量模式的标准主要在于计量属性。计量属性的选择是会计计量的核心，不同的计量属性直接影响计量结果，并在很大程度上决定了会计信息的质量特征。按照《企业会计准则——基本准则》，会计计量属性主要包括历史成本、重置成本、可变现净值、现值和公允价值等五种。

（1）历史成本，又称实际成本，是指企业取得或建造某项资产时实际支付的现金或现金等价物的金额。在历史成本计量下，资产按照其购置时支付的现金或现金等价物的金额，或者按照购置资产时所付出的对价的公允价值计量。负债按照因承担现时义务而实际收到的款项或资产的金额，或者承担现时义务的合同金额，或者按照日常活动中为偿还负债预期需要支付的现金或现金等价物的金额计量。

（2）重置成本，又称现行成本或现时投入成本，是指如果在现时重新取得相同或类似资产将支付的现金或现金等价物的金额。在重置成本计量下，资产按照现在购买相同或相似资产所需支付的现金或现金等价物的金额计量。负债按照现在偿付该项债务所需支付的现金或现金等价物的金额计量。

（3）可变现净值，又称预期脱手价格。在可变现净值计量下，资产按照其正常对外销售所能收到现金或现金等价物的金额扣减该资产至完工时估计将要发生的成本、估计的销售费用及相关税费后的金额计量。

（4）现值，是指在正常经营状态下资产所带来的未来净现金流入量的折现金额。在现值计量下，资产按照预计从其持续使用和最终处置中所产生的未来净现金流入量的折现金额计量。负债按照预计期限内需要偿还的未来净现金流出量的折现金额计量。

（5）公允价值，是指市场参与者在计量日发生的有序交易中，出售一项资产所能收到或者转移一项负债所需支付的价格，即脱手价格。企业以公允价值计量相关资产或负债，应当假定出售资产或转移负债的有序交易在相关资产或负债的主要市场进行。不存在主要市场的，企业应当假定该交易在相关资产或负债的最有利市场进行。

主要市场，是指相关资产或负债交易量最大和交易活跃程度最高的市场。最有利市场，是指在考虑交易费用和运输费用后，能够以最高金额出售相关资产或以最低金额转移相关负债的市场。

需要说明的是，虽然现有教材大多将现值作为计量属性的一种，但是其实现值并不算得上是一种真正的会计计量属性。因为任何一种计量属性都必须可用于交易或事项的初始计量，而现值则不能，但运用现值技术可以测算得到难以直接从市场上获得的计量属性——公允价值（第2、3级层次的公允价值）。

上述各种计量属性并非完全是并列关系。其中，历史成本通常反映的是资产或负债过去的价值，而重置成本、可变现净值、公允价值通常反映的是资产或负债的现时成本或者现时价值，它们是与历史成本相对应的计量属性，即可以将上述计量属性分为两大类：历史成本、现行价值（成本）。

不同计量属性之间也存在密切联系，一般来说，历史成本往往是在交易发生当时环境下某项资产或负债的公允价值，而在当前环境下某项资产或负债的公允价值往往就是未来环境下某项资产或负债的历史成本。公允价值是各交易或事项发生时最理想的计量属性，只是限于计量技术和条件的不同，其可能有重置成本、可变现净值和以公允价值为计量目的的现值等不同的表现形式。

3.不同计量属性的应用

在对会计对象进行初始计量时，均应采用历史成本。为了提高会计信息的质量，实现财务报告目标，在某些情况下，企业会计准则允许后续计量采用重置成本、可变现净值、公允价值计量。但应当保证所确定的会计要素的上述计量属性的金额能够取得并可靠地计量，如果这些金额无法取得或者无法可靠地计量，那么不允许采用这些计量属性。

第三节　会计对象与会计要素

一、会计对象

会计对象是会计所核算和监督的内容。会计最一般、最抽象的对象是指社会再生产过程中的一切能以货币计量的资金运动。具体到每一个会计主体，则会计核算和监督的对象为每一会计主体的资金运动。资金是社会再生产过程中各项财产物资的货币表现以及货币本身。

任何一个单位要开展业务活动，必须首先获得资金，并在此基础上通过各种方式形成本单位的生产经营管理设施与场所、招聘员工，然后采购生产产品及提供服务所需的各种原材料，投入生产经营活动过程，生产或提供市场所需的商品或服务，通过销售活动实现收入，使得生产经营活动过程中的各项价值消耗和投入得以补偿、回收，并获得价值实现、价值创造和增值。如此完成一个生产经营活动循环，再进入下一个生产经营活动循环，循环往复……从资金形态来看，以货币资金为起点，经过一系列资金形态的变化，再回到货币资金的运动过程称为资金循环，周而复始的资金循环，称为资金周转。

作为营利性组织的典型代表——企业，虽然其经营模式各不相同，但其以货币资金为起点，再回到货币资金的终点，进而得到价值实现和增值的过程，是其共性之处，这正是可以用会计语言予以描述和表达的，进而构成会计核算和监督的对象。

政府部门、事业单位及其他非营利性组织和机构与企业目标不相同，其主要是完成国家赋予的任务及向社会提供各种公共产品和服务，但其要达成上述目标同样也需要有相应的资金，其资金来源渠道大多为公共财政资金，在提供公共产品和服务的过程中所耗用的资金往往都是通过财政预算的方式进行安排并通过财政预算绩效考核对资金使用效果进行绩效评价，以此作为下一年度预算安排的主要依据。上述财政资金的下达、拨付、使用、评价、再拨付的循环往复过程，是政府部门、事业单位等非营利组织的资金运动过程，也正是这类单位会计核算和监督的对象。

综上所述，不论什么性质和目的的单位，均是社会再生产过程中的基本组织，其要开展活动都离不开资金的获得、使用、消耗、补偿、实现或再拨付等资金不断运动的过程，会计正是通过对上述资金运动的反映和控制，得以发挥自身的基本职能、作用，并实现会计目标。

二、会计要素

上述关于会计对象的阐释较为抽象，为使得会计核算对象更为具象化，通常以会计要素来表达。会计要素是根据交易或者事项的经济特征确定会计核算对象的基本分类，是会计对象的具体化。会计要素既是财务报表构成的基本要件，又是会计核算专门方法——会计科目（或账户）设置的依据和会计核算的基础。

会计学基础这门课大多以企业为基本研究对象，故以下关于会计要素的阐释和分析亦以企业会计要素为例展开。

各国会计准则大多将会计要素按照其经济性质及所属报表的不同划分为资产、负债、所有者权益、收入、费用和利润六大要素。其中：资产、负债和所有者权益要素侧重于反映企业的财务状况，又称资产负债表要素；收入、费用和利润要素侧重于反映企业的经营成果，又称利润表要素。

（一）资产

1.资产的定义和特征

资产是指由企业过去的交易或者事项形成的，由企业拥有或者控制的，预期会给企业带来经济利益的经济资源。根据资产的定义，资产具有以下几方面特征：

（1）预期会给企业带来经济利益。资产预期会给企业带来经济利益，是指资产具有直接或者间接导致现金和现金等价物流入企业的潜力。这种潜力可以来自企业日常的生产经营活动，也可以来自非日常活动。预期能为企业带来经济利益是资产的重要特征。如果某一项目预期不能给企业带来经济利益，那么就不能将其确认为企业的资产。前期已经确认为资产的项目，如果不能再为企业带来经济利益，那么就应将其确认为一项损失并从资产中剔除；如果其为企业带来经济利益的能力下降了，那么应计提资产减值准备，抵减资产账面价值，同时确认资产减值损失。

（2）资产应为企业所拥有或者控制。资产作为一项资源，应当由企业拥有或者控制，具体是指企业享有某项资源的所有权，或者虽然不享有某项资源的所有权，但该资源能被企业所控制。企业享有资产的所有权，通常表明企业能够排他地从资产中获取经济利益。在有些情况下，资产虽然不为企业所拥有，即企业并不享有其所有权，但企业控制了这些资产，同样表明企业能够从资产中获取经济利益，从而符合会计上对资产的定义。如果企业既不拥有资产又不能控制资产所能带来的经济利益，那么就不能将其作为本企业的资产予以确认。

（3）资产是由企业过去的交易或者事项形成的。资产应当由企业过去的交易或者事项形成，过去的交易或者事项包括购买、生产、建造行为或者其他交易或事项。只有企业已经发生了的交易或者事项所形成的资产才能确认为本企业的资产。

2.资产的分类

资产按其流动性可以分为流动资产和非流动资产。

流动资产是指可以在1年或超过1年的一个营业周期内变现或者耗用的资产，主要包括现金、银行存款、应收及预付款项、存货等。

非流动资产是指不能在1年或超过1年的一个营业周期内变现或者耗用的资产，主要包括固定资产、无形资产、长期股权投资、长期债权投资、长期应收款等。

资产还可以按照是否为经营活动所需，分为经营性资产与非经营性资产。经营性资产是指在企业生产经营活动过程中所使用的资产，如固定资产、无形资产、存货、应收账款等；非经营性资产主要是指企业所拥有的将使用权让渡给其他企业而拥有获得收益的权利，如长期股权投资、其他债权投资等，我们可以将其简称为投资性资产。

（二）负债

1.负债的定义和特征

负债是指由企业过去的交易或者事项形成的，预期会导致经济利益流出企业的现时义务。根据负债的定义，负债具有以下几方面特征：

（1）负债是企业承担的现时义务。负债必须是企业承担的现时义务，这里的现时义务是指企业在现行条件下已承担的义务。未来发生的交易或者事项形成的义务，不属于现时义务，不应当确认为负债。

（2）预期会导致经济利益流出企业。预期会导致经济利益流出企业是负债的一个本质特征，只有在履行义务时会导致经济利益流出企业的才符合负债的定义。在履行现时义务清偿负债时，导致经济利益流出企业的形式多种多样，可以用现金或实物清偿，也可以以提供劳务的形式清偿。

（3）负债是由企业过去的交易或者事项形成的。负债应当由企业过去的交易或者事项形成，也就是说，只有已经发生了的交易或者事项形成的义务才能被确认为负债。

2.负债的分类

负债按其流动性可以分为流动负债和非流动负债。

流动负债是指将在1年或超过1年的一个营业周期内偿还的债务，主要包括短期借款、应付及预收款项、应交税费、应付职工薪酬等。

非流动负债是指偿还期在1年或超过1年的一个营业周期以上的债务，主要包括长期借款、长期应付款、应付债券等。

负债还可以按照是否具有筹资性，分为筹资性负债与非筹资性负债。筹资性负债指企业主动筹资形成的负债，如短期借款、长期借款、应付债券等；非筹资性负债是指由于商业信用、结算、利润分配等原因形成的各种应付未付款项，如应付账款、应交税费、应付职工薪酬等。

（三）所有者权益

1.所有者权益的定义和特征

所有者权益，又称净资产，是指企业的资产扣除负债后，由所有者享有的剩余权益，是所有者对企业净资产的要求权。公司的所有者权益又称股东权益。

所有者权益与负债均为企业的资金来源，但其与负债相比存在本质差异，具体表现为以下几点：

（1）期限不同。所有者权益可以供企业无限期使用而无须偿还，而负债具有明确的偿还期限，企业需要按期偿还，否则将影响企业的信用或导致企业破产清算。

（2）权利不同。所有者权益拥有者具有参与企业经营决策、享有利润分配等权利，而债权人通常无权参与企业经营决策、分享利润，但有权按期收取利息和本金。

（3）风险不同。当企业面临清算时，债权人拥有优先求偿权，而所有者权益只能在所有负债清偿后才可能获得剩余权益，因此，当企业资不抵债时，所有者的风险要高于债权人。

2.所有者权益的来源及其构成

所有者权益的来源主要包括所有者投入的资本、留存收益等，通常由实收资本（股本）、资本公积（主要是指资本溢价或股本溢价）、盈余公积和未分配利润等构成。

所有者投入的资本是指所有者投入企业的所有资本，既包括构成企业注册资本或者股本的金额，又包括投入资本超过注册资本或股本部分的金额，即资本溢价或股本溢价，这部分在资本公积中反映。

留存收益是指企业历年实现的净利润留存于企业的部分，主要包括盈余公积和未分配利润。

可见，所有者权益既可以反映所有者投入资本的保值增值情况，又可以是保护债权人权益实力的体现。

（四）收入

1.收入的定义和特征

收入是指企业在日常活动中形成的、会导致所有者权益增加的、与所有者投入资本无关的经济利益的总流入。根据收入的定义，收入具有以下几方面的特征：

（1）收入是企业在日常活动中形成的。日常活动是指企业为完成其经营目标所从事的经常性活动以及与之相关的活动。明确界定日常活动是为了将收入与利得进行区分，因为企业非日常活动所形成的经济利益的流入不能确认为收入，而应当计入利得。

（2）收入是与所有者投入资本无关的经济利益总流入。收入应当会导致经济利益的流入，从而导致资产的增加。但是在实务中，经济利益的流入有时是由于所有者投入资本的增加导致的。所有者投入资本的增加不应当确认为收入，而应当将其直接确认为所有者权益。

（3）收入会导致所有者权益的增加。与收入相关的经济利益的流入应当会导致所有者权益的增加，不会导致所有者权益增加的经济利益的流入不符合收入的定义，不应确认为收入。例如，企业向银行借入款项，尽管也导致了企业经济利益的流入，但该流入并不导致所有者权益的增加，因此不应将其确认为收入。

2. 收入的分类

上述收入定义，是指狭义的收入概念，即营业收入。按照营业收入是否为企业主要经营业务收入，可以分为主营业务收入、其他业务收入等。

若按照广义的收入概念，除营业收入外，还有非营业收入，如投资收益、营业外收入等。

（五）费用

1. 费用的定义和特征

费用是指企业在日常活动中发生的、会导致所有者权益减少的、与向所有者分配利润无关的经济利益的总流出。根据费用的定义，费用具有以下几方面特征：

（1）费用是企业在日常活动中形成的。费用必须是企业在其日常活动中所形成的，这些日常活动的界定与收入定义中涉及的日常活动的界定一致。日常活动所产生的费用通常包括销售成本（营业成本）、职工薪酬费用、折旧费、无形资产摊销等。

（2）费用是与向所有者分配利润无关的经济利益的总流出。费用的发生应当会导致经济利益的流出，从而导致资产的减少或者负债的增加。企业向所有者分配利润也会导致经济利益的流出，而该经济利益的流出属于所有者权益的减少项目，不应确认为费用，应当将其排除在费用的定义之外。

（3）费用会导致所有者权益的减少。与费用相关的经济利益的流出应当会导致所有者权益的减少，不会导致所有者权益减少的经济利益的流出不符合费用的定义，不应确认为费用。

2. 费用的分类

上述费用的定义，是指狭义的费用，即企业在日常活动过程中所发生或形成的，按其是否构成产品成本还是直接计入当期损益，前者包括生产成本、制造费用，后者则包括销售费用、管理费用、研发费用、财务费用等。

广义的费用，还包括各种资产减值损失、营业外支出等，其并不是企业在日常经营活动过程中必须发生的，或与企业日常经营活动没有必然联系。

（六）利润

1. 利润的定义和特征

利润是指企业在一定会计期间的经营成果。在通常情况下，如果企业实现了利润，那么所有者权益将增加；反之，如果企业发生了亏损（即利润为负数），那么所有者权益将减少。因此，利润往往是评价企业管理层业绩的一项重要指标，也是投资者等会计信息使用者进行决策时的重要参考项目。

2. 利润的来源及构成

利润的计算和确定，有利润表观（又称收入费用观）和资产负债表观（又称资产负债观）之分。

在利润表观下，利润等于收入减去费用后的净额。由于收入、费用均有狭义和广义之分，因此利润也存在狭义与广义之分。狭义利润是指企业在一定会计期间的经营成果，反映的是企业日常经营活动的业绩。广义利润，还包括其他非经营活动业绩以及直接计入当期利润的利得和损失。企业应当严格区分收入和利得、费用和损失等概念，以更加科学、正确、全面地反映企业的经营业绩。

在资产负债表观下，利润等于期末净资产与期初净资产之差，当然应扣除投资者与企业之间的因投资活动增减变动的因素所导致的增加额或减少额。在此观念下，利润不仅包括经营活动形成的利润，而且包括资产、负债持有期间的利得或损失。

三、会计要素的拓展性思考

2018年3月国际会计准则理事会（IASB）发布修订的《财务报告概念框架》（以下简称《概念框架》）。《概念框架》将会计要素界定为资产、负债、权益、收入和费用五要素，并且对上述五要素定义都有不同程度修改。譬如：资产是指企业因过去事项而控制的现时经济资源；负债是指企业因过去事项而转移经济资源的现时义务；权益是指企业资产扣除所有负债后的剩余利益；收入是指除主体权益要求权持有者投入外而导致权益增加的资产增加或负债减少；费用是指除向主体权益要求权持有者分配外而导致权益减少的资产减少或负债增加。

由此可见，各国会计准则或国际会计准则对会计要素的划分和界定也并不是一成不变、整齐划一的，其既受实践管理内在需求的影响，又受会计理论、传统文化观念及制度依赖路径的影响。

需要注意的是，上述会计要素均主要限于资产负债表会计要素、利润表会计要素，而未涉及另一主要财务报表——现金流量表会计要素。本节开篇就已经指出，会计要素是财务报表构成的基本要件，也是账户设置的依据和核算基础，若不设置现金流量表会计要素，势必会使得现金流量表的编制无法根据现金流量会计要素直接获得所需数据和资料，而只得依赖资产负债表、利润表的相关数据，从而使得现金流量表的编制既烦琐又不及时、准确。为改变上述不足，本章作者试图探讨设置现金流入、现金流出、现金净流量三大现金流量表会计要素[①]，三大现金流量表会计要素之间关系如下：现金流入-现金流出=现金净流量。

第四节 会计核算的基础和原则

一、会计核算的基础

会计核算的基础，又称会计确认、计量和报告的基础，会计核算的基础有权责发生制和收付实现制两种，这两种不同的核算基础所提供的信息存在显著差异，两者各有利弊。

---

① 初步探讨见：缪艳娟，黄爱玲，李红梅．中级财务会计［M］．2版．大连：东北财经大学出版社，2019．较为详细的探讨见：缪艳娟．试论改变现金流量表“依附性”的现实路径［J］．中国农业会计，2020，351（10）：10-13.

（一）权责发生制

权责发生制，又称应计制或应收应付制，是指以收入的权利和支出的义务是否归属于本期为标准确认收入、费用的一种会计处理基础，即凡是应归属于本期的收入和费用，无论本期是否实际收到或付出款项，均应确认为本期的收入和费用。

（二）收付实现制

收付实现制，又称现金制或现收现付制，是以款项是否实际收到或付出为标准确认本期的收入或费用的一种会计处理基础，即不论其是否应属于本期而是以款项的实际收到或付出为标准来确认收入或费用。

相比较而言，以权责发生制为基础能够较为正确地核算和反映各期的盈亏及财务状况，但是所提供的会计信息与会计主体的现金流量并不一定完全一致，有时可能还存在较大的差异；而以收付实现制为基础所提供的会计信息与会计主体的现金流量信息较为一致，但不能准确反映会计准则的盈亏状况及财务状况。

《企业会计准则——基本准则》规定：企业应当以权责发生制为基础进行会计确认、计量和报告。但是上述规定主要是针对资产负债表会计要素及利润表会计要素而言的，而对于现金流量表会计要素的确认、计量及报告其实应当以收付实现制为基础。但由于现有会计准则（无论是国际会计准则还是多数国家的会计准则）大多未设置现金流量会计要素，因而现有《会计学》教材绝大多数均对现金流量表会计要素及其核算避而不谈，直到《中级财务会计》中的财务报告相关章节才会提及现金流量表是以收付实现制为基础编制的。

二、会计核算的原则

除会计核算基础的选择外，为准确反映企业的财务状况与经营成果，会计核算还应当遵循以下原则或要求：划分收益性支出与资本性支出、收入与费用配比、历史成本计量。

（一）划分收益性支出与资本性支出

收益性支出是指该项支出所产生的效益仅与本会计年度有关。收益性支出在发生当期应当作为本期费用，计入当期损益。

资本性支出是指该项支出所产生的效益不仅与本会计年度有关，而且与以后几个会计年度有关。资本性支出在发生当期应记为一项长期性资产的增加，并在本期及以后各受益期内分期转作费用。

若将一项收益性支出误记为资本性支出，则会导致少计本期费用，从而多计本期利润和资产；反之，则会导致多计本期费用，从而少计本期利润和资产。由此可见，在进行会计确认和计量时，必须正确划分收益性支出和资本性支出。正确划分收益性支出与资本性支出，既有助于正确反映企业各期的经营成果（利润），又有助于恰当反映企业特定时点的财务状况（资产及权益）。

（二）收入与费用配比

企业的经营活动会带来一定的经营收入，必然因此要发生相应的经营费用。企业会计准则要求企业取得的收入与其相关的成本、费用应当相互配比。具体来说，收入与费用之间的配比包括因果配比和期间配比两层含义。因果配比是指收入与费用之间要根据因果关系进行直接配比；期间配比是指收入与费用之间应当根据时间上的一致关系进行配比。只有做到因果配比，才能准确核算某产品或生产线等核算对象或单位的盈亏；只有做到期间配比，才能准确核算各会计期间的盈亏。

（三）历史成本计量

历史成本计量又称实际成本计量，是指各项资产在初始取得时应当按交易发生时的取得成本计量。除国家另有规定者外，不得调整其账面价值。其优势是具有可核性，因此，在相当长时期内，它是会计计量最基本的原则。

【课程思政拓展阅读】

拓展阅读一：

数据是否应确认为资产？

伴随着大数据、云计算、人工智能、区块链、物联网等数字技术向经济社会各领域的渗透融合，数字经济成为继农业经济、工业经济后的新型发展形态。2015年国务院印发的《促进大数据发展行动纲要》中强调要利用数据进行决策、管理和创新。可见，在数字经济时代数据必将（或已然）成为驱动经济发展的重要生产要素之一。那么，数据是否应当像其他生产要素那样被确认为资产会计要素并在财务报表中列报呢？如果答案是肯定的，那数据又应当符合什么条件才能被确认和列报？

虽然从字面上来理解，将数据作为资产会计要素进行确认和计量属于会计领域的研究范畴，但其实数据是否具备条件确认为资产的关键在于数据能否转化为对企业经营管理决策或政府部门公共管理决策有价值的信息，而这有赖于对数据价值挖掘技术的进一步发展和成熟。在我国实施大数据战略背景下，无论是私营部门还是公共部门，对数据的收集、处理、储存、保护、利用以及后续可能进行的交易均需要在技术层面、法律层面解决其权属问题。

与传统资产相比，数据资产的经营风险较高，给经济主体带来的未来经济利益流入具有很大的不确定性。因为数据资产能否实现经济利益的流入要依托技术的发展水平，其经济利益流入的高低还取决于数据与经济社会发展状况的关联度，数据的有用性还可能与时间跨度的长短密切相关。因此，虽然在日常的生产生活和经济活动中会形成大量的数据信息，但并非所有的数据都要确认为资产。数据资产化的范围会受到经济发展形态、技术手段进步、创新科技理念、市场主体行为等诸多因素的影响。简而言之，同时具备以下条件的数据方可能确认为资产：（1）具有交易意向；（2）成本可单独归集；（3）可明确确权、保证数据使用的排他性；（4）可能为拥有主体带来经济利益或社会效益。

资料来源：李琪琦.数据资产相关问题的思考：从概念到实践［J］. 金融会计，2023（1）.笔者有改编。

拓展阅读二：

会计职能的“两个拓展”

我国财政部于2021年11月发布的《会计改革与发展“十四五”规划纲要》指出会计工作在“十四五”期间要围绕“变革融合、提质增效”这个中心展开。变革融合是指会计行业要以数字化技术为支撑，以推动会计审计工作数字化转型为抓手，健全完善各种数据标准和安全使用规范，在夯实会计工作传统的核算、监督职能、提供高质量会计数据的基础上，对内更好地与微观主体经营管理有机融合，提升微观主体管理水平和风险管控能力；对外更好地与宏观经济管理、财政管理有机融合，发挥会计服务财政管理和宏观经济治理功能。

会计信息在内的财会信息是经济发展的“晴雨表”，是营商环境的“检测剂”，是宏观经济决策的重要依据。因此，会计工作是宏观经济管理和市场资源配置的基础性工作，必须主动融入国家改革发展大局，深入贯彻落实新发展理念和新发展格局战略构想，把握新发展阶段的新机遇、新挑战，才有助于实现会计改革与发展的最终目标——提质增效。

资料来源：笔者根据《会计改革与发展“十四五”规划纲要》及其系列解读改编。

【本章巩固练习题】

一、单项选择题

1.会计是以（ ）作为主要计量单位对经济业务进行反映和控制的。

A.实物　　B.货币　　C.劳动量　　D.价格

2.会计的基本职能一般包括（ ）。

A.会计计划与会计决策　　B.会计预测与会计控制

C.会计控制与会计决策　　D.会计核算与会计监督

3.会计以货币为主要计量单位，通过确认、记录、计算、报告等环节，对特定主体的经济活动进行记账、算账、报账，为各有关方面提供会计信息的功能称为（ ）。

A.会计核算职能　　B.会计监督职能

C.会计控制职能　　D.会计预测职能

4.会计人员在进行会计核算的同时，对特定主体经济活动的合法性、合理性进行审查称为（ ）。

A.会计控制职能　　B.会计核算职能

C.会计监督职能　　D.会计分析职能

5.（ ）界定了从事会计工作和提供会计信息的空间范围。

A.会计职能　　B.会计对象　　C.会计内容　　D.会计主体

6.在可预见的未来，假定会计主体不会破产清算，其所持有的资产将正常营运，所负有的债务将正常偿还。这属于（ ）。

A.会计主体假设　　B.持续经营假设

C.会计分期假设　　D.货币计量假设

7.我国的会计期间分为年度、半年度、季度和月度，它们均按（ ）确定。

A.公历起讫日期　　B.农历起讫日期

C.7月制起讫日期　　D.4月制起讫日期

8.企业在日常活动中形成的、会导致所有者权益增加的、与所有者投入资本无关的经济利益的总流入称为（ ）。

A.资产　　B.利得　　C.收入　　D.利润

9.企业资产以历史成本计价而不以现行成本或清算价格计价，依据的会计核算前提是（ ）。

A.会计主体　　B.持续经营　　C.会计分期　　D.货币计量

10.债务是指由于过去的交易、事项形成的企业需要以（ ）等偿付的现时义务。

A.资产或劳务 B.资本或劳务 C.资产或债权 D.收入或劳务

11.企业充分预计损失，不得多计收益的做法，遵循的是（ ）。

A.谨慎性 B.权责发生制 C.重要性 D.实质重于形式

12.下列选项不属于会计核算的具体内容的是（ ）。

A.有价证券的收付 B.财物的使用

C.制订下年度管理费用开支计划 D.资本的增减

二、多项选择题

1.下列选项属于资产要素项目的有（ ）。

A.无形资产 B.预收账款 C.应收账款 D.预付账款

2.下列选项可以作为一个会计主体的有（ ）。

A.母公司 B.分公司

C.母公司和子公司组成的企业集团 D.销售部门

3.下列选项属于负债要素项目的有（ ）。

A.短期借款 B.预收账款 C.预付账款 D.应交税费

4.企业的收入可能会导致（ ）。

A.现金的增加 B.银行存款的增加

C.企业其他资产的增加 D.企业负债的减少

5.企业向银行借款100万元，存入银行，这项业务引起（ ）要素的增减变化。

A.资产 B.负债 C.所有者权益 D.收入

6.下列选项属于反映企业财务状况的静态要素的有（ ）。

A.资产 B.负债 C.利润 D.所有者权益

7.下列选项属于反映企业经营成果的动态要素的有（ ）。

A.收入 B.费用 C.利润 D.负债

8.下列选项属于会计核算的具体内容的有（ ）。

A.款项的收付 B.财物的收发、增减和使用

C.债权债务的发生和结算 D.收入、支出、费用、成本的计算

三、判断题

1.会计主体一般都是法律主体，但法律主体不一定是会计主体。（ ）

2.某项财产物资要成为企业的资产，只要该企业拥有其所有权就能将其确认为资产。（ ）

3.会计是指以货币为主要计量单位，反映和监督一个单位经济活动的经济管理工作。（ ）

4.会计核算和监督的内容就是企业发生的所有经济活动。（ ）

5.会计的监督职能是指会计人员在进行会计核算的同时，对特定会计主体经济活动的合法性、合理性进行审查。（ ）

6.经济业务的发生，可能使得资产与权益总额发生变化，但是不会破坏会计基本等式的平衡关系。（ ）

四、简答题

1.简述权责发生制和收付实现制的基本含义。

2. 简述会计信息质量特征的内容。

3. 简述历史成本与公允价值两种不同的计量属性的含义及其关系。

4. 简述收益性支出与资本性支出的含义，并分析混淆两者可能对一个会计主体的财务状况和经营成果产生的影响。

5. 简述什么是会计目标。

【本章知识结构图】

第三章　会计等式与复式记账

【学习目标】

本章在了解会计核算方法体系的基础上，重点介绍设置账户、复式记账两种会计核算方法。通过本章的学习，学生应该重点掌握会计等式的基本理论、会计科目和账户的定义及账户结构与分类、借贷记账法的特点和会计分录等内容。

【引导案例】

创业公司是否盈利?

为了响应国家“大众创业、万众创新”的号召，艺术设计专业刚刚毕业的小李于202×年7月初决定开办一家经营文创产品的公司，先组织销售本地特色工艺品，再规划发挥自己专业特长设计销售私人定制的小工艺品。公司注册申请营业期限为5年，7月初小李投资了100 000元（其中父母出资60 000元，向银行申请低息创业贷款40 000元），并于当月支付48 000元购置了一辆小型客货两用车，支付半年房租12 000元，装修店面开支6 800元，其他零星开销1 500元，购进工艺品开支10 000元，当月营业额只有6 000元（商品成本1 800元），1个月支付借款利息200元，到了7月底，小李发现手头剩下27 500元。他纳闷：钱都用到哪里去了？这么用钱能赚钱吗？钱数有没有被自己搞错？

第一节　会计方法

一、会计方法体系

会计方法是指用来核算和监督会计对象、履行会计职能、实现会计目标的手段。至于会计方法究竟包括哪些，理论界与实务界的说法并不统一，有观点认为会计的基本职能是核算与监督，因而会计的方法通常包括会计核算的方法与会计监督的方法；也有观点认为会计是一项经济管理活动，因而除了会计核算方法，会计方法还应包括管理所具有的会计预测、会计决策、会计控制、会计分析与会计检查等方法；但多数版本的教材通常将会计方法概括为会计核算方法、会计分析方法和会计检查方法的统一。

会计核算方法是对各单位已经发生的经济活动进行连续、系统、完整的反映所应用的方法。

会计分析方法主要是利用会计核算的资料，考核并说明各单位经济活动的效果，并对它们的报告结果进行分析和评价。

会计检查方法，主要是根据会计核算的信息，检查各单位的经济活动是否合理、合法，会计核算资料是否真实、完整、正确。

会计的方法是从会计实践中总结出来的，它会随着社会实践发展、科学技术的进步以及业财融合等管理要求的提高而不断发展和完善。由于会计对象多种多样、错综复杂，因此，决定了会计的任何一种方法都不是单一的，它们相互依存，又相对独立，从而形成了完整的会计方法体系。其中，会计核算方法是基础，会计分析方法是会计核算方法的继续和发展，会计检查方法是会计核算方法和会计分析方法的保证，几种方法在时间上继起、在空间上并存。

二、会计核算方法

会计核算方法，是指会计对企事业单位已经发生的经济活动进行连续、系统、全面的反映和监督所采用的方法。会计核算方法通常由设置账户、复式记账、填制和审核凭证、登记账簿、成本计算、财产清查和编制财务报告等具体方法构成。它们相互关联构成了一个完整的、科学的方法体系。

1.设置账户

账户是对会计对象的具体内容分门别类地进行记录、核算的工具。在进行会计核算之前，首先应将多种多样、错综复杂的会计对象的具体内容进行科学分类，再将会计对象的具体内容划分为若干项目，即会计科目，并据此设置若干个会计账户，每个会计账户只能反映一定的经济内容，这样就可以使所设置的账户既有分工又有联系地反映整个会计对象的内容，从而提供管理所需要的各种信息。

2.复式记账

复式记账是指对发生的每一项经济业务都要以相等的金额，同时记入两个或两个以上相互关联账户的一种专门方法。复式记账对每笔经济业务都必须以相等的金额在相互关联的两个或两个以上账户中同时进行登记，使每项经济业务所涉及的两个或两个以上的账户之间产生对应关系；通过账户间的对应关系，可以相互联系地反映经济业务的全貌，了解经济业务的来龙去脉；通过账户的金额平衡关系，可以初步检查有关经济业务的记录是否正确。

3.填制和审核凭证

会计凭证是记录经济业务、明确经济责任的书面证明，是登记账簿的重要依据。取得或填制了会计凭证，就证明该项经济业务已经发生或完成。任何单位对于已经发生或已经完成的经济业务，都应由经办人员或有关单位填制凭证并签名盖章；所有填制的凭证都要经过会计部门或有关部门的严格审核，在保证符合有关法律、制度、规定且信息正确无误的情况下，才能据以登记账簿。因此，填制和审核凭证是指为了审查经济业务是否合理、合法，保证账簿记录正确、完整而采用的一种专门方法。

4.登记账簿

登记账簿是指根据审核无误的会计凭证，将所有的经济业务分门别类地登记到账簿的有关账户的一种专门方法。账簿是用来全面、连续、系统地记录各项经济业务的簿籍，它由具有一定格式的账页组成，把所有的经济业务记入到每张账页的账户里后，还要定期进行结账和对账，以确保账证、账账、账实之间一致。账簿所提供的各种数据资料是编制财务报表的主要依据。

5.成本计算

成本计算，是指按照一定对象归集与分配生产经营的各项费用，并确定各对象的总成本和单位成本的一种专门方法。成本计算可以确定材料的采购成本、产品的生产成本和商品的销售成本，以便考核各项费用的节约与超支，合理制定产品售价，加强成本管理，从而提高经济效益。

6.财产清查

财产清查就是通过盘点实物、核对往来款项以查明各项财产物资和资金的实有数，并与账面数进行对比，以确定账实是否相符的一种专门方法。定期或不定期地对各项财产物资、货币资金和应收款项等进行盘点和核对，可以查明各项财产物资有无积压，保管和使用是否合理，债权债务有无长期拖欠，结算是否及时，当发现账实不符的情况时，要及时调整账簿记录，并及时地查明原因、明确责任，从而有利于保障财产物资的安全。

7.编制财务会计报告

编制财务会计报告是指根据日常会计核算资料，以书面报告的形式定期、总括地反映其某一特定日期财务状况和某一会计期间经营成果、现金流量等信息的一种专门方法。财务会计报告主要由账簿记录的内容定期地加以分类、整理和汇总而成，编制财务会计报告是提供会计信息的重要方式，对满足会计信息使用者的决策需要，以及考核、分析财务计划和预算执行情况、保证国家宏观经济管理和调控的需要，都具有重要意义。编制完成财务会计报告，通常意味着一个期间会计核算工作的结束。

会计核算的上述7种方法既相互联系又相互区别，缺一不可，它们共同构成了一个完整的会计核算方法体系。对于日常发生的所有经济业务，企业都要先取得合法的会计凭证，并设置必要的账户，再进行复式记账，同时根据账簿的记录，定期进行成本计算，并且在财产清查、确保账实相符的基础上编制财务会计报告。会计核算7种方法及其相互联系运用的情况，如图3-1所示。

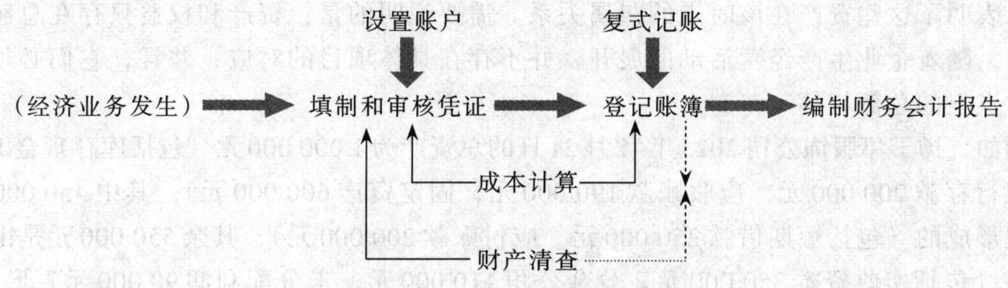

图3-1 会计核算方法示意图

基础会计课程主要就是以会计核算方法体系中的7种核算方法为脉络来安排内容架构的，本章主要介绍设置账户与复式记账两种核算方法。

第二节 会计等式

一、会计等式的含义

会计等式，又称会计方程式，它是运用数学方程的原理描述会计要素之间数量关系的表达式。会计对象可概括为特定单位的资金运动，任何一个企业的资金运动都可以具体化为六个会计要素的增减变动，这些会计要素之间存在一定的内在关系，在货币计量前提下，这种关系可以通过它们的货币金额予以描述，会计要素之间的这种金额关系表达式便是会计等式。

（一）会计基本等式

任何企业的设立与正常生产经营，都必须拥有一定数量的资金，企业筹集的资金投入营运后，形成企业所持有的各种资产，如厂房、机器设备、原材料、现金等。企业筹集资金的渠道包括两个方面：一方面是吸引投资者投资；另一方面是债权人提供，如银行借款，投资者对投入企业的资金按投资额的多少和所承担风险的高低，等比例获取投资所得，这就是投资人对企业资产的要求权，即所有者权益；债权人有要求企业偿还债务本息的权利，这就是债权人对企业资产的要求权，即债权人权益，常称为负债。这种对企业的要求权，在会计上总称为“权益”。

一个企业的资产与权益实际上是同一事物的两个方面，即资金的存在形态与资金的来源渠道。企业拥有的每一项资产都是由投资者或债权人提供的，资产与权益是相互依存的，也就是说，有一定数额的资产，必然有一定数额的权益；反之，有一定数额的权益，也必然有一定数额的资产。从数量上看，在任何一个时点上，一个企业所拥有或者控制的资产总额必定等于该时点的权益总额。如果用数学等式来表示资产与权益的关系，那么可以得到以下公式：

资产=权益

如前所述，由于权益包括债权人权益和所有者权益，因此：

资产=债权人权益+所有者权益

即：资产=负债+所有者权益

这一等式被称为会计基本等式或会计方程式，又称静态会计等式、存量会计等式。它反映了企业财务状况的静态平衡关系。它既表明了会计主体在某一特定时点拥有的各种资产，又表明了这些资产在该时点的归属关系。需要说明的是：资产和权益只存在总额的对应相等，随着企业生产经营活动的展开，并不存在具体项目的对应；并且，它们必须是在同一时点上的总额相等。

例如，扬子津服饰公司2023年12月31日的总资产为1 000 000元（包括库存现金10 000元，银行存款200 000元，应收账款190 000元，固定资产600 000元），其中450 000元是由负债形成的（包括短期借款250 000元，应付账款200 000元），其余550 000元是由所有者权益（包括实收资本350 000元，盈余公积110 000元，未分配利润90 000元）形成的。在2023年年末该公司的资产、负债、所有者权益三者的关系为：

资产（1 000 000）=负债（450 000）+所有者权益（550 000）

会计基本等式是设置账户、复式记账以及编制资产负债表的理论依据，同时它也表明会计主体在某一特定时点所拥有的资产权属关系，该等式在会计核算体系中处于举足轻重的地位。

（二）动态会计等式

企业生产经营的主要目的是获取利润，利润是企业最终的经营成果，是企业组织生产经营活动并且在一定时期取得的收入与发生的费用抵减后的差额。具体来说，企业在一定时期内，若收入大于费用，则其差额为利润；若收入小于费用，则其差额为亏损。用公式表示为：

收入-费用=利润

需要说明的是：该公式中的收入与费用是指广义的收入与广义的费用，利润是指一定时期（如一个月、一年）的经营成果，而非某个时点的经营成果。因此这个公式表示的是会计要素在某一时期经营成果的动态平衡关系。收入、费用、利润三者之间的关系等式，是编制利润表的理论依据。

（三）会计等式的扩展式

随着企业经营活动的开展，在一定会计期间内，企业一方面取得收入的同时，增加了资产或减少了负债；另一方面伴随着各种费用的发生，也消耗了资产或增加了负债；收入与费用相抵后的利润归所有者拥有，利润实质上属于所有者权益，即企业获得利润将使所有者权益增加，企业发生亏损将使所有者权益减少。因此，企业生产经营活动产生收入、费用、利润后，在未结账之前，会计基本等式就会演变成下面的公式：

资产=负债+所有者权益+利润

=负债+所有者权益+（收入-费用）

在会计期末结账之后，由于将收入和费用都结转给了利润要素，因此把利润代入所有者权益，会计等式又恢复到基本等式的形式，即“资产=负债+所有者权益”。这里需要说明的是，右边的“所有者权益”，已经不是原先的“所有者权益”了，而是包括了一段时间内的经营成果，即是包括了利润的新的“所有者权益”，当然同时资产或负债也相应是变动后的金额。

二、经济业务的发生对会计等式的影响

经济业务，是指企业在生产经营过程中发生的能以货币计量并能引起会计要素发生增减变动的经济活动，又称会计事项。企业在生产经营过程中，不断地发生各种各样的经济业务。例如，接受投资、购入材料、销售商品、支付工资等业务活动，都是企业的经济业务或会计事项；而签订材料购销合同、组织生产管理等内容，虽然也属于企业发生的生产经营活动，但是并未引起会计要素的增减变动，因此，不属于企业的经济业务或会计事项。

企业在生产经营过程中，任何一项经济业务的发生，都必然引起会计等式的变动。这些经济业务的发生会对有关的会计要素产生影响，但是，却不会破坏会计等式的恒等关系。企业发生的经济业务，根据资产=负债+所有者权益，归纳起来不外乎以下9种类型：

（1）一项资产和一项负债同时增加，增加金额相等（参见例3-1）。

（2）一项资产和一项所有者权益同时增加，增加金额相等（参见例3-2）。

（3）一项资产和一项负债同时减少，减少金额相等（参见例3-3）。

（4）一项资产和一项所有者权益同时减少，减少金额相等（参见例3-4）。

（5）资产内部有增有减，增减金额相等（参见例3-5）。

（6）负债内部有增有减，增减金额相等（参见例3-6）。

（7）所有者权益内部有增有减，增减金额相等（参见例3-7）。

（8）一项负债增加，一项所有者权益减少，增减金额相等（参见例3-8）。

（9）一项所有者权益增加，一项负债减少，增减金额相等（参见例3-9）。

假设扬子津服饰公司2023年1月份发生下列经济业务：

【例3-1】从银行借入临时性借款500 00元，款项已划转至银行账号。

该项经济业务的发生，使资产和权益都发生了变化：一方面资产中的“银行存款”增加了50 000元，另一方面负债中的“短期借款”也增加了50 000元。该项经济业务的发生使会计等式左右两边的资产和负债同时发生了相同数额的增加。因此，会计等式的平衡关系依然成立，属于情况（1）。

资产+50 000（银行存款）=（负债+50 000（短期借款））+所有者权益

【例3-2】接受投资者投入资金200 000元，已存入银行。

该项经济业务的发生，使资产和权益都发生了变化：一方面资产中的“银行存款”增加了200 000元，另一方面所有者权益中的“实收资本”也增加了200 000元。该项经济业务的发生使会计等式左右两边的资产和所有者权益同时发生了相同数额的增加。因此，会计等式的平衡关系依然成立，属于情况（2）。

资产+200 000（银行存款）=负债+（所有者权益+200 000（实收资本））

【例3-3】以银行存款支付前欠购买材料款40 000元。

该项经济业务的发生，使资产和权益都发生了变化：一方面资产中的“银行存款”减少了40 000元，另一方面负债中的“应付账款”也减少了40 000元。该项经济业务的发生使会计等式左右两边的资产和负债同时发生了相同数额的减少。因此，会计等式的平衡关系依然成立，属于情况（3）。

资产-40 000（银行存款）=（负债-40 000（应付账款））+所有者权益

【例3-4】某投资者收回投资100 000元，企业用银行存款支付。

该项经济业务的发生，使资产和权益都发生了变化：一方面资产中的“银行存款”减少了100 000元，另一方面所有者权益中的“实收资本”也减少了100 000元。该项经济业务的发生使会计等式左右两边的资产和所有者权益同时发生了相同数额的减少。因此，会计等式的平衡关系依然成立，属于情况（4）。

资产-100 000（银行存款）=负债+（所有者权益-100 000（实收资本））

【例3-5】将现金2 500元存入银行。

该项经济业务的发生，使企业资产形态发生了变化：一方面资产中的“库存现金”减少了2 500元，另一方面资产中的“银行存款”增加了2 500元。这项经济业务的发生使资产内部的两个项目以相等的金额此减彼增，资产总额不变。因此，会计等式的平衡关系依然成立，属于情况（5）。

资产-2 500（库存现金）+2 500（银行存款）=负债+所有者权益

【例3-6】向银行借入期限3个月的借款20 000元，用来偿还前欠供应商的货款。

该项经济业务的发生，使企业权益形态发生了变化：一方面负债中的“短期借款”增加了20 000元，另一方面负债中的“应付账款”减少了20 000元，这项经济业务的发生使负债内部的两个项目以相等的金额此减彼增，权益总额不变。因此，会计等式的平衡关系依然成立，属于情况（6）。

资产=（负债-20 000（应付账款）+20 000（短期借款））+所有者权益

【例3-7】按法定程序，将资本公积80 000元转增资本。

该项经济业务的发生，使企业权益形态发生了变化：一方面所有者权益中的“资本公积”减少了80 000元，另一方面所有者权益中的“实收资本”增加了80 000元。这项经济业务的发生使所有者权益内部的两个项目以相等的金额此减彼增，权益总额不变。因此，会计等式的平衡关系依然成立，属于情况（7）。

资产=负债+（所有者权益-80 000（盈余公积）+80 000（实收资本））

【例3-8】通过分配决议，向投资者分配利润60 000元，尚未支付。

该项经济业务的发生，使企业权益形态发生了变化：一方面所有者权益中的“利润分配”减少了60 000元，另一方面负债中的“应付利润”增加了60 000元。这项经济业务的发生使负债与所有者权益内部的两个项目以相等的金额此增彼减，权益总额不变。因此，会计等式的平衡关系依然成立，属于情况（8）。

资产=（负债+60 000（应付利润））+（所有者权益-60 000（利润分配））

【例3-9】因财务困难无力支付甲公司货款100 000元，经协商甲公司同意本公司以资本抵债100 000元。

该项经济业务的发生，使企业权益形态发生了变化：一方面所有者权益中的作为甲公司投资的“实收资本”增加了100 000元，另一方面负债中的“应付账款”减少了100 000元。这项经济业务的发生使所有者权益与负债内部的两个项目以相等的金额此增彼减，权益总额不变此，会计等式的平衡关系依然成立，属于情况（9）。

资产=（负债-100 000（应付账款））+（所有者权益+100 000（实收资本））

上述9类经济业务对会计等式的影响汇总见表3-1。

表3-1 **上述9类经济业务对会计等式的影响**

经济业务	资产	负债	所有者权益
（1）	增加	增加	
（2）	增加		增加
（3）	减少	减少	
（4）	减少		减少
（5）	增加、减少		
（6）		增加、减少	
（7）			增加、减少
（8）		增加	减少
（9）		减少	增加

上述经济业务发生后，2023年1月31日，扬子津服饰公司的资产总额为1 110 000元，负债总额为420 000元，所有者权益总额690 000元，会计基本等式依然平衡：

资产（1 110 000）=负债（420 000）+所有者权益（690 000）

此外，收入业务的发生使有关收入项目增加，同时引起资产项目增加或负债项目减少，金额相等；费用业务的发生，会引起资产项目减少或负债项目增加，金额相等。在这两种情况下，会计等式左右两边仍旧保持平衡关系。

【例3-10】扬子津服饰公司2023年1月销售服装获得收入150 000元，并存入银行(不考虑增值税)。

该项经济业务的发生，一方面使企业的收入增加了150 000元，另一方面使企业资产中的“银行存款”增加了150 000元。会计等式左右两边同时增加相等的金额，其平衡关系依然成立。经过这一变化，会计等式的平衡关系变为：

资产+150 000（银行存款）=负债+所有者权益+收入+150 000（主营业务收入）

【例3-11】本月以银行存款支付办公费用16 000元。

该项经济业务的发生，一方面使会计等式左边的资产中的“银行存款”减少了16 000元，另一方面使会计等式右边的费用项目同时增加了16 000元，其平衡关系也依然成立。经过这一变化，会计等式的平衡关系变为：

资产（-16 000）=负债+所有者权益-费用（16 000）

将上述11笔经济业务一并考虑，扬子津服饰公司2023年1月31日结账前会计等式的平衡关系变为：

资产（1 244 000）=负债（420 000）+所有者权益（690 000）+收入（150 000）-费用（16 000）

以上分析可以得出结论：某笔经济业务的发生会引起会计等式左右两边发生等额增加或减少，或引起会计等式的同一边（左边或右边）内部要素项目的等额增减，但任何经济业务的发生都不会破坏会计等式的平衡关系。因此，会计等式的平衡关系不仅是客观存在的，而且是恒等的。

第三节　会计科目与账户

一、会计科目

（一）会计科目的含义

会计科目，是指对会计要素再分类所形成的具体项目。

尽管企业会计对象已经分为资产、负债、所有者权益、收入、费用和利润六大要素，但是由于企业发生的经济业务纷繁复杂，会计对象只划分到会计要素层次对于具体的核算和管理仍显得比较粗略，不能满足企业经济管理的实际需要，特别是不能满足最终会计信息使用者的要求，为此就需要将会计要素进一步分类，从而产生了会计科目的概念。例如，企业的资产形态复杂多样，企业的机器设备和房屋这些具有供本企业使用、使用时间较长、实物形态相对不变的特点，因而将其归为一类，设置“固定资产”科目；将企业存放在银行的款项设置为“银行存款”科目等。每个会计要素都可以分解成若干个会计科目，通过这样对会计要素的具体内容进行科学分类，可以为会计信息使用者提供科学、详细的分类指标体系。从这个角度看，会计是一种分类的艺术，它将企业所发生的经济活动分解归类为六大会计要素，并且在此基础上，又将六大会计要素进一步分解为若干会计科目。

（二）会计科目的设置原则

会计科目的设置是会计核算和监督的基础，会计科目分类是组织会计核算、设置会计账户和进行账务处理的依据，设置会计科目一般应做到以下要求：

1.符合国家的相关规定

设置会计科目体系，不得违背《企业会计准则》以及其他会计法规的相关规定。为了对外提供会计信息的需要，财政部通常会规范统一的会计科目表，以供企业使用。

2.科目名称简明适用、通俗易懂

第一，会计科目的设置数量要适宜，不宜过于复杂烦琐，以免增加不必要的工作量；

也不宜过于简化，否则不利于取得分类数据资料，进而不能满足会计信息使用者的需求。第二，会计科目的名称要通俗易懂、简明扼要、含义确切，不能相互混淆或重复。第三，一个企业所设置的会计科目应当覆盖企业的全部经济业务内容，不能有遗漏。

3.符合本企业的业务特点与管理要求

企业设置会计科目时应根据自身内部管理的不同情况灵活掌握，设置的会计科目应当能够反映本企业的业务特点。例如，生产性企业应设置核算产品制造过程的会计科目；对于重要业务，可以按照重要性原则要求对会计科目进行细分，设置更为具体的会计科目。又如，财政部颁布的《企业会计准则——应用指南》附录中列示的会计科目，未设置“待摊费用”和“预提费用”科目，但企业如果沿用实务中的惯例，仍可以保留这两个账户，只要在信息披露时按要求披露即可。

4.相对稳定

为使企业提供的会计信息具有可比性，要求企业会计科目的设置应尽可能保持稳定，会计科目一经确定，不得随意变更，以便于会计核算指标在不同期间进行比较并在一定范围内进行汇总核算。

（三）会计科目的分类

1.按所反映的经济内容分类

按照所反映的经济内容进行划分，会计科目可分为资产类科目、负债类科目、共同类科目、所有者权益类科目、成本类科目和损益类科目。

（1）资产类科目。

资产类科目是指用以反映资产要素具体内容的会计科目。反映流动资产的科目有“库存现金”“原材料”“库存商品”“应收账款”等；反映非流动资产的科目有“长期股权投资”“固定资产”“无形资产”“长期待摊费用”等。

（2）负债类科目。

负债类科目是指用于反映负债要素具体内容的会计科目。反映流动负债的科目有“短期借款”“应付账款”“应交税费”等；反映非流动负债的科目有“长期借款”“应付债券”“长期应付款”等。

（3）共同类科目。

共同类科目是指既反映资产要素具体内容，又反映负债要素具体内容的会计科目。共同类科目多适用于金融、保险、投资、基金等相关领域企业，包括“清算资金往来”“货币兑换”“衍生工具”“套期工具”“被套期项目”。此大类科目由于应用得较少，因此，本书予以省略。

（4）所有者权益类科目。

所有者权益类科目是指用以反映所有者权益要素具体内容的科目。反映资本的科目有“实收资本”“资本公积”；反映留存收益的科目有“盈余公积”“本年利润”“利润分配”等。需要说明的是：由于企业实现的利润或发生的亏损最终都将由所有者来承担，因此，将“本年利润”归并入所有者权益类科目。

（5）成本类科目。

成本类科目是指用以反映企业在生产经营过程中为归集各成本核算对象所发生的各项耗费的会计科目。反映直接成本的科目有“生产成本”；反映间接成本的科目有“制造费用”等。

（6）损益类科目。

损益类科目是指用以反映企业在一定时期内取得的各项收入和发生的各项费用的科目。反映收入的科目有“主营业务收入”“其他业务收入”等；反映费用的科目有“主营业务成本”“管理费用”“销售费用”等。

我国按经济内容分类的会计科目一般都是由财政部统一规定的。参照财政部制定的《企业会计准则——应用指南》中的会计科目，将常见会计科目摘要列举，具体见表3–2。

表3–2 会计科目表

编号	会计科目名称	编号	会计科目名称
一、资产类			
1001	库存现金	1471	存货跌价准备
1002	银行存款	1501	债权投资
1101	交易性金融资产	1502	债权投资减值准备
1121	应收票据	1503	其他债权投资
1122	应收账款	1511	长期股权投资
1123	预付账款	1512	长期股权投资减值准备
1131	应收股利	1521	投资性房地产
1132	应收利息	1601	固定资产
1221	其他应收款	1602	累计折旧
1231	坏账准备	1603	固定资产减值准备
1401	材料采购	1604	在建工程
1402	在途物资	1605	工程物资
1403	原材料	1606	固定资产清理
1405	库存商品	1701	无形资产
1406	发出商品	1702	累计摊销
1408	委托加工物资	1703	无形资产减值准备
1411	周转材料	1711	待处理财产损溢
二、负债类			
2001	短期借款	2231	应付利息
2201	应付票据	2232	应付股利
2202	应付账款	2241	其他应付款
2203	预收账款	2501	长期借款
2211	应付职工薪酬	2502	应付债券
2221	应交税费	2701	长期应付款

续表

编号	会计科目名称	编号	会计科目名称
三、共同类（略）			
四、所有者权益类			
4001	实收资本	4101	盈余公积
4002	资本公积	4103	本年利润
4003	其他综合收益	4104	利润分配
五、成本类			
5001	生产成本	5201	劳务成本
5101	制造费用	5301	研发支出
六、损益类			
6001	主营业务收入	6403	税金及附加
6002	其他业务收入	6601	销售费用
6101	公允价值变动损益	6602	管理费用
6111	投资损益	6603	财务费用
6115	资产处置损溢	6701	资产减值损失
6117	其他收益	6711	营业外支出
6301	营业外收入	6801	所得税费用
6401	主营业务成本	6901	以前年度损益调整
6402	其他业务成本		

2.按所提供信息的详细程度分类

为了满足企业会计核算与内部管理需要，企业在按照经济内容对会计科目进行分类的基础上，可以再按照提供指标的详细程度对会计科目进行分类，会计科目按提供指标的详细程度，可分为总分类科目和明细分类科目。

（1）总分类科目。

总分类科目又称总账科目或一级科目，是对会计要素具体内容进行总括分类，用以提供总括核算指标的会计科目。总分类科目原则上由财政部统一制定，我国《企业会计准则——应用指南》中对企业应设置的总分类科目进行了规范，表3-2给出的就是企业常用的总分类科目。会计科目表由两部分组成，一是会计科目编号，二是会计科目名称。会计科目编号是按照一定的规则编制的，一般由四个数字作为会计科目的号码，每个数字代表不同的含义。

（2）明细分类科目。

明细分类科目，又称明细科目，是对总分类科目所含内容作进一步分类的科目，提供更加详细、具体的指标。企业可以在总分类科目下，根据本单位的实际情况和经营管理的需要，自行设置明细科目，如“应收账款”一级科目，再按具体债务人单位分设明细科目，具体反映应收哪个单位的货款。

在实际工作中，当某个总分类科目下属的明细分类科目较多时，为满足企业内部管理的需要，可在总分类科目下分设多级明细科目，即在总分类科目和明细分类科目之间设置二级或多级科目，二级或多级科目所提供的指标或信息介于总分类科目与明细分类科目之间。例如，在“原材料”一级科目下，按材料类别开设“原料及主要材料”“辅助材料”“燃料”等二级科目，再按各类别的具体材料设置三级科目等。一般地，没有三级科目的企业，二级科目即是明细科目，举例见表3-3。

表3-3 **会计科目按提供指标详细程度的分类举例**

总分类科目（一级科目）	二级与明细分类科目	
	二级科目（子目）	明细分类科目（三级科目）
原材料	原料及主要材料	圆钢
		生铁
	辅助材料	润滑油
		防锈剂
	燃料	汽油
		柴油
应收账款	甲公司	
	乙公司	

需要说明的是，并不是所有的总分类科目都需要明细科目，如库存现金等。总分类科目与明细分类科目，是相互联系、相互制约的关系，是总括与详细、控制与被控制的关系。

（四）会计科目的编号

为了便于识别各个会计科目的性质，便于编制会计凭证、登记账簿、查阅账目，以及适应会计信息化的需要，企业必须对会计科目进行统一编号。每个会计科目所对应的固定编号称为会计科目编号。总分类会计科目编号由财政部统一规定。

常用的编号方法是采用4位数字，并规定每一位数字的特定含义。从左至右，各数字的含义依次如下：

（1）第一位数字表示会计科目的主要大类。例如，用“1”表示资产类科目，用“2”表示负债类科目，用“3”表示共同类科目，用“4”表示所有者权益类科目，用“5”表示成本类科目，用“6”表示损益类科目。

（2）第二位数字表示会计科目主要大类下属的各个小类。例如，在“资产”科目中，用“0”表示货币资金类，用“6”表示固定资产类等。

（3）第三位和第四位数字表示各小类下的具体科目。例如，在固定资产类科目中，用

"01"表示"固定资产"科目，用"02"表示"累计折旧"科目等。

二、账户的设置

（一）账户的含义及分类

账户是根据会计科目开设的，具有一定的格式和结构，用以连续、系统、分类核算和监督会计内容增减变动情况及其结果的一种工具（或载体）。设置账户是会计核算的一种专门方法。会计科目只是对会计对象的具体内容进行分类核算的项目名称，它本身不能起到具体记载会计信息的作用。所以，为了全面、系统、分类地核算和监督各项经济业务所引起的会计内容的变动情况及其结果，必须根据规定的会计科目在账簿中开设一系列会计账户。

在实际工作中，会计科目就是账户的名称。为此，账户按其核算的经济内容可分为资产类账户、负债类账户、共同类账户、所有者权益类账户、成本类账户和损益类账户。

账户按其提供核算资料的详略程度也可分为总分类账户和明细分类账户。总分类账户是根据总分类会计科目开设的，提供各种总括核算资料。明细分类账户是根据二级会计科目或明细科目开设的，提供各种具体详细的核算资料。

（二）账户的结构

企业任何经济业务的发生，都必然引起会计要素金额的变动，而金额的变动不外乎是"增加"和"减少"及其结余三个方面。因此，每个账户的基本结构也必须相应地分为三个部分，一部分登记增加额，另一部分登记减少额，还有一部分登记结余，以便及时反映各账户经济内容的增减变动结果。这三部分构成了账户的基本结构。

在会计实践中，账户的格式一般包括以下内容：（1）账户的名称（会计科目）；（2）日期，即经济业务的发生时间；（3）摘要，即经济业务的简要说明；（4）凭证编号，即账户记录的依据；（5）增加和减少的金额及余额，具体内容详见表3-4。

表3-4　　**账户的格式**　　会计科目：

年		凭证		摘要	借方	贷方	借或贷	余额
月	日	字	号					

为了便于教学和学生练习手工记账，常用T形来说明账户的基本结构，称为T形账户（或丁字账户）。经济业务的发生会引起会计要素各具体项目数量上的增加、减少变动，我们暂且以左方、右方来体现这一增减相反的数量变动，此时，T形账户的格式如下所示。

左方　账户名称（会计科目）　右方

账户的左右两边是按相反方向来记录增加数和减少数的。如果规定在账户左方记录增加数，那么应该在账户右方记录减少数；反之，如果规定在账户右方记录增加数，那么应该在账户左方记录减少数。在每一个具体账户的左右两方中，究竟哪一方记录增加数，哪一方记录减少数，取决于所采用的记账方法和账户所记录的经济内容和性质。

如果以账户的左方登记增加数额，账户的右方登记减少数额，账户的结构如下所示。

左方　账户名称（会计科目）　右方

期初余额	
增加数	减少数
…	…
本期增加发生额	本期减少发生额
期末余额	

如果以账户的右边登记增加数额，账户的左方登记减少数额，账户的结构如下所示。

左方　账户名称（会计科目）　右方

	期初余额
减少数	增加数
…	…
本期减少发生额	本期增加发生额
	期末余额

账户左方、右方记录的主要内容包括期初余额、本期增加发生额、本期减少发生额及期末余额。本期增加发生额是对账户在本会计期间内所发生的每笔增加数的合计，本期减少发生额是对账户在本会计期间内所发生的每笔减少数的合计。从时间连续性上讲，本期的期末余额转入下一期，就是下一期的期初余额，账户的余额方向一般与记录的增加数在同一方向。期初余额、本期增加发生额、本期减少发生额及期末余额的关系可以用下列公式来表示：

期末余额=期初余额+本期增加发生额-本期减少发生额

（三）会计科目与账户的关系

会计科目与账户既密切联系又相互区别。

（1）两者的联系主要表现在：①两者反映的经济内容一致，如“应收账款”科目与“应收账款”账户的经济内容都是指因赊销商品而应向客户收取的货款；②会计科目是设置会计账户的基础和依据，账户的名称就是会计科目名称，账户的级次也取决于会计科目的级次，根据总分类科目开设的账户称为总分类账户（简称总账），根据明细分类科目开设的账户称为明细分类账户（简称明细账）。

（2）两者的区别主要表现在：①会计科目仅仅说明反映的经济内容是什么，而账户不仅具有这项功能，而且具有记录会计内容的增减变动情况和结果的功能；②会计科目没有结构，而账户具有一定的结构和格式，用来系统地记录经济业务。

由于二者经济内容一致，因此在实际工作中，往往不严加区分会计科目和账户，两者相互通用。

第四节 复式记账

一、记账方法

记账方法是指会计主体采用特定的记账符号，并运用特定的记账原理和规则，在账簿中记录经济业务的专门方法。按照记录经济业务方式的不同，记账方法可以分为单式记账法和复式记账法。

（一）单式记账法

单式记账法是指对发生的每一项经济业务，只在一个账户中进行记录的记账方法。在单式记账法下，通常只登记现金、银行存款的收付业务，以及债权债务的往来业务。所以在单式记账法下，通常只设置“库存现金”“银行存款”“应付账款”“应收账款”等几种重要的账户。例如，对于“用银行存款购买5 000元的原材料”这项经济业务，若采用单式记账法，则只在“银行存款”账户上记录银行存款减少5 000元，而不同时记录“原材料”账户增加5 000元。再比如，“销售商品收到银行存款20 000元”这项业务，只在“银行存款”账户登记增加20 000元，而不登记销售收入的增加。

单式记账法比较简单，但账户设置不完整，其只能反映经济业务的一个方面，各账户之间互不联系，因此不能全面系统反映各会计要素的增减变动情况以及经济业务的来龙去脉。另外，由于账户之间不能形成相互对应和平衡的关系，因此不利于检查账户记录是否正确和完整。单式记账法是一种不够科学、严谨的记账方法，目前这种方法企业已很少采用。

（二）复式记账法

复式记账法是指对发生的每一项经济业务，都以相等的金额在相互联系的两个或两个以上的账户中进行登记的一种记账方法。例如，“用银行存款购买5 000元的原材料”这项经济业务，若采用复式记账法，不仅要在“银行存款”账户登记减少5 000元，而且要同时在“原材料”账户登记增加5 000元；“销售商品收到银行存款20 000元”这项业务，不仅要在“银行存款”账户登记增加20 000元，而且要同时在“主营业务收入”账户登记增加20 000元。

根据会计基本等式“资产=负债+所有者权益”，任何一项经济业务的发生，都会引起相关会计要素之间至少两个项目同时发生增减变化，而且增减金额相等。这种复式记账方式，能够全面、系统地记录经济活动过程，反映每项经济业务所引起的资金运动的来龙去脉，并能够对账户记录的结果进行试算平衡，以检查账簿记录的正确性。

按照具体记账符号和原理的不同，复式记账法可分为借贷记账法、增减记账法、收付记账法等。其中，增减记账法于20世纪60年代曾广泛应用于我国的商业企业；收付记账法也在中华人民共和国成立后普遍应用于我国行政事业单位的预算会计实务中。但由于这两种记账方法自身的一些缺陷，20世纪90年代在我国被停止使用，目前我国普遍使用的是借贷记账法。借贷记账法是世界各国普遍采用的记账方法，我国《企业会计准则——基本准则》第十一条明确规定：“企业应当采用借贷记账法记账。”《政府会计准则——基本准则》第十条也规定："政府会计核算应当采用借贷记账法记账。"

二、借贷记账法

（一）借贷记账法的由来

借贷记账法是指以"借""贷"为记账符号的一种复式记账方法。借贷记账法下的"借""贷"二字是历史的产物，据相关史料考证，公元12—13世纪，在商品经济相对发达的意大利，由于货币这种特殊商品的出现，进而产生了经营货币的商人（即借贷资本家），为了适应商品资本和借贷资本经营的发展需要，借贷记账法应运而生，其最初是用来表示债权、债务的变化情况。这些借贷资本家一方面把向其借钱的人称为"借主"（debtor），借主借款数额记在借方，表示为"人欠我"（债权）的增加，即"借"是指借出款项（债权增加）的含义；另一方面把贷款给他的人称为"贷主"（creditor），贷主贷款数额记在贷方，即"我欠人"（债务）的增加，即"贷"是指筹入款项（债务增加）的含义；当收回借主的还款，或偿还贷主的款项时，就做相反的记录。随着商品经济的发展，借贷记账法得到了广泛运用，其记账对象不再局限于债权债务关系，而扩大到财产物资、经营损益和经营资本等的增减变化，1494年，意大利传教士卢卡·帕乔利（Luca Pacioli，1445—1517年）总结了流行于威尼斯一带的复式簿记方法，公开出版了《算术、几何、比及比例概要》一书，他在著作中对复式记账法进行了记载和论证，把会计第一次上升到理论高度，借贷这种复式记账法的理论基础得以建立。于是，借贷记账法下的"借""贷"二字就转变为可以指明记账增减方向、账户之间的对应关系和账户余额性质的记账符号，从而被世界各国广泛采用。

（二）借贷记账法的内容

1.借贷记账法的记账符号

记账符号是指不同的记账方法用来表示增减方向的标志，记账方法不同、记账符号也不同。借贷记账法以"借""贷"二字为记账符号，"借"（英文简写Dr）表示记入账户的借方；"贷"（英文简写Cr）表示记入账户的贷方。在T形账户下，这两个符号分别代表账户的"左""右"两个方向，但并不确切地代表哪一方记增加或者减少，究竟哪个字记增加或减少，取决于账户的性质及其结构。因此，作为记账符号，"借""贷"二字已经失去其字面含义，只是一种符号而已。

2.借贷记账法的账户结构

本章第二节会计扩展等式"资产=负债+所有者权益+收入-费用"，可以将其数学关系演变成如下表达式：

资产+费用=负债+所有者权益+收入

据此，可以归纳出借贷记账法下记账符号与会计等式诸要素之间的关系。

（1）资产类账户和费用类账户的结构。上述会计等式左边的这两类账户的借方记资产或费用的增加额，贷方记资产或费用的减少额（或转出额），期末余额一般在借方。其账户结构如图3-2所示。

资产类账户和期末余额的计算公式如下：

借方	资产类账户		贷方
期初余额	×××		
本期增加发生额	×××	本期减少发生额	×××
	×××		×××
本期发生额（增加额）	×××	本期发生额（减少额）	×××
期末余额	×××		

图3-2　资产类账户的结构

期末借方余额=期初借方余额+本期借方发生额-本期贷方发生额

需要说明的是，费用类账户的结构与资产类账户的结构基本相同，不同之处在于：资产类账户期末通常有借方余额，而费用类账户的借方发生额一般在期末都要转入“本年利润”账户（即结账），所以费用类账户通常结账后没有期末余额。

（2）负债类、所有者权益类及收入类账户的结构。上述会计等式右边的这三类账户的贷方记负债、所有者权益及收入的增加额，账户的借方记它们的减少额（或转出额），期末余额一般在贷方。负债类账户和所有者权益类账户又统称为权益类账户，其账户结构如图3-3所示。

借方	权益类账户		贷方
		期初余额	×××
本期减少发生额	×××	本期增加发生额	×××
	×××		×××
本期发生额（减少额）	×××	本期发生额（增加额）	×××
		期末余额	×××

图3-3　权益类账户的结构

权益类账户期末余额的计算公式如下：

期末贷方余额=期初贷方余额+本期贷方发生额-本期借方发生额

需要说明的是，收入类账户的结构与权益类账户的结构基本相同，不同之处在于：权益类账户期末通常有贷方余额，而收入类账户贷方发生额一般在期末都要转入“本年利润”账户（即结账），所以收入类账户通常结账后也没有余额。

（3）成本类账户的结构。成本类账户用来反映企业在生产经营过程中应计入产品成本的各项费用。由于成本是资产的转化形式，因此成本类账户的结构与资产类账户的结构基本相同，即账户借方记成本的增加额，账户贷方记成本的减少额（或转出额），期末余额一般在借方，表示期末成本余额。其账户结构如图3-4所示。

借方	成本类账户		贷方
期初余额	×××		
本期增加发生额	×××	本期减少发生额	×××
	×××		×××
本期发生额（增加额）	×××	本期发生额（减少额）	×××
期末余额	×××		

图3-4　成本类账户的结构

成本类账户的期末余额的计算公式与资产类账户的相同，成本类账户余额表示在产品的含义。不少教材通常把成本类账户并入资产类账户中讲解，不单列讲解。

需要注意的是，在借贷记账法下，一般来说，资产类账户的期末余额在借方，负债类账户及所有者权益类账户的期末余额在贷方。但有少数账户其期末余额方向不固定在哪一个方向，如“材料成本差异”等账户，余额既有可能在借方，又有可能在贷方，表达的经济含义不同，属于双重性质的账户，具体内容留待后续章节介绍。可以设置双重性质的账户是借贷记账法的优点之一。

3.借贷记账法的记账规则

记账规则是指当运用记账方法记录经济业务时应当遵循的特有规律，借贷记账法的记账规则是“有借必有贷，借贷必相等”。这一记账规则包含下列两层含义：

（1）对于任何一项经济业务，在记入一个或几个账户的借方的同时，必然记入另一个或几个账户的贷方。

（2）同一项经济业务，记入账户借方的金额必须与记入账户贷方的金额相等。

记账规则的例证见后述会计分录部分。

4.账户的对应关系与会计分录

账户的对应关系是指当采用借贷记账法登记每项经济业务时，在应借应贷账户之间发生的相互关系，发生对应关系的账户称为对应账户。例如，“用银行存款购买原材料12 000元”这项经济业务，银行存款减少记贷方，原材料增加记借方，使“银行存款”和“原材料”这两个账户发生了应借应贷的对应关系，这两个账户互称为对方的对应账户，它们借贷方向相反，金额相等，遵循了借贷记账法的记账规则，通过账户的这种对应关系一方面可以清晰了解经济业务的来龙去脉，另一方面可以检查会计人员对经济业务的处理是否合理恰当。

会计分录简称分录，是指标明某项经济业务账户名称、应借应贷的登记方向和金额的一种记录。为准确反映账户的对应关系与应记金额，每一项经济业务发生后，并不是直接登记有关账户，而是先编制会计分录，再根据会计分录登记有关账户。在实际工作中，会计分录是在记账凭证上编制（见会计凭证章节）。

我们把会计分录中涉及的账户名称、借贷登记方向及登记金额，称为会计分录三要素。编制会计分录时应按以下步骤进行：

（1）确定账户：分析每一项经济业务所涉及的账户名称（即会计科目）。

（2）分清借贷方向：分析经济业务涉及的金额是增加还是减少，从而确定该项经济业务应记入哪个账户的借方和哪个账户的贷方。

（3）确定金额：根据经济业务确定应记入账户的借贷方金额。

例如，上述的“用银行存款购买材料12 000元”这项经济业务，应先确定该项经济业务涉及“银行存款”和“原材料”两个账户。“银行存款”账户金额减少，应记入贷方；“原材料”账户金额增加，应记入借方。据此，在“银行存款”账户的贷方记12 000元，在“原材料”账户的借方记12 000元。编制的会计分录为：

借：原材料　　12 000

　贷：银行存款　　12 000

会计分录有简单分录和复合分录两种。简单分录是指一个账户的借方与另一个账户的贷方发生对应关系的会计分录，即一借一贷的会计分录；复合分录是指一个账户的借方与几个账户的贷方发生对应关系的会计分录，或者几个账户的借方与一个账户的贷方发生对应关系的会计分录，即一借多贷或多借一贷的会计分录。通常，同一笔经济业务的复合分录可以分解为若干个简单分录。例如：

借：原材料 20 000
　贷：银行存款 12 000
　　应付账款 8 000

可以分解为：（1）和（2）

（1）借：原材料 12 000
　　贷：银行存款 12 000

（2）借：原材料 8 000
　　贷：应付账款 8 000

在实际工作中，由于多借多贷的会计分录常常不能清晰反映账户的对应关系和经济业务的来龙去脉，因此，除非少数经济业务确实需要，一般不宜编制多借多贷的会计分录。

根据本章前面的例3-1至例3-11，编制如下会计分录：

例3-1：从银行借入临时性借款50 000元，款项已划转至银行账号。

借：银行存款 50 000
　贷：短期借款 50 000

例3-2：接受投资者投入资金200 000元，已存入银行。

借：银行存款 200 000
　贷：实收资本 200 000

例3-3：以银行存款支付前欠购买材料款40 000元。

借：应付账款 40 000
　贷：银行存款 40 000

例3-4：某投资者收回投资100 000元，企业用银行存款支付。

借：实收资本 100 000
　贷：银行存款 100 000

例3-5：将现金2 500元存入银行。

借：银行存款 2 500
　贷：库存现金 2 500

例3-6：向银行借入期限3个月的借款20 000元，用来偿还前欠供应商的货款。

借：应付账款 20 000
　贷：短期借款 20 000

例3-7：按法定程序，将资本公积80 000元转增资本。

借：资本公积 80 000
　贷：实收资本 80 000

例3-8：通过分配决议，向投资者分配利润60 000元，尚未支付。

借：利润分配 60 000
　贷：应付利润 60 000

例3-9：因财务困难无力支付甲公司货款100 000元，经协商甲公司同意本公司以资本抵债100 000元。

借：应付账款 100 000

贷：实收资本 100 000

例3-10：扬子津服饰公司2023年1月销售服装获得收入150 000元，并存入银行（不考虑增值税）。

借：银行存款 150 000

贷：主营业务收入 150 000

例3-11：本月以银行存款支付办公费用16 000元。

借：管理费用 16 000

贷：银行存款 16 000

5.借贷记账法的试算平衡

试算平衡是指根据记账规则和会计等式的平衡理论，对某会计期间的全部账户记录进行汇总计算和比较，以检查各类账户的记录是否正确、完整的一种方法。一个会计期间结束，企业需要编制反映财务信息的财务报表，在编制财务报表之前，需要检查当期会计记录是否完整、有无错误，这就需要进行试算平衡。在借贷记账法下，试算平衡的方法通常有两种，即发生额试算平衡法和余额试算平衡法。

（1）发生额试算平衡法。发生额试算平衡法是指将本期所有账户的借方发生额和本期所有账户的贷方发生额分别汇总后进行比较，以检查本期发生额账户处理正确性的方法。这种试算方法的基本原理是：每一项经济业务的账户记录都是“有借必有贷，借贷必相等”，将所有经济业务的账户记录汇总之后，当期发生额的总额之间也必然是“借贷必相等”。其计算公式如下：

全部账户本期借方发生额合计=全部账户本期贷方发生额合计

（2）余额试算平衡法。余额试算平衡法是指将本期全部账户的期末借方余额和全部账户的期末贷方余额分别汇总后，利用会计恒等式的原理来检验会计处理正确性的方法。这种试算方法的基本原理是：

①在借贷记账法下，资产类账户和成本类账户的余额记在借方，因此，期末有借方余额的表示期末资产总额；

②负债类账户和所有者权益类账户的余额记在贷方，因此，期末有贷方余额的表示期末负债和所有者权益总额；

③损益类账户一般没有余额。

根据会计基本等式“资产=负债+所有者权益”的平衡关系可以推断出，所有账户的期末借方余额合计数应当等于所有账户的期末贷方余额合计数。这一关系可用公式表现如下：

全部账户期末借方余额合计=全部账户期末贷方余额合计

在实际工作中，我们通常通过编制试算平衡表来进行试算平衡。试算平衡表通常是在期末将有关账户金额记入账簿（即过账），并分别计算出各个账户借、贷方的本期发生额和期末余额（即结账）后进行编制。

需要说明的是：试算平衡表可以反映账户记录的平衡关系。若试算不平衡，则说明账户记录肯定有错误；若试算平衡，并不能说明账户记录绝对正确。因为有些错误并不影响借贷双方的平衡，如借方或贷方同时多记或少记了相同的金额（即重记或漏记），或者弄反记账方向，或者应借应贷科目写错等。因此，不能仅通过试算平衡来查找账务处理上的所有错误，还需要通过其他方法查验，以确保账面记录的正确性。此外，试算平衡是针对总分类账户进行的，不涉及明细分类账户。

综上所述，企业在一个会计期间进行借贷记账法的记账过程，一般流程如下：

第一步，为企业开设各相关账户，并填入其期初余额；

第二步，根据该企业本期发生的经济业务，编制会计分录；

第三步，根据会计分录登记各有关账户（过账）；

第四步，结算各有关账户的本期发生额和期末余额；

第五步，编制试算平衡表进行试算平衡。

（三）借贷记账法的举例

沿用本章第二节的扬子津服饰公司的资料，运用借贷记账法对该公司2023年1月发生的经济业务进行会计处理。扬子津服饰公司账户余额表见表3-5。

表3-5　**扬子津服饰公司账户余额表**

2022年12月31日　单位：元

账户	期末余额	
	借方	贷方
库存现金	10 000	
银行存款	200 000	
应收账款	190 000	
固定资产	600 000	
短期借款		250 000
应付账款		200 000
实收资本		350 000
资本公积		110 000
利润分配		90 000
合计	1 000 000	1 000 000

注：利润分配贷方余额表明的是未分配利润。

为该公司开设相关账户，登记其期初余额；根据扬子津服饰公司2023年1月发生的【例3-1】至【例3-11】经济业务编制会计分录（如前述），并据此登记各账户；2023年1月末，期末结算出各账户的本期发生额和期末余额如下：

借	库存现金		贷
期初余额	10 000	（5）	2 500
本期发生额	0	本期发生额	2 500
期末余额	7 500		

借	银行存款		贷
期初余额	200 000	（3）	40 000
（1）	50 000	（4）	100 000
（2）	200 000	（11）	16 000
（5）	2 500		
（10）	150 000		
本期发生额	402 500	本期发生额	156 000
期末余额	446 500		

借	应收账款		贷
期初余额	190 000		
本期发生额	0	本期发生额	0
期末余额	190 000		

借	固定资产		贷
期初余额	600 000		
本期发生额	0	本期发生额	0
期末余额	600 000		

借	短期借款		贷
		期初余额	250 000
		（1）	50 000
		（6）	20 000
本期发生额	0	本期发生额	70 000
		期末余额	320 000

借	应付账款		贷
（3）	40 000	期初余额	200 000
（6）	20 000		
（9）	100 000		
本期发生额	160 000	本期发生额	0
		期末余额	40 000

借	应付利润		贷
		期初余额	0
		（8）	60 000
本期发生额	0	本期发生额	60 000
		期末余额	60 000

借	实收资本		贷
（4）	100 000	期初余额	350 000
		（2）	200 000
		（7）	80 000
		（9）	100 000
本期发生额	100 000	本期发生额	380 000
		期末余额	630 000

借	资本公积		贷
（7）	80 000	期初余额	110 000
本期发生额	80 000	本期发生额	0
		期末余额	30 000

借	利润分配		贷
（8）	60 000	期初余额	90 000
本期发生额	60 000	本期发生额	0
		期末余额	30 000

借	主营业务收入		贷
		（10）	150 000
本期发生额	0	本期发生额	150 000

借	管理费用		贷
（11）	16 000		
本期发生额	16 000	本期发生额	0

根据各账户的登记结果进行试算平衡，见表3-6。

表3-6　**总分类账户本期发生额及余额试算平衡表**

2023年1月31日　　单位：元

账户	期初余额		本期发生额		期末余额	
	借方	贷方	借方	贷方	借方	贷方
库存现金	10 000		0	2 500	7 500	
银行存款	200 000		402 500	156 000	446 500	
应收账款	190 000		0	0	190 000	

续表

账户	期初余额		本期发生额		期末余额	
	借方	贷方	借方	贷方	借方	贷方
固定资产	600 000		0	0	600 000	
短期借款		250 000	0	70 000		320 000
应付账款		200 000	160 000	0		40 000
应付利润			0	60 000		60 000
实收资本		350 000	100 000	380 000		630 000
资本公积		110 000	80 000	0		30 000
利润分配		90 000	60 000	0		30 000
主营业务收入				150 000		150 000
管理费用			16 000	0	16 000	
合计	1 000 000	1 000 000	818 500	818 500	1 260 000	1 260 000

【课程思政拓展阅读】

会计等式蕴含的哲学思想

会计等式是会计学的理论基石，而马克思主义哲学又是会计等式的理论基石。只有充分挖掘这些哲学思想，才能正确地理解会计等式；只有站在哲学的高度去研究会计等式，才能推动会计等式的发展，发挥其为社会经济发展服务的巨大作用。

1.体现“动中有静，静中有动”的哲学思想

资产=负债+所有者权益，这个基本等式反映企业在某一时点上的静态财务状况；收入-费用=利润，这一动态等式从动态角度考察企业某一期间取得的财务成果情况，利润又归属于所有者权益；共同形成：资产=负债+所有者权益+利润=负债+所有者权益+（收入-费用）。

2.体现 “实践、认识、再实践、再认识” 的马克思主义认识论

会计等式从无到有，经历了一个漫长的过程，发展到“资产=负债+所有者权益”的形式，从不完善到趋于完善，充分地体现了马克思主义认识论“实践、认识、再实践、再认识”的循环往复的认识发展规律。认识的无限性观点告诉人们，发展到今天的会计等式也不一定是最完美的。在会计学原理课程中应关注不同的社会政策与发展趋势如何影响会计实践。

3.体现“世界是普遍联系、事物间存在因果关系”的唯物辩证法思想

复式记账法是会计等式在会计实务中的重要体现，是在市场经济发展的实践过程中，以会计等式中的资产与权益平衡关系为理论依据逐步形成和发展起来的。复式记账法在形式上体现了唯物辩证法关于世界普遍联系的哲学思想，从内容上揭示了经济现象内部及现象之间关于因果联系的辩证关系。

因此，要正确、深刻把握会计等式，学好会计这门学科，就必须站在哲学的高度来看会计等式。马克思主义哲学不仅是我们成长过程中树立正确世界观、人生观、价值观的指导思想，而且是我们学习与理解会计学的理论源泉。

资料来源：唐铁之，刘鑫.会计等式蕴含的哲学思想［J］.财会通讯，2011（6）.笔者改编。

【本章巩固练习题】

一、单项选择题

1.下列项目不属于会计核算方法的是（　　）。

A.复式记账　B.成本计算　C.财产清查　D.编制财务预算

2.（　　）是指对每一项经济业务都要以相等的金额，同时记入两个或两个以上相互联系的账户的一种专门方法。

A.复式记账　B.登记账簿　C.设置账户　D.编制财务报表

3.无论经济业务引起资产和权益怎样的变化，企业在任何时候的资产总额一定等于（　　）。

A.权益总额　B.利润总额　C.负债总额　D.资本总额

4.不能结转入“本年利润”账户借方的是（　　）。

A.“生产成本”　B.“主营业务成本”

C.“管理费用”　D.“财务费用”

5.（　　）是对会计要素的具体分类，是会计核算的具体项目。

A.会计科目　B.会计要素　C.会计对象　D.会计账户

6.下列业务，能够使资产与所有者权益同时增加的是（　　）。

A.用现金购买办公用品　B.将盈余公积转增资本

C.接受投资者投入的专利权　D.向银行借款并存入银行账户

7.“应收账款”账户的期初余额为5 500元，本期借方发生额为1 500元，本期贷方发生额为6 000元，则该账户的期末余额为（　　）。

A.贷方余额1 000元　B.借方余额1 000元

C.贷方余额10 000元　D.借方余额2 000元

8.下列说法不符合借贷记账规则的是（　　）。

A.两项负债同时增加　B.资产、负债同时增加

C.资产、所有者权益同时减少　D.负债、所有者权益一增一减

9.期末结转后无余额的账户是（　　）。

A.资产类账户　B.负债类账户

C.所有者权益类账户　D.收入类账户

10.复式记账法对每项经济业务都以相等的金额在（　　）中进行登记。

A.一个账户　B.两个账户

C.全部账户　D.两个或两个以上的账户

二、多项选择题

1.会计核算方法包括（　　）。

A.设置会计账户与复式记账　B.填制与审核会计凭证

C.成本计算与财产清查　　D.试算平衡

2.下列业务能引起资产与负债同增的有（　　）。

A.将库存现金存入银行　　B.购买机器，款未付

C.购买材料，款未付　　D.接受投资者投入的设备

3.下列账户，属于负债类的有（　　）。

A.应收账款　　B.应付账款　　C.预收账款　　D.预付账款

4.下列账户，期末结转后无余额的有（　　）。

A.实收资本　　B.主营业务成本　　C.库存商品　　D.销售费用

5.账户一般应包含（　　）要素。

A.账户名称　　B.日期和摘要　　C.凭证号数　　D.增加或减少金额

6.下列项目，属于会计科目的有（　　）。

A.流动资产　　B.固定资产　　C.应付账款　　D.未完工产品

7.下列错误，不能通过试算平衡查找的有（　　）。

A.借贷金额不等　　B.漏记业务　　C.重记业务　　D.记错科目

8.“借”作为记账符号，表示（　　）增加。

A.资产　　B.收入　　C.费用　　D.权益

9.关于复式记账法，下列各观点正确的有（　　）。

A.以资产与权益平衡关系作为记账依据

B.不能全面系统地反映各会计要素的增减变动情况以及经济业务的来龙去脉

C.对于发生的每一项经济业务，都要在两个或两个以上相互联系的账户中同时登记

D.可以对账户记录的结果进行试算平衡，以便检查账户记录的准确性

10.用公式表示试算平衡关系，正确的有（　　）。

A.全部账户本期借方发生额合计=全部账户本期贷方发生额合计

B.全部账户本期借方余额合计=全部账户本期贷方余额合计

C.负债类账户借方发生额合计=负债类账户贷方发生额合计

D.本期借方发生额合计=本期贷方发生额合计

三、判断题

1.各种会计核算方法是相互独立、互不影响的。（　　）

2.所有会计账户都是根据会计科目开设的。（　　）

3.当发生经济业务时，单式记账法只在一个账户中登记，而复式记账法则在两个账户中登记。（　　）

4.收入-费用=利润，这个收入、费用和利润之间的恒等式关系，反映了一定期间企业的财务状况。（　　）

5.收入类账户的增加额登记在账户的贷方，减少额登记在账户的借方，平时的余额登记在账户的贷方，期末结账后一般无余额。（　　）

6.“利润分配”账户属于所有者权益类账户。（　　）

7.在交易和事项的处理过程中所形成的账户之间的应借、应贷关系称为账户的对应关系。（　　）

8.企业编制试算平衡表，应包括只有期初余额而没有本期发生额的账户。（　　）

9. 明细会计科目可根据企业内部管理的需要自行设定。（ ）

10. 账户的简单格式分为左右两方，其中：左方表示增加，右方表示减少。（ ）

四、简答题

1. 会计核算方法体系由哪些核算方法构成？

2. 什么是会计基本等式？经济业务的发生为什么不会破坏会计等式的平衡？

3. 什么是会计科目和账户？它们的主要联系与区别有哪些？

4. 什么是复式记账？其理论依据是什么？

5. 什么是借贷记账法？其主要内容包括哪些？

6. 什么是试算平衡？如何进行借贷记账法的试算平衡？

五、业务操作题

（一）掌握会计科目及其分类。

资料：甲企业7月1日有关经济事项内容及金额如下。

（1）出纳员保管的现钞	2 000元
（2）存放在银行的存款	300 000元
（3）仓库库存的材料	190 000元
（4）尚未完工的产品	28 000元
（5）机器、设备	1 100 000元
（6）投资者投入资本	1 350 000元
（7）购货方拖欠货款	80 000元
（8）从银行借入的1年期借款	180 000元
（9）库存的完工产品	160 000元
（10）拖欠供货方的货款	400 000元
（11）企业留存的盈余公积	70 000元
（12）企业拥有的专利权	140 000元

要求：根据上述所给资料，利用表3-7说明每一项内容属于资产、负债和所有者权益中的哪一类会计要素，具体应归属于哪一个会计科目，并计算表中的合计数。

表3-7 某企业资产、负债和所有者权益分析计算表

资料序号	应归属会计要素类别及金额			相应的会计科目
	资产	负债	所有者权益	

续表

资料序号	应归属会计要素类别及金额			相应的会计科目
	资产	负债	所有者权益	
合计				

（二）掌握经济业务类型及对会计等式的影响。

资料：乙公司7月底的资产总额1 800 000元，负债600 000元，所有者权益1 200 000元，8月份该公司发生经济业务如下：

（1）收到投资者投入资本300 000元，存入银行。

（2）以银行存款35 000元支付前欠A公司的购料款。

（3）以银行存款支付所欠税款8 500元。

（4）向B公司购买材料14 000元，货款尚未支付。

（5）采购员李某出差，预支差旅费3 000元，以银行存款支付。

（6）向银行借入资金150 000元，存入银行。

（7）用资本公积转增资本60 000元。

（8）向银行借款15 000元直接偿还欠C公司货款。

要求：

（1）分析上述各项经济业务所引起的资产和权益有关项目增减变动情况，指出其属于何种类型的经济业务。

（2）计算资产和权益的增减净额。

（3）计算该公司8月份发生上述经济业务以后的资产和权益总额。

（三）掌握借贷记账法下的账户结构及相关金额的关系。

资料：乙公司某年7月31日有关账户部分资料见表3-8。

表3-8 有关账户部分资料 单位：元

账户名称	期初余额		本期发生额		期末余额	
	借方	贷方	借方	贷方	借方	贷方
库存商品	200 000		（ ）	160 000	80 000	
银行存款	（ ）		50 000	120 000	60 000	
实收资本		300 000	80 000	140 000		（ ）
预收账款		14 500	（ ）	60 000		30 000
短期借款		50 000	72 000	（ ）		90 000
应收账款	58 000		35 000	（ ）	12 500	

要求：根据上述账户的有关数据计算每个账户的未知数据并填入括号内。

（四）掌握账户的对应关系及所反映的经济业务内容。

资料：丙公司8月份部分账户记录如下。

借	库存现金		贷
期初余额	4 000		
(1)	4 000	(5)	2 000
(9)	200	(10)	300

借	其他应收款		贷
期初余额	1 000		
(5)	2 000	(9)	2 000

借	银行存款		贷
期初余额	500 000		
(6)	5 000	(1)	4 000
		(3)	150 000
		(7)	1 000
		(8)	25 000

借	管理费用		贷
(9)	1 800		
(10)	300		

借	原材料		贷
期初余额	10 000		
(2)	5 000		
(7)	1 000		

借	应收账款		贷
期初余额	8 000		
		(6)	5 000

借	固定资产		贷
期初余额	300 000		
(3)	150 000		

借	应付账款		贷
		期初余额	50 000
(4)	10 000	(2)	5 000

借	应付账款		贷
		期初余额	50 000
(4)	10 000	(2)	5 000

要求：根据账户的对应关系，用文字叙述以上账户登记的（1）～（10）项经济业务的内容，并写出会计分录。

（五）掌握借贷记账法，学会试算平衡。

资料：丁公司7月31日有关账户金额见表3-9。

表3-9　**丁公司7月31日有关账户金额**　单位：元

资产		权益	
账户名称	金额	账户名称	金额
库存现金	2 000	短期借款	40 000
银行存款	40 000	应付账款	12 000
应收账款	10 000	其他应付款	8 000
其他应收款	4 000	应交税费	4 000
原材料	60 000	实收资本	160 000
生产成本	4 000	资本公积	10 000
库存商品	20 000	盈余公积	6 000
固定资产	100 000		
资产总计	240 000	权益总计	240 000

8月份发生如下经济业务：

（1）从银行提取现金4 000元，以备零用；

（2）收到某外商投入资金100 000元，存入银行；

（3）以银行存款4 000元缴纳消费税；

（4）购买材料一批，价款10 000元，材料已入库，货款未付；

（5）以银行存款偿还前欠材料款12 000元；

（6）收到购货单位偿付的前欠货款10 000元，存入银行；

（7）从银行取得短期借款40 000元，存入银行；

（8）以银行存款20 000元购买车床一台；

（9）将资本公积8 000元转增资本；

（10）采购员王某预借差旅费2 000元，以现金付讫；

（11）销售产品一批，价款12 000元，款项存入银行；

（12）将多余现金2 000元存入银行。

要求：

（1）根据8月份的经济业务采用借贷记账法编制会计分录。

（2）根据表3-9开设账户，并登记各账户的期初余额，再将8月份发生的经济业务记入账户并结出期末余额。

（3）根据全部账户的期初余额、本月发生额和期末余额编制试算平衡表。

【本章知识结构图】

第四章　企业主要经济业务的核算

【学习目标】

本章以产品制造业企业为例，进一步介绍如何运用会计账户和借贷记账法对一个企业的主要经济业务进行核算。同时，结合制造业的主要经营过程，简要说明有关成本计算的内容。通过本章学习，学生应该了解制造业企业的主要经济业务核算及成本计算的内容，明确制造业企业会计核算应设置的账户及成本计算的程序，能运用借贷记账法核算制造业企业的主要经济业务。

【引导案例】

扬子津服饰公司——一家服装服饰制造业的经营流程

扬子津服饰公司（以下简称“扬子津服饰”）成立于2002年2月25日，注册资本5 000万元，注册地位于扬州市邗江区华洋路，经营范围包括服装、服饰等产品的生产和销售，主要服装类产品包括西服、衬衫及工作服等。以服装为例，其经营流程包括：设计—纸样—出样—下订单—生产—进仓—销售。其中，生产过程又具体包括如下工艺：生产准备—裁剪—缝制—熨烫—成衣品质控制—包装装箱。

服装服饰制造业的生产流程

那么，该企业的主要业务有哪些？如何对这些主要业务运用借贷记账法进行核算，材料采购成本及产品生产成本又该如何计算？本章就此进行展开。

第一节　企业日常经济业务的账务处理

本章以产品制造业企业为例，如第一章所述，制造业的经济活动主要包括筹资活动、投资活动、经营活动及利润分配等，其中，经营活动又具体包括供应过程、生产过程和销售过程三个阶段。

在企业生产经营过程中，资金筹集、固定资产购置等投资业务与材料采购、产品生产和产品销售三个过程首尾相接，从而构成了制造业的主要经济业务，即制造业的主要经济业务包括：

（1）资金筹集和投资的经济业务；

（2）材料采购的经济业务；

（3）产品生产的经济业务；

（4）产品销售的经济业务。

为了连续、系统、全面地反映和监督上述制造业的主要经济业务，提供管理上所需要的各种会计信息，企业必须按照《企业会计准则》的规定，设置会计科目，再按照设置的会计科目，相应地开设不同的账户，并运用借贷记账法，对发生的各项经济业务进行会计核算。

一、资金筹集业务的核算

企业资金筹集的主要渠道，一是投资者投入的资本；二是从银行等债权人处借入的资金。从企业投资者处筹集的资金，即所有者权益，通常为实收资本；从企业债权人处筹集的资金，则属于企业的负债。

（一）投资者投入资本的核算

投资者投入的资本，即实收资本，是企业所有者权益的主要部分。投资者投入企业的资本按照不同物质形态，可分为货币投资、实物投资和无形资产投资等。

1.账户设置

为了反映和监督企业实收资本的增减变动及其结存情况，需要设置和运用“实收资本”（或“股本”）账户。账户贷方登记企业实际收到投资者投入的资本；借方登记企业按法定程序报经批准减少的注册资本。期末余额在贷方，反映企业实收资本或股本总额。该账户可按投资者设置明细账，进行明细核算。

“实收资本”账户的结构如下：

实收资本

实收资本的减少	实收资本的增加
	期末余额：实收资本的实有额

企业收到的投资者投资应按实际投资数额入账。以货币资金进行投资的，应按实际收到或者存入开户银行的金额作为投资额入账；以实物和无形资产进行投资的，应按投资各方确认的价值作为投资额入账。

此外，还需设置“银行存款”、“固定资产”及“无形资产”等资产类账户，分别反映银行存款、固定资产及无形资产等资产的增减变动金额及余额。

2.账务处理

【例4-1】扬子津服饰收到A企业投资200 000元，款项存入银行。

这项经济业务的发生，一方面使企业的银行存款增加200 000元；另一方面使A企业对该企业的投资增加200 000元。因此，这项经济业务涉及“银行存款”和“实收资本”两个账户。银行存款增加属于资产的增加，应记入“银行存款”账户的借方；A企业对该企业的投资增加属于所有者权益的增加，应记入“实收资本”账户的贷方。会计分录如下：

借：银行存款　　　　200 000

　贷：实收资本　　　　200 000

【例4-2】扬子津服饰收到B公司投入的新设备一台，该设备确认价值为150 000元。

这项经济业务的发生，一方面使企业的固定资产增加150 000元；另一方面使B公司对企业的投资增加150 000元。因此，这项经济业务涉及“固定资产”和“实收资本”两个账户。固定资产增加属于资产的增加，应记入“固定资产”账户的借方；B公司对企业投资的增加属于所有者权益的增加，应记入“实收资本”账户的贷方。会计分录如下：

借：固定资产 150 000

　贷：实收资本 150 000

（二）借入资金的核算

企业在生产经营过程中，为弥补生产经营资金的不足，经常需要向银行或其他金融机构等债权人借入资金。根据偿还期长短的不同，借入资金分为短期借款和长期借款两类。短期借款是指企业向银行或其他金融机构等借入的期限在1年以下（含1年）的各种借款，短期借款属于企业的流动负债。偿还期限在1年以上（不含1年）的各种借款为长期借款。企业借入的各种借款应按期还本付息。

1.账户设置

（1）"短期借款"账户

为了反映和监督企业短期借款的取得、归还等情况，企业需要设置和运用"短期借款"账户。账户贷方登记企业借入的各种短期借款；借方登记企业归还的短期借款。期末余额在贷方，反映企业尚未偿还的短期借款。该账户可按借款种类、贷款人和币种设置明细账，进行明细核算。会计期末，应按计算确定的短期借款利息费用，借记"财务费用"账户，贷记"银行存款"等账户。

"短期借款"账户的结构如下：

短期借款

短期借款的偿还（减少）	短期借款的取得（增加）
	期末余额：短期借款结余额

（2）"长期借款"账户

为了反映和监督长期借款的取得、归还和借款利息的支付情况，企业需要设置和运用"长期借款"账户。账户贷方登记企业借入的长期借款的本金和应付未付的借款利息；借方登记企业偿还的长期借款的本金和利息。期末余额在贷方，反映企业尚未偿还的长期借款的本金和利息。该账户可按贷款单位和贷款种类，并分别设置"本金""利息调整"等明细账，进行明细核算。

"长期借款"账户的结构如下：

长期借款

长期借款本息的偿还（减少）	长期借款本金的取得和到期还本付息计提的利息（增加）
	期末余额：尚未偿还的长期借款本息额

2.账务处理

【例4-3】扬子津服饰从银行取得借款100 000元，期限为3个月，利率为6%，所得借款存入银行。假定借款合同规定，该借款到期一次还本付息。该公司按月计提利息。

取得借款时，一方面使企业的银行存款增加100 000元；另一方面使企业的短期借款增加100 000元。因此，这项经济业务涉及"银行存款"和"短期借款"两个账户。银行存款增加属于资产的增加，应记入"银行存款"账户的借方；短期借款增加属于负债的增加，应记入"短期借款"账户的贷方。会计分录如下：

借：银行存款 100 000

　贷：短期借款 100 000

当按月计提利息时，利息额=本金×利率×期限=100 000×6%×1÷12=500（元），一方面使企业的财务费用增加500元；另一方面使企业的应付利息增加500元。会计分录如下：

借：财务费用 500

　贷：应付利息 500

当短期借款到期时，该企业归还本金及利息，会计分录如下：

借：短期借款 100 000

　　应付利息 1 000

　　财务费用 500

　贷：银行存款 101 500

【例4-4】扬子津服饰从银行取得长期借款300 000元，用于固定资产的更新改造工程，所得借款存入银行。

这项经济业务的发生，一方面使企业的银行存款增加300 000元；另一方面使企业的长期借款增加300 000元。因此，这项经济业务涉及"银行存款"和"长期借款"两个账户。银行存款增加属于资产的增加，应记入"银行存款"账户的借方；长期借款增加属于负债的增加，应记入"长期借款"账户的贷方。会计分录如下：

借：银行存款 300 000

　贷：长期借款 300 000

二、投资业务的核算

如前所述，企业的投资业务包括对内投资和对外投资两个方面。对内投资是指购置自身经营所需的固定资产、无形资产等长期资产的投资；对外投资是指购买其他企业的股票、债券，或直接以资产投资于其他企业从而获得股权的投资。

（一）对内投资业务的核算

这里主要介绍固定资产购置业务的核算。

固定资产，是指同时具有下列两个特征的有形资产：（1）为生产商品、提供劳务、出租或经营管理而持有的；（2）使用寿命超过一个会计年度。企业的固定资产主要包括房屋、建筑物、机器设备、运输工具等。与其他资产一样，固定资产应按取得时的实际成本（即历史成本或称原始价值）进行初始计量。实际成本是指使固定资产达到预定可使用状态前所发生的一切必要的、合理的支出，包括买价、相关税费、运输费、装卸费、安装费和专业人员服务费等。

1.账户设置

（1）"固定资产"账户

资产类账户，用来核算企业固定资产原价的增减变动和结存情况。账户的借方登记企业因购置、建造等增加的固定资产原价；账户的贷方登记企业因出售、报废、毁损等减少的固定资产原价。期末余额在借方，反映企业固定资产的原价。该账户可按固定资产的类别或项目设置明细账，进行明细核算。

"固定资产"账户的结构如下：

固定资产	
固定资产取得成本的增加	固定资产取得成本的减少
期末余额：固定资产原值的余额	

（2）“在建工程”账户

资产类账户，用以核算企业进行设备安装工程、建造固定资产的建筑工程等发生的实际支出。该账户的借方登记进行设备安装或建筑工程的施工所发生的全部支出；贷方登记安装或建筑工程完成后结转入“固定资产”账户的工程实际成本。期末余额在借方，反映企业尚未完工的在建工程所发生的实际支出。

“在建工程”账户的结构如下：

在建工程	
在建工程发生的支出	结转完工工程成本
期末余额：未完工工程成本	

（3）“应交税费”账户

负债类账户，用来核算企业按照税法等规定计算应缴纳的各种税费，包括增值税、消费税、所得税、资源税、土地增值税、城市维护建设税、房产税、城镇土地使用税、车船税、教育费附加等。账户贷方登记企业应缴纳的各种税费；借方登记企业实际缴纳的各种税费。期末余额可能在贷方也可能在借方。如有贷方余额，反映企业尚未缴纳的税费；如有借方余额，反映企业多交或尚未抵扣的税费。该账户可按应缴纳的税费项目设置明细账，进行明细核算。

在本章中，该账户主要核算企业购置固定资产、原材料等资产时所缴纳的增值税进项税额，应记录在“应交税费——应交增值税（进项税额）”的借方。

【拓展阅读】

增值税是以商品（含应税劳务、应税行为）在流转过程中产生的增值额作为计税依据而征收的一种流转税。按照纳税人的经营规模及会计核算的健全程度，增值税纳税人分为一般纳税人和小规模纳税人。年应税销售额超过财政部和国家税务总局规定标准的纳税人为一般纳税人，未超过规定标准的纳税人为小规模纳税人。本章以一般纳税人为例介绍增值税的核算。一般纳税人采用一般计税方法计算当期增值税应纳税额，即先按当期销售额和适用的税率计算出销项税额，然后以该销项税额对当期购进项目支付的税额（即进项税额）进行抵扣。其计算公式如下：

当期应纳税额=当期销项税额-当期进项税额

当期销项税额=不含税销售额×增值税税率

当期销项税额小于当期进项税额时，不足抵扣，其不足部分可以结转至下期继续抵扣。

按现行税法规定，一般纳税人增值税税率有13%、9%、6%和零税率等。销售货物、劳务、有形动产租赁服务或者进口货物适用税率13%；交通运输服务、邮政服务、建筑服务、基础电信服务适用税率9%；增值电信服务、生活服务、现代服务（除有形动产和不动产的租赁服务外）、金融服务以及销售无形资产（除转让土地使用权外）适用税率6%；与销售不动产相关的业务（包括转让建筑物、构筑物等不动产产权、转让土地使用权和不动产租赁服务）适用税率9%；纳税人出口货物等适用零税率。

关于增值税及其具体核算内容将在后续课程中进行详细介绍。

“应交税费”账户的结构如下：

应交税费

实际缴纳的各种税费（包括增值税进项税额）	计算出应交未交的税费（包括增值税销项税额）
期末余额：多交或尚未抵扣的税费	期末余额：未交的税费

2.固定资产购入业务的账务处理

以机器设备为例，在企业购入的机器设备中，有的不需要安装即可投入生产使用，有的则需要安装、调试后才能投入生产使用。如果购入的是需要安装的机器设备，那么应将其购进时支付的买价、相关税费、运输费以及在安装过程中发生的安装费用记入“在建工程”账户的借方，在安装完毕交付使用时，再将购进和安装该设备的全部支出，即其原始价值，从“在建工程”账户的贷方转入“固定资产”账户的借方。

【例4-5】扬子津服饰购入不需要安装的机器设备一台，买价20 000元，销售方开具的增值税专用发票上注明增值税税额2 600元，价税合计22 600元；发生运输费800元，运输单位开具的增值税专用发票上注明增值税税额72元，价税合计872元，全部款项用银行存款支付。

这项经济业务的发生，一方面使企业的固定资产增加20 800元，实际缴税2 672元；另一方面使企业的银行存款减少23 472元，涉及“固定资产”“应交税费——应交增值税（进项税额）”和“银行存款”三个账户。固定资产增加属于资产的增加，应记入“固定资产”账户的借方；实际缴税属于负债的减少，应记入“应交税费——应交增值税（进项税额）”账户的借方；银行存款减少属于资产的减少，应记入“银行存款”账户的贷方。会计分录如下：

借：固定资产　　20 800

　　应交税费——应交增值税（进项税额）　　2 672

　贷：银行存款　　23 472

【例4-6】扬子津服饰购入需要安装的机器设备一台，买价30 000元，销售方开具的增值税专用发票上注明增值税税额3 900元，价税合计33 900元；发生运输费900元，运输单位开具的增值税专用发票上注明增值税税额81元，价税合计981元；在安装过程中支付安装调试费1 000元（不考虑税金），全部款项用银行存款支付；现安装完毕，经验收合格并交付使用。

本例包括三项经济业务：

（1）购入设备，投入安装。这项经济业务的发生，一方面使企业的在建工程增加30 900元，实际缴税3 981元；另一方面使企业的银行 存款减少34 881元，涉及“在建工程”“应交税费——应交增值税（进项税额）”和“银行存款”三个账户。会计分录如下：

借：在建工程　　30 900

　　应交税费——应交增值税（进项税额）　　3 981

贷：银行存款 34 881

（2）在安装过程中支付安装调试费1 000元，款项通过银行存款支付（不考虑税金）。

这项经济业务的发生，一方面使企业的在建工程增加1 000元；另一方面使企业的银行存款减少1 000元。会计分录如下：

借：在建工程 1 000

贷：银行存款 1 000

（3）安装完毕，经验收合格并交付使用时，使企业的固定资产增加。应按该工程的实际成本（即固定资产的原始价值）借记“固定资产”账户，贷记“在建工程”账户。会计分录如下：

借：固定资产 31 900

贷：在建工程 31 900

（二）对外投资业务的核算

这里主要介绍交易性金融资产业务的核算。

1.交易性金融资产的含义

交易性金融资产是指企业购买股票、债券等准备随时出售，通过出售实现现金流量最大化目标的金融资产，属于以公允价值计量且其变动计入当期损益这一类型的金融资产，是企业对外投资的一个组成部分。例如，企业为交易目的而持有的债券投资、股票投资和基金投资等，其具体内容将在后续课程中详细阐述。

2.投资收益的含义

投资收益是指企业确认的因对外投资而取得的收益（或发生的损失），包括企业购买股票的股利收益和购买债券的利息收益等。一般而言，企业对外投资从被投资方分得的股利（或利润）、从债券发行方获取的利息，以及处置对外投资收回金额大于实际投资金额的差额，即为企业的投资收益；购买交易性金融资产时支付的交易费用，以及处置对外投资收回金额小于实际投资金额的差额，即为企业的投资损失。

3.账户设置

交易性金融资产的账务处理应设置“交易性金融资产”“投资收益”“应收股利”等主要账户。

（1）“交易性金融资产”账户

资产类账户，用以核算企业持有的以公允价值计量且其变动计入当期损益的金融资产。该账户的借方登记企业取得交易性金融资产时的公允价值（发生的交易费用借记“投资收益”账户）；贷方登记企业在处置交易性金融资产时的账面成本。期末余额在借方，反映企业交易性金融资产的公允价值。

“交易性金融资产”账户的结构如下：

交易性金融资产

交易性金融资产取得时的公允价值	处置交易性金融资产时的账面成本
期末余额：交易性金融资产的公允价值	

（2）“投资收益”账户

收入（损益）类账户，用以核算企业确认的对外投资取得的收益或发生的损失。该账户的贷方登记取得的投资收益及投资净损失的结转；借方登记发生的投资损失及投资净收益的结转。期末结转后，该账户应无余额。

“投资收益”账户的结构如下：

投资收益

投资收益的减少（损失）和投资净收益的结转	投资收益的增加和投资净损失的结转

（3）“应收股利”账户

资产类账户，用以核算企业应从被投资方分享的现金股利（或利润）。该账户的借方登记被投资单位宣告发放的归本企业享有的现金股利（或利润）；贷方登记企业实际收到的现金股利（或利润）。期末余额在借方，反映企业尚未收回的现金股利（或利润）。

“应收股利”账户的结构如下：

应收股利

被投资单位宣告发放的归本企业享有的现金股利（或利润）	实际收到的现金股利（或利润）
期末余额：尚未收到的现金股利（或利润）	

4.交易性金融资产交易或事项的账务处理

【例4-7】2023年3月10日，扬子津服饰从证券市场购入A公司发行在外的股票20 000股作为交易性金融资产，每股价格4元，另外支付交易费用2 000元。

这项经济业务的发生，一方面使交易性金融资产增加80 000元，投资收益减少2 000元；另一方面使企业的银行存款减少82 000元。会计分录如下：

借：交易性金融资产　　80 000
　　投资收益　　2 000
　贷：银行存款　　82 000

2023年3月15日，A公司宣告派发现金股利0.4元/股，并于4月5日发放。

2023年3月15日，扬子津服饰确认投资收益8 000元（0.4×20 000）。

借：应收股利——A公司　　8 000
　贷：投资收益　　8 000

2023年4月5日，收到A公司发放的现金股利。

借：银行存款　　8 000
　贷：应收股利——A公司　　8 000

三、供应过程业务的核算与材料采购成本计算

企业要进行正常的生产经营活动，就必须购买和储备一定种类和数量的材料。供应过程是生产的准备阶段，其主要经济活动就是购买各种生产所需的材料物资。在材料采购过程中，一方面是企业从供应单位购进各种材料物资，另一方面是企业要支付材料的买价、税金和各种采购费用，如运输费、装卸费和入库前的整理挑选费用等，并与供应单位进行货款结算。材料的买价加上各种采购费用，就构成了材料的采购成本。供应过程业务核算的主要内

容是材料采购费用的归集和分配、材料采购成本的计算以及与供应单位的货款结算等。

供应过程材料日常核算有实际成本法和计划成本法两种方法。实际成本法，是指材料日常收入、发出、结存的核算均按实际成本计价的一种核算方法。这里以实际成本法为例介绍供应过程业务的核算。其他具体内容将在后续课程中进一步介绍。

（一）账户设置

企业为了加强对材料采购业务的管理，反映和监督库存材料的增减变动和结存情况，以及因采购材料而与供应单位进行的货款结算，供应过程业务核算需要设置并运用以下账户：

1."在途物资"账户

资产类账户，用来核算当企业采用实际成本法时货款已付但尚未验收入库的在途物资的采购成本。账户借方登记企业购入材料等物资的采购成本（包括买价和采购费用）；贷方登记企业已验收入库的材料等物资的采购成本。期末余额在借方，反映企业在途材料等物资的采购成本。该账户可按供应单位和物资品种设置明细账，进行明细核算。

"在途物资"账户的结构如下：

在途物资

购入材料时：支付买价、采购费用	材料验收入库时：结转材料的实际采购成本
期末余额：未验收入库的材料成本	

2."原材料"账户

资产类账户，用来核算企业库存的各种材料，包括原料及主要材料、辅助材料、外购半成品、修理用备件、包装材料、燃料等的实际成本。账户借方登记企业购入并已验收入库的材料的实际成本；贷方登记企业发出材料的实际成本。期末余额在借方，反映企业库存材料的实际成本。该账户可按材料的保管地点、材料的类别、品种和规格等设置明细账，进行明细核算。

"原材料"账户的结构如下：

原材料

验收入库的材料实际成本的增加	库存材料实际成本的减少
期末余额：库存材料实际成本	

3."应付账款"账户

负债产类账户，用来核算企业因购买材料、商品和接受劳务供应等经营活动应支付的款项。账户贷方登记企业因购入材料、商品和接受劳务供应等应付给供应单位的款项；借方登记企业已偿还供应单位的款项。期末余额一般在贷方，反映企业尚未支付的应付账款余额；如果余额在借方，那么反映企业预付给供应单位的款项。该账户可按债权人设置明细账，进行明细核算。

"应付账款"账户的结构如下：

应付账款

偿还应付账款（减少）	应付供应单位款项的增加
	期末余额：尚未偿还的应付账款

4.“应付票据”账户

负债类账户，用来核算企业购买材料、商品和接受劳务供应等开出、承兑的商业汇票，包括银行承兑汇票和商业承兑汇票。账户贷方登记企业开出、承兑的商业汇票或以承兑商业汇票抵付货款、应付账款等；借方登记企业实际支付的票款。期末余额在贷方，反映企业尚未到期的商业汇票的票面金额。该账户可按债权人设置明细账，进行明细核算。企业应当设置“应付票据备查簿”，详细登记商业汇票的种类、号数和出票日期、到期日、票面金额、交易合同号和收款人姓名或单位名称以及付款日期和金额等资料。应付票据到期结清后，应在备查簿中予以注销。

“应付票据”账户的结构如下：

应付票据

到期应付票据的减少	开出并承兑商业汇票的增加
	期末余额：尚未到期应付票据的余额

5.“预付账款”账户

资产类账户，用来核算企业按照合同规定预付的款项。账户借方登记企业因购货等而预付的款项和补付的款项；贷方登记企业收到所购货物实际结算的款项和退回多付的款项。期末余额如果在借方，那么反映企业实际预付的款项；期末余额如果在贷方，那么反映企业尚未补付的款项。该账户可按供货单位设置明细账，进行明细核算。预付款项情况不多的企业，也可以不设置本账户，而将预付的款项直接记入“应付账款”账户。

“预付账款”账户的结构如下：

预付账款

预付供应单位款项的增加	冲销预付供应单位的款项
期末余额：尚未结算的预付款项	

（二）材料采购业务的账务处理

材料采购业务的核算，主要涉及收料和付款两个方面。由材料仓库办理收料手续，会计部门根据材料仓库转来的收料单和供应单位开出的发票账单等办理付款并登记入账。企业购入的原材料，由于结算方式和采购地点的不同，原材料入库和货款支付在时间上可能不一致，因此应分别进行会计处理。

1.结算凭证已到，原材料已验收入库

这种情况下，应根据增值税专用发票上原材料的价格，借记“原材料”账户；根据增值税税额，借记“应交税费——应交增值税（进项税额）”账户；根据全部价款，贷记“银行存款”“应付票据”“应付账款”等账户。

【例4-8】扬子津服饰从本市A公司购入西装面料——甲材料1 000米，每米110元，销售方开具的增值税专用发票上注明价款110 000元，增值税税额14 300元，价税合计124 300元，款项已通过银行支付；原材料也已验收入库，公司不需承担运杂费等购货费用。

这项经济业务的发生，一方面使企业的原材料增加110 000元，实际缴税14 300元；另一方面使企业的银行存款减少124 300元，涉及“原材料”“应交税费——应交增值税

(进项税额)”和“银行存款”三个账户。原材料增加属于资产的增加，应记入“原材料”账户的借方；实际缴税属于负债的减少，应记入“应交税费——应交增值税（进项税额）”账户的借方；银行存款减少属于资产的减少，应记入“银行存款”账户的贷方。会计分录如下：

借：原材料——甲材料　　110 000
　　应交税费——应交增值税（进项税额）　　14 300
　贷：银行存款　　124 300

【例4-9】扬子津服饰从B公司购进西装里料——乙材料500米，每米40元，销售方开具的增值税专用发票上注明增值税税额2 600元，价税合计22 600元；发生运输费200元，运输单位开具的增值税专用发票上注明增值税税额18元，价税合计218元，材料已运达企业并已验收入库，发票、账单已到，但材料货款尚未支付。

这项经济业务的发生，一方面使入库的原材料增加20 200元，其中材料买价20 000元，运杂费200元，增值税进项税额2 618元；另一方面使应付账款增加22 818元，涉及“原材料”“应交税费——应交增值税（进项税额）”和“应付账款”三个账户。材料买价和运杂费应记入“原材料”账户的借方，增值税进项税额应记入“应交税费——应交增值税（进项税额）”账户的借方；应付账款增加属于负债的增加，应记入“应付账款”账户的贷方。会计分录如下：

借：原材料——乙材料　　20 200
　　应交税费——应交增值税（进项税额）　　2 618
　贷：应付账款　　22 818

假设一周后，扬子津服饰从B公司购买的500米西装里料款项22 818元以银行存款全部支付。会计部门根据付款凭证，编制如下分录：

借：应付账款　　22 818
　贷：银行存款　　22 818

2.结算凭证已到，原材料尚未验收入库

这种情况下，应根据增值税专用发票上原材料的价格，借记“在途物资”账户；根据增值税税额，借记“应交税费——应交增值税（进项税额）”账户；根据全部价款，贷记“银行存款”“应付票据”等账户。

【例4-10】扬子津服饰从外地C公司购买西装面料——甲材料5 000米，每米100元，销售方开具的增值税专用发票上注明增值税税额65 000元，价税合计565 000元；发生运输费2 000元，运输单位开具的增值税专用发票上注明增值税税额180元，价税合计2 180元，全部款项用银行存款支付，材料尚未运到。

（1）结算凭证已到，办理价款结算时

由于结算凭证已到，原材料尚未验收入库，一方面使企业的在途物资增加502 000元，实际缴税65 180元；另一方面使企业的银行存款减少567 180元，涉及“在途物资”“应交税费——应交增值税（进项税额）”和“银行存款”三个账户。在途物资增加属于资产的增加，应记入“在途物资”账户的借方；实际缴税属于负债的减少，应记入“应交税费——应交增值税（进项税额）”账户的借方；银行存款减少属于资产的减少，应记入“银行存款”账户的贷方。会计分录如下：

借：在途物资——甲材料 502 000

应交税费——应交增值税（进项税额） 65 180

贷：银行存款 567 180

（2）原材料验收入库时

在本例中，假设3天后，扬子津服饰从C公司购买的5 000米西装面料已收到并验收入库，会计部门根据仓库转来的“收料单”，编制如下分录：

借：原材料——甲材料 502 000

贷：在途物资——甲材料 502 000

3.材料已验收入库，而结算凭证未到，货款尚未支付

这种情况一般发生在外地的材料采购业务中，但在正常的情况下，二者的时间相差不会太长。对于这种情况，平时材料入库时暂不做账务处理，待供货单位的结算凭证到达并支付货款后，再进行账务处理。但是如果到月末供货单位的结算凭证仍未到达，那么为了在月末反映库存材料的实际增加数，企业应根据供货合同中注明的价格暂估入账，即借记“原材料”账户，贷记“应付账款”账户，并在下月初用红字作相同的分录予以冲回，以便当结算凭证到达并支付货款后，按上述第一种“结算凭证已到，原材料已验收入库”的情况进行账务处理。

【例4-11】扬子津服饰于11月20日收到D公司的服装辅料——丙材料一批，已办理验收入库，但月末结算凭证尚未到达企业，货款也尚未支付，会计部门根据供货合同估价5 000元入账。

11月20日收到材料时暂不入账。11月30日根据供货合同估价5 000元入账。

借：原材料——丙材料 5 000

贷：应付账款——暂估应付款 5 000

下月初（12月1日）用红字冲回：

借：原材料——丙材料 [5 000]

贷：应付账款——暂估应付款 [5 000]

【例4-12】扬子津服饰从E公司购进辅料——丙材料1 000米，每米10元，价款10 000元，销售方开具的增值税专用发票上注明增值税税额1 300元，价税合计11 300元；发生运输费100元，运输单位开具的增值税专用发票上注明增值税税额9元，价税合计109元，货款采用商业汇票结算。企业开出3个月期限的银行承兑汇票一张，金额11 409元，但材料尚未运达企业。

这项经济业务的发生，一方面使在途材料采购支出增加10 100元，其中材料买价10 000元，运费100元，增值税进项税额1 309元；另一方面使应付票据增加11 409元，涉及“在途物资”“应交税费——应交增值税（进项税额）”和“应付票据”三个账户。材料买价和运杂费应记入“在途物资”账户的借方，增值税进项税额应记入“应交税费——应交增值税（进项税额）”账户的借方；应付票据增加属于负债的增加，应记入“应付票据”账户的贷方。会计分录如下：

借：在途物资——丙材料 10 100

应交税费——应交增值税（进项税额） 1 309

贷：应付票据 11 409

假设在本例中，5天后丙材料收到并验收入库，会计部门根据仓库转来的“收料单”，编制如下分录：

借：原材料——丙材料　10 100

　贷：在途物资——丙材料　10 100

在本例中，3个月后，扬子津服饰购买的丙材料款项11 409元的银行承兑汇票到期，公司以银行存款支付。会计部门根据付款凭证，编制如下分录：

借：应付票据　11 409

　贷：银行存款　11 409

4.预付货款购进材料

采用预付货款方式购进材料，当预付货款时，会计部门不做材料购进业务处理，而作为增加“预付账款”账户的金额，待收到所购买的材料时才作为材料采购业务进行账务处理。

【例4-13】扬子津服饰于11月1日按照购货合同规定以银行存款50 000元，向F公司预付甲材料货款。12月1日收到F公司发来的已预付货款的甲材料并验收入库。该批材料1 000米，每米100元，买价共计100 000元，销售方开具的增值税专用发票上注明增值税税额13 000元，价税合计113 000元；发生运输费500元，运输单位开具的增值税专用发票上注明增值税税额45元，价税合计545元，应付款项共计113 545元，冲销原预付货款50 000元后，不足部分用银行存款补付。

（1）预付货款时

预付货款时，会计部门不做材料采购处理，一方面使预付账款增加50 000元；另一方面使银行存款减少50 000元。因此，这项经济业务涉及“预付账款”和“银行存款”两个账户。其中，预付账款增加属于资产的增加，应记入“预付账款”账户的借方。会计分录如下：

借：预付账款　50 000

　贷：银行存款　50 000

（2）收到原材料及购货发票账单时

收到货物时，一方面使入库甲材料采购支出增加100 500元，其中材料买价100 000元、运费500元，增值税进项税额增加13 045元；另一方面使预付款项减少50 000元，因补付货款使银行存款减少63 545元，涉及“原材料”“应交税费——应交增值税（进项税额）”“预付账款”“银行存款”四个账户。材料买价和运费应记入“原材料”账户的借方，增值税进项税额应记入“应交税费——应交增值税（进项税额）”账户的借方；预付款项减少属于资产的减少，应记入“预付账款”账户的贷方。补付的款项应记入“预付账款”账户的借方和“银行存款”账户的贷方。会计分录如下：

借：原材料——甲材料　100 500

　　应交税费——应交增值税（进项税额）　13 045

　贷：预付账款　113 545

补付货款时：

借：预付账款　63 545

　贷：银行存款　63 545

如果收到材料时当即补付货款，上述两笔分录可以合并，合并分录如下：

借：原材料——甲材料　　100 500
　　应交税费——应交增值税（进项税额）　　13 045
　贷：预付账款　　50 000
　　　银行存款　　63 545

（三）材料采购成本的计算

材料采购成本的计算，是指将企业在材料采购过程中所发生的各种费用，按照购入材料的种类和数量进行归集和分配，以计算确定各种材料总成本和单位成本的一种专门方法。购入材料的采购成本，一般由买价和采购费用两部分组成。买价是指企业采购材料时的购买价款；采购费用是指企业在材料采购过程中所支付的各项费用，包括材料的运输费、装卸费、保险费、包装费、仓储费、运输途中的合理损耗、入库前的整理挑选费用和按规定应计入材料采购成本的相关税费（如关税）等。企业支付的可以抵扣的增值税进项税额不计入材料采购成本，单独计入“应交税费——应交增值税（进项税额）”的借方。

在上述成本费用中，凡能分得清是为采购哪种材料所支付的成本费用，如材料的买价，应直接计入该种材料的采购成本；分不清是为采购哪种材料所支付的成本费用，如为采购两种或两种以上材料所支付的运杂费等，应选择合理的分配标准进行分配，以分别计算确定各种材料的实际采购成本。在实际工作中，可根据具体情况选择材料的重量、买价等作为分配标准。

费用分配率=需分配的费用总额÷分配标准合计

某材料应分配的费用=该材料的分配标准×费用分配率

为了简化核算，在实际工作中对某些本应计入材料采购成本的采购费用，如采购人员的差旅费、采购材料的市内运杂费、专设采购机构的经费等，不计入材料采购成本，而作为管理费用列支。

【例4-14】扬子津服饰从C公司购进甲、乙两种材料：

甲材料4 000米，每米100元，买价400 000元；乙材料2 000米，每米40元，买价80 000元，价款合计480 000元，增值税进项税额62 400元。购入两种材料的运费2 000元，增值税进项税额180元。上述材料已运达企业并验收入库，款项用银行存款支付。

（1）支付买价及增值税税金时

在本例中，材料买价可以直接计入甲、乙两种材料的采购成本，一方面使材料采购成本增加480 000元，增值税进项税额增加62 400元；另一方面使银行存款减少542 400元。这项业务涉及“在途物资”“应交税费——应交增值税（进项税额）”“银行存款”三个账户。其中，材料买价应记入“在途物资”账户的借方，增值税进项税额应记入“应交税费——应交增值税（进项税额）”账户的借方。会计分录如下：

借：在途物资——甲材料　　400 000
　　　　　　——乙材料　　80 000
　　应交税费——应交增值税（进项税额）　　62 400
　贷：银行存款　　542 400

（2）支付运费时

在本例中，所支付的运费2 000元，是甲、乙两种材料共同负担的费用，需要采用一定的标准在两种材料之间进行分配。假设本例按照材料的数量比例进行分配，甲材料4 000米，乙材料2 000米。分配如下：

费用分配率=2 000÷（4 000＋2 000）=33.33%

甲材料应分配的运杂费=4 000×33.33%=1 333（元）

乙材料应分配的运杂费=2 000−1 333=667（元）

支付运费分录如下：

借：在途物资——甲材料　　1 333
　　　　　　——乙材料　　667
　　应交税费——应交增值税（进项税额）　　180
　贷：银行存款　　2 180

甲、乙两种材料实际采购成本的计算见表4-1。

表4-1　**材料采购成本计算表**　金额单位：元

材料名称	单位	数量	单价（元/米）	买价	运杂费 分配率：33.33%	总成本	单位成本（元/米）
甲	米	4 000	100	400 000	1 333	401 333	100.33
乙	米	2 000	40	80 000	667	80 667	40.33
合计	—	6 000	—	480 000	2 000	482 000	—

甲、乙两种材料已验收入库，应根据上述计算结果结转材料采购成本。会计分录如下：

借：原材料——甲材料　　401 333
　　　　　——乙材料　　80 667
　贷：在途物资——甲材料　　401 333
　　　　　　　——乙材料　　80 667

四、生产过程业务的核算与产品生产成本计算

生产过程是产品制造业企业经营活动的主要过程，是连接供应过程和销售过程的中心环节。生产过程既是产品的制造过程，又是生产的耗费过程。企业要生产产品就会发生一系列的耗费，主要包括消耗的材料、支付给职工的薪酬、固定资产的折旧费和其他各项费用等。企业在一定时期内为生产产品所发生的各种耗费，称为生产费用。这些费用按照一定种类和数量的产品进行归集和分配，就形成了产品的制造成本或生产成本。生产过程业务核算的主要内容是生产费用的归集、分配和产品生产成本的计算。

（一）账户设置

为了反映和监督各项生产费用的发生、归集和分配，正确计算产品的生产成本，生产过程业务核算需要设置和运用以下账户：

1.“生产成本”账户

“生产成本”账户用来核算企业进行工业性生产发生的各项生产成本。账户借方登记企业发生的应计入产品生产成本的各项费用，包括为制造产品发生的直接材料费、直接人工费和制造费用等；贷方登记企业已经生产完成并验收入库的库存商品的实际成本。期末

余额如果在借方，那么反映企业尚未加工完成的在产品的实际成本；期末如果产品全部制造完工，那么账户无余额。该账户可按产品的品种、类别或规格设置明细账，进行明细核算。

“生产成本”账户的结构如下：

生产成本

发生的生产费用： 直接材料 直接人工 制造费用	结转完工入库产成品成本
期末余额：在产品成本	

2.“制造费用”账户

“制造费用”账户，用来核算企业生产车间（部门）为生产产品和提供劳务而发生的各项间接费用，包括职工薪酬、折旧费、修理费、办公费、水电费、机物料消耗、季节性停工损失等。账户借方登记企业实际发生的各项制造费用；贷方登记企业转入“生产成本”账户的借方，分配计入各种产品成本的制造费用。期末，该账户一般没有余额。该账户可按不同的生产车间、部门和费用项目设置明细账，进行明细核算。

“制造费用”账户的结构如下：

制造费用

归集车间范围内发生的各项间接费用	期末分配结转到“生产成本”账户的制造费用

3.“库存商品”账户

“库存商品”账户，用来核算企业的各种商品的实际成本或计划成本，包括库存商品、外购商品、存放在门市部准备出售的商品、发出展览的商品以及寄存在外的商品等。账户借方登记企业生产完成并已验收入库的库存商品的实际成本；贷方登记企业发出库存商品的实际成本。期末余额在借方，反映企业库存商品的实际成本。该账户可按库存商品的种类、品种和规格等设置明细账，进行明细核算。

“库存商品”账户的结构如下：

库存商品

完工验收入库商品成本的增加	出库：库存商品成本的减少
期末余额：结存的商品成本	

此外，在生产过程中企业还需要设置“应付职工薪酬”“累计折旧”等账户，其具体核算内容及账户结构在后面相关内容部分再做进一步介绍。

（二）生产过程业务的账务处理

1.材料费用的账务处理

企业各部门需要材料，应该填制有关的领料凭证，并向仓库办理领料手续。月末，会计部门根据领料凭证编制材料耗用汇总表，并根据该汇总表进行会计处理。

【例4-15】扬子津服饰根据当月领料凭证，编制本月材料耗用汇总表，见表4-2。

表4-2 **材料耗用汇总表**

2023年×月 金额单位：元

用途	甲材料			乙材料			丙材料			金额合计
	数量（米）	单价（元/米）	金额	数量（米）	单价（元/米）	金额	数量（米）	单价（元/米）	金额	
男装西服耗用	300	100	30 000	300	40	12 000				42 000
女装西服耗用	200	100	20 000	200	40	8 000				28 000
车间一般耗用	—	—	—	—	—	—	150	10	1 500	1 500
合计	500	100	50 000	500	40	20 000	150	10	1 500	71 500

根据材料耗用汇总表可知，这项经济业务的发生，一方面使库存材料减少71 500元；另一方面使生产费用增加71 500元，其中直接用于产品生产、应计入产品成本的为70 000元，车间一般消耗、应计入制造费用的为1 500元，涉及“生产成本”“制造费用”“原材料”三个账户。生产费用增加，应按其在生产过程中的用途，分别记入“生产成本”和“制造费用”账户的借方；原材料减少属于资产的减少，应记入“原材料”账户的贷方。会计分录如下：

借：生产成本——男装西服 42 000
　　　　　　——女装西服 28 000
　　制造费用 1 500
　贷：原材料 71 500

2.人工费用的账务处理

职工为企业提供服务，企业应向职工支付一定的薪酬。职工薪酬，是指企业为获得职工提供的服务或解除劳动关系而给予的各种形式的报酬或补偿。企业提供给职工配偶、子女、受赡养人、已故员工遗属及其他受益人等的福利，也属于职工薪酬。职工薪酬主要包括短期薪酬、离职后福利、辞退福利和其他长期职工福利。

为了正确地归集和分配职工薪酬等人工费用，以便正确计算产品成本，企业需要设“应付职工薪酬”账户。

“应付职工薪酬”账户，属于负债类账户，用来核算应付职工薪酬的提取、结算、使用等情况。该账户贷方登记已分配计入有关成本费用项目的职工薪酬的数额，借方登记实际发放职工薪酬的数额；该账户期末余额在贷方，反映企业应付未付的职工薪酬。“应付职工薪酬”账户应当按照“工资、奖金、津贴和补贴”“职工福利”“社会保险费”“住房公积金”“工会经费”“职工教育经费”“累积带薪缺勤”“非货币性福利”“设定提存计划”“利润分享计划”等应付职工薪酬项目设置明细科目，进行明细核算。

“应付职工薪酬”账户的结构如下：

应付职工薪酬

借方	贷方
实际支付的职工薪酬	月末计算分配的职工薪酬
	期末余额：应付未付的职工薪酬

需说明的是，在计时工资制度下，如果同一月份应付职工薪酬和实际支付的工资都按本月实际出勤日数计算，那么借贷方金额相等，月末该账户无余额；如果计算应付职工薪酬和实发职工薪酬所依据的出勤日数不同，即应付职工薪酬是按本月出勤计算，而实发职工薪酬是按上月出勤计算，由于不同月份的出勤日数往往是不同的，那么在这种情况下，月末账户就会有余额。如果余额在借方，那么反映企业本月实际支付的职工薪酬大于应付职工薪酬的差额，即为多支付的职工薪酬；如果余额在贷方，那么反映企业应付未付的职工薪酬。

【例4-16】扬子津服饰根据工时和考勤记录等，结算出本月应付职工工资100 000元，其中生产男装西服的工人工资50 000元，生产女装西服的工人工资40 000元，车间管理人员工资10 000元。

这项经济业务的发生，一方面使应付职工工资增加100 000元；另一方面使生产费用增加100 000元，其中生产工人工资90 000元，车间管理人员工资10 000元，涉及"生产成本""制造费用""应付职工薪酬"三个账户。生产工人工资作为直接生产费用应记入"生产成本"账户的借方，车间管理人员工资作为间接生产费用应记入"制造费用"账户的借方；应付职工薪酬增加属于负债的增加，应记入"应付职工薪酬"账户的贷方。会计分录如下：

借：生产成本——男装西服	50 000	
——女装西服	40 000	
制造费用	10 000	
贷：应付职工薪酬——工资		100 000

【例4-17】扬子津服饰通过银行转账方式支付本月职工工资100 000元。

这项经济业务的发生，一方面使银行存款减少100 000元；另一方面使应付职工薪酬减少100 000元，涉及"应付职工薪酬"和"银行存款"两个账户。其中，应付职工薪酬减少属于负债的减少，应记入"应付职工薪酬"账户的借方。会计分录如下：

借：应付职工薪酬——工资	100 000	
贷：银行存款		100 000

【例4-18】扬子津服饰通过银行转账方式支付本月职工福利费14 000元，其中生产男装西服的工人福利费7 000元，生产女装西服的工人福利费5 600元，车间管理人员福利费1 400元。

（1）支付福利费时

借：应付职工薪酬——职工福利费	14 000	
贷：银行存款		14 000

（2）列支福利费时

列支福利费时，与上述工资结算相似，同样会引起负债和生产费用两方面增加，涉及"生产成本""制造费用""应付职工薪酬"三个账户。生产工人的福利费应记入"生产成本"账户的借方，车间管理人员的福利费应记入"制造费用"账户的借方；列支的福利费应记入"应付职工薪酬"账户的贷方。会计分录如下：

借：生产成本——男装西服	7 000	
——女装西服	5 600	
制造费用	1 400	

贷：应付职工薪酬——职工福利费 14 000

3.制造费用的账务处理

制造费用是指企业生产车间为生产产品而发生的各项间接费用，这些费用是企业生产车间（部门）为组织和管理生产所发生的，不是生产产品的直接费用。所以当这些费用发生时，不能直接计入产品成本，而需要先通过“制造费用”账户进行归集，然后再选择一定的标准分配计入有关产品生产成本。制造费用的分配标准包括生产工人工资比例、生产工时比例、机器设备运转台时、耗用原材料的数量或成本、产品产量等。企业可以根据自身管理的需要、产品的特点等选择采用某种标准，但是标准一经确定，应按照会计可比性的要求，不得随意变更。

计算公式：

制造费用分配率=制造费用总额÷分配标准合计

某产品应负担的制造费用=该产品的分配标准×制造费用分配率

【例4-19】扬子津服饰以银行存款支付生产车间办公费1 200元，水电费800元。

这项经济业务的发生，一方面使银行存款减少2 000元；另一方面使制造费用增加2 000元，涉及“银行存款”和“制造费用”两个账户。其中，制造费用增加应记入“制造费用”账户的借方。会计分录如下：

借：制造费用 2 000

贷：银行存款 2 000

【例4-20】扬子津服饰月末计提本月份固定资产折旧费14 000元，其中生产车间固定资产折旧费8 500元，厂部固定资产折旧费5 500元。

固定资产在企业的生产经营过程中能够长期使用，并且保持原有的实物形态基本不变。固定资产的价值在企业生产经营过程中逐渐转移到成本、费用中，并通过产品销售收入得到补偿。折旧是指固定资产由于使用或磨损而减少的价值；固定资产折旧计入有关成本、费用中称为折旧费，固定资产折旧费是企业生产费用的重要组成内容。计提固定资产折旧，不仅是为了使企业在将来有能力重置固定资产，更主要是为了正确确定各会计期间的成本费用。

如前所述，为了核算固定资产原始价值的增减变动及其结存情况，需要设置和运用“固定资产”账户。基于固定资产的上述特点，为了使“固定资产”账户能按固定资产的原始价值反映其增减变动和结存情况，并便于计算和反映固定资产的账面净值（折余价值），提供经济管理所需要的会计信息，企业就必须专门设置一个用来反映固定资产损耗价值（即折旧额）的账户，即“累计折旧”账户。

“累计折旧”账户，属于资产类账户，但是由于其用来核算企业固定资产的损耗价值，因此该账户是“固定资产”账户的抵减账户，其账户结构与“固定资产”账户正好相反，属于特殊账户结构的资产类账户，该账户贷方登记企业按期（月）计提的固定资产折旧额和调入、盘盈的固定资产折旧额；借方登记企业出售、报废、毁损和盘亏固定资产的已提折旧额。期末余额在贷方，反映企业固定资产的累计折旧额。该账户可按固定资产的类别或项目设置明细账，进行明细核算。将“累计折旧”账户的贷方余额抵减“固定资产”账户的借方余额，即可得到固定资产的净值。

“累计折旧”账户的结构如下：

累计折旧

固定资产折旧的减少（注销）	提取的固定资产折旧的增加
	期末余额：现有固定资产累计折旧额

上述经济业务的发生，一方面使企业制造费用增加8 500元，管理费用增加5 500元；另一方面使固定资产的折旧额增加14 000元，涉及“制造费用”“管理费用”“累计折旧”三个账户。折旧费用增加应记入“制造费用”“管理费用”账户的借方；固定资产折旧额增加实际上是固定资产价值的减少，应记入“累计折旧”账户的贷方。会计分录如下：

借：制造费用　8 500
　　管理费用　5 500
　贷：累计折旧　14 000

【例4-21】月末，扬子津服饰将本月发生的制造费用总额23 400元按生产工人工资比例分配计入男装和女装两种西服产品的生产成本。其中男装西服生产工人工资50 000元，女装西服生产工人工资40 000元。

制造费用分配过程如下：

制造费用分配率=23 400÷（50 000+40 000）=0.26

男装西服应负担的制造费用=50 000×0.26=13 000（元）

女装西服应负担的制造费用=40 000×0.26=10 400（元）

这项经济业务的发生，一方面使生产成本增加23 400元；另一方面使制造费用减少23 400元，涉及“生产成本”和“制造费用”两个账户。生产成本增加属于费用的增加，应记入“生产成本”账户的借方；制造费用结转属于费用的减少，应记入“制造费用”账户的贷方。会计分录如下：

借：生产成本——男装西服　13 000
　　　　　　——女装西服　10 400
　贷：制造费用　23 400

（三）完工产品生产成本的计算与结转

产品成本是指企业为了生产产品而发生的各种耗费，可以指一定时期为生产一定数量产品而发生的成本总额，也可以指一定时期生产产品的单位成本。

产品成本有狭义和广义之分，广义的产品成本包括生产发生的各项管理费用和销售费用等，又称完全成本。狭义的产品成本是指企业在生产单位（车间、分厂）内为生产和管理而支出的各种耗费，又称制造成本，只包括直接材料、直接人工和制造费用。生产过程各种费用的归属如图4-1所示。

产品生产成本的计算，是指将企业在生产过程中所发生的各项生产费用，按照生产产品的品种或类别（即成本计算对象）进行归集和分配，计算确定各种产品的总成本和单位成本的一种专门方法。产品生产成本计算是生产过程业务核算的主要内容。计算产品生产成本，既为入库库存商品提供了计价的依据，又是确定各会计期间盈亏的需要。

产品生产成本计算的一般程序包括确定成本计算对象、确定成本计算期、确定成本项目（直接材料费、直接人工费和制造费用等）、正确归集和分配各项生产费用，以及设置、

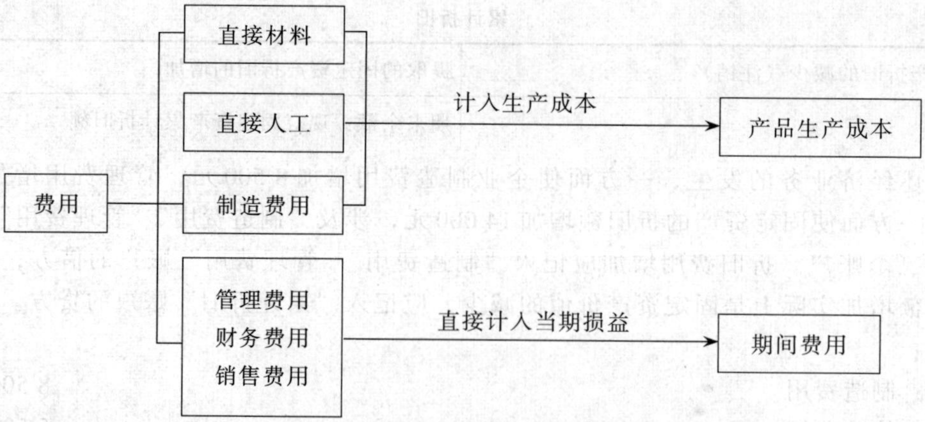

图 4-1 生产过程各种费用的归属

登记产品成本明细账，编制产品成本计算表等，其具体内容和方法将在后续课程“成本会计”中详细介绍。

产品生产成本的计算应在生产成本明细账中进行。如果月末某种产品全部完工，那么该种产品生产成本明细账所归集的费用总额，就是该种完工产品的总成本。用完工产品总成本除以该种产品的完工总产量即可计算出该种产品的单位成本。如果月末某种产品全部未完工，那么该种产品生产成本明细账所归集的费用总额，就是该种产品在产品的总成本。如果月末某种产品一部分完工，一部分未完工，那么这时归集在产品成本明细账中的费用总额还要采取适当的分配方法在完工产品和在产品之间进行分配，然后才能计算出完工产品的总成本和单位成本。生产费用如何在完工产品和在产品之间进行分配，是成本计算中的一个重要的内容，其具体内容也将在后续课程“成本会计”中进行详细介绍。完工产品成本的简单计算公式为：

完工产品生产成本=期初在产品成本+本期发生的生产费用-期末在产品成本

下面以本节前面举例中的男装西服、女装西服两种产品为例，说明产品成本的计算方法。

【例 4-22】假设本月生产的男女装西服产品均全部完工并已验收入库，无月初在产品，也无月末在产品。计算并结转两种产品的实际生产成本。

将前面所述的有关产品生产的各项费用记入产品成本计算表（见表 4-3、表 4-4），即可据以计算出本月两种完工产品的总成本和单位成本。

表 4-3 **产品成本计算表**

产品名称：男装西服 2023 年×月 金额单位：元

项目	产量（套）	直接材料费	直接人工费	制造费用	合计
本月生产费用	—	42 000	57 000	13 000	112 000
完工产品总成本	250	42 000	57 000	13 000	112 000
完工产品单位成本（元/套）	—	168	228	52	448

表4-4 **产品成本计算表**

产品名称：女装西服 2023年×月 金额单位：元

项目	产量（套）	直接材料费	直接人工费	制造费用	合计
本月生产费用	—	28 000	45 600	10 400	84 000
完工产品总成本	200	28 000	45 600	10 400	84 000
完工产品单位成本（元/套）	—	140	228	52	420

根据上述计算结果，编制会计分录如下：

借：库存商品——男装西服 112 000

——女装西服 84 000

贷：生产成本——男装西服 112 000

——女装西服 84 000

五、销售过程业务的核算

产品销售过程是产品价值的实现过程，是生产经营活动的最后阶段。在这一过程中，企业一方面要将产品及时地销售给购买单位；另一方面要按照销售价格向购买单位收取货款。这时，企业的经营资金就从成品资金形态转化为货币资金形态，从而完成了一次资金循环。

在产品销售过程中，企业要确认产品销售收入的实现，与购买单位办理结算，收回货款；发生销售费用，结转已销售产品的成本；计算并缴纳产品销售税金及教育费附加，最后确定产品销售损益。上述各项业务就构成了产品销售业务核算的主要内容。

（一）产品销售收入的核算

产品销售收入，是指企业在销售产品过程中所形成的经济利益的流入。产品销售收入是工业企业的主营业务收入。

1.产品销售收入的确认与计量

《企业会计准则第14号——收入（2017年修订）》中明确规定："企业应当在履行了合同中的履约义务，即在客户取得相关商品控制权时确认收入。"客户，是指与企业订立合同以向该企业购买其日常活动产出的商品或服务并支付对价的一方；取得相关商品控制权，是指能够主导该商品的使用并从中获得几乎全部的经济利益，也包括有能力阻止其他方主导该商品的使用并从中获得经济利益。企业在判断商品控制权是否发生转移时，应当从客户的角度进行分析，即客户是否取得了相关商品的控制权以及何时取得该控制权。

收入的确认与计量具体来说可以分为五步，即五步法模型，其中，第一、二、五步主要与收入的确认有关，第三、四步主要与收入的计量有关。收入确认与计量的基本过程如图4-2所示：

关于五步法模型的具体内容将在后续课程"中级财务会计"中详细介绍。

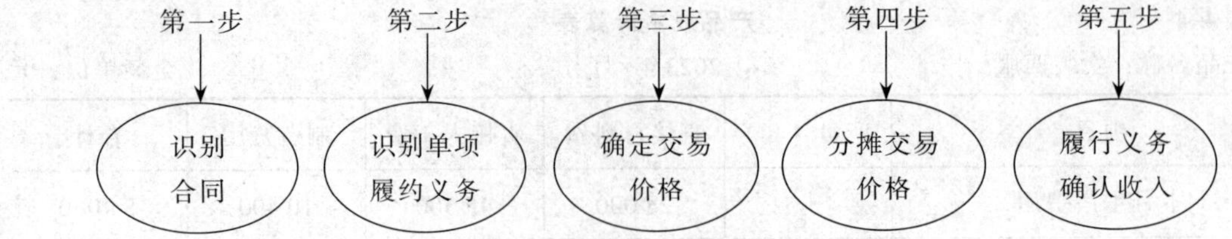

图4-2 收入确认与计量流程示意图

2.账户设置

企业为了反映和监督销售产品和提供劳务所取得的收入，以及因销售产品而与购买单位之间进行的货款结算，需要设置以下账户：

（1）“主营业务收入”账户

收入类账户，用来核算企业确认的销售商品、提供劳务等主营业务的收入。该账户贷方登记企业本期销售商品或提供劳务实现的收入；借方登记企业本期发生销售退回或销售折让，应冲减的营业收入和期末转入“本年利润”账户的主营业务收入。期末结转后该账户应无余额。该账户可按主营业务的种类（如产品类别等）设置明细账，进行明细核算。

“主营业务收入”账户的结构如下：

主营业务收入

销售退回等（冲减收入） 期末转入“本年利润”账户的净收入	实现的主营业务收入（增加收入）

（2）“应收账款”账户

资产类账户，用来核算企业因销售商品、提供劳务等经营活动应收取的款项。该账户借方登记企业发生的应收账款；贷方登记企业收回的应收账款。企业代购货单位垫付的包装费、运杂费等，也通过该账户进行核算。期末余额一般在借方，反映企业尚未收回的应收账款；如果余额在贷方，那么反映企业预收的账款。该账户可按债务人设置明细账，进行明细核算。

“应收账款”账户的结构如下：

应收账款

发生的应收账款（增加）	收回的应收账款（减少）
期末余额：尚未收回的应收账款	期末余额：预收账款

（3）“应收票据”账户

资产类账户，用来核算企业因销售商品、提供劳务等收到的商业汇票，包括银行承兑汇票和商业承兑汇票。该账户借方登记企业收到开出、承兑的商业汇票的票面金额；贷方登记企业实际收到商业汇票的票面金额。期末余额在借方，反映企业持有的商业汇票的票面金额。该账户可按开出、承兑商业汇票的单位设置明细账，进行明细核算。企业应当设置应收票据备查簿，逐笔登记商业汇票的种类、号数和出票日、票面金额、交易合同号和付款人、承兑人、背书人的姓名或单位名称、到期日、背书转让日、贴现日、贴现率和贴现净额以及收款日和收回金额、退票情况等资料。商业汇票到期结清票款或退票后，应在备查簿中予以注销。

"应收票据"账户的结构如下：

应收票据

本期收到的商业汇票（增加）	到期收回票据款项（或贴现）（减少）
期末余额：尚未收回的应收票据款项	

（4）"预收账款"账户

负债类账户，用来核算企业按照合同规定预收的款项。该账户贷方登记企业向购货单位预收的款项；借方登记当企业销售实现时结算的预收货款。期末余额一般在贷方，反映企业预收的款项；如果余额在借方，那么反映企业尚未转销的款项。该账户可按购货单位设置明细账，进行明细核算。预收账款情况不多的企业，也可以不设置本账户，而将预收的款项直接记入"应收账款"账户。

"预收账款"账户的结构如下：

预收账款

预收货款的减少	预收货款的增加
期末余额：购货单位应补付的款项	期末余额：预收货款的结余

3.账务处理

扬子津服饰本月发生下列产品销售业务：

【例4-23】向浙江某公司销售男装西服100套，每套售价2 000元，价款共计200 000元，增值税销项税额26 000元。产品已经发出，货款已通过银行转账收讫。

这项经济业务涉及"银行存款""主营业务收入""应交税费——应交增值税（销项税额）"三个账户。产品销售收入增加属于主营业务收入的增加，应记入"主营业务收入"账户的贷方。增值税销项税额增加属于负债的增加，应记入"应交税费——应交增值税（销项税额）"账户的贷方；银行存款增加属于资产的增加，应记入"银行存款"账户的借方。会计分录如下：

借：银行存款　　226 000

　贷：主营业务收入　　200 000

　　　应交税费——应交增值税（销项税额）　　26 000

【例4-24】收到上海某公司预付购买女装西服的货款40 000元，已存入银行。

这项经济业务涉及"银行存款"和"预收账款"两个账户。银行存款增加属于资产的增加，应记入"银行存款"账户的借方；预收货款增加属于负债的增加，应记入"预收账款"账户的贷方。会计分录如下：

借：银行存款　　40 000

　贷：预收账款　　40 000

【例4-25】向湖北某公司销售女装西服50套，每套售价2 000元，价款共计100 000元，以银行存款支付代垫运费545元，增值税销项税额13 000元。产品已经发出，货款及代垫运费尚未收到。

这项经济业务涉及“应收账款”“主营业务收入”“应交税费——应交增值税（销项税额）”“银行存款”四个账户。应收账款增加属于资产的增加，应记入“应收账款”账户的借方；产品销售收入增加属于主营业务收入的增加，应记入“主营业务收入”账户的贷方。增值税销项税额增加属于负债的增加，应记入“应交税费——应交增值税（销项税额）”账户的贷方。银行存款减少属于资产的减少，应记入“银行存款”账户的贷方。会计分录如下：

借：应收账款　　113 545

　贷：主营业务收入　　100 000

　　应交税费——应交增值税（销项税额）　　13 000

　　银行存款　　545

【例4-26】采用商业汇票结算方式向山东某公司销售男装西服80套，每套售价2 000元，价款共计160 000元，增值税销项税额20 800元。产品已经发出，收到该单位开出并承兑的商业汇票一张，金额180 800元。

这项经济业务涉及“应收票据”“主营业务收入”“应交税费——应交增值税（销项税额）”三个账户。应收票据增加属于资产的增加，应记入“应收票据”账户的借方；产品销售收入增加属于主营业务收入的增加，应记入“主营业务收入”账户的贷方。增值税销项税额增加属于负债的增加，应记入“应交税费——应交增值税（销项税额）”账户的贷方。会计分录如下：

借：应收票据　　180 800

　贷：主营业务收入　　160 000

　　应交税费——应交增值税（销项税额）　　20 800

【例4-27】按照合同向预付货款的上海某公司发出女装西服20套，每套售价2 000元，价款共计40 000元，增值税销项税额5 200元，以银行存款支付代垫运费436元。冲销原预收货款40 000元，同时补收货款5 636元。

这项经济业务涉及“预收账款”“主营业务收入”“应交税费——应交增值税（销项税额）”“银行存款”四个账户。其中，预收货款减少属于负债的减少，应记入“预收账款”账户的借方。会计分录如下：

（1）发出货物：

借：预收账款　　45 636

　贷：主营业务收入　　40 000

　　应交税费——应交增值税（销项税额）　　5 200

　　银行存款　　436

（2）补收货款：

借：银行存款　　5 636

　贷：预收账款　　5636

（二）产品销售成本、税金及附加的核算

产品销售成本，是指已销售产品的生产成本，应于确认产品销售收入时予以结转。

税金及附加，是指企业销售产品发生的消费税、城市维护建设税、资源税和教育费附加等相关税费。

为销售产品而发生的销售费用，应作为期间费用直接计入当期损益，不构成产品销售成本的内容。

1.账户设置

(1)“主营业务成本”账户

费用类账户，用来核算企业确认销售商品、提供劳务等主营业务收入时应结转的成本。该账户借方登记企业期(月)末根据本期(月)销售各种商品、提供各种劳务等实际成本，计算应结转的主营业务成本；贷方登记企业期(月)末转入“本年利润”账户的主营业务成本。本期(月)发生的销售退回，如已结转销售成本的，应借记“库存商品”等账户，贷记“主营业务成本”账户。期末结转后该账户应无余额。该账户可按主营业务的种类(产品或劳务品种)设置明细账，进行明细核算。

“主营业务成本”账户的结构如下：

主营业务成本

本期发生的主营业务成本(增加)	冲减成本及期末转入“本年利润”账户的主营业务成本(减少)

(2)“税金及附加”账户

费用类账户，用来核算企业经营活动发生的消费税、城市维护建设税、资源税和教育费附加等相关税费。该账户借方登记企业按规定计算确定的与经营活动相关的税费；贷方登记企业期末转入“本年利润”账户的税费。期末结转后该账户应无余额。

“税金及附加”账户的结构如下：

税金及附加

本期应负担的税金及附加(增加)	期末转入“本年利润”账户的税金及附加(减少)

2.账务处理

【例4-28】月末，扬子津服饰按照规定计算出应由本月主营业务负担的消费税20 000元、城市维护建设税2 800元、教育费附加1 000元，共计23 800元。

这项经济业务的发生，一方面使本月税金及附加增加23 800元；另一方面使应交税费增加23 800元。因此，这项经济业务涉及“税金及附加”和“应交税费”两个账户。税金及附加增加属于费用的增加，应记入“税金及附加”账户的借方；应交税费增加属于负债的增加，应记入“应交税费”账户的贷方。会计分录如下：

借：税金及附加	23 800	
贷：应交税费——应交消费税		20 000
——应交城市维护建设税		2 800
——应交教育费附加		1 000

【例4-29】月末，扬子津服饰计算结转本月已销售产品的生产成本。

已销售产品的生产成本，是根据已销售产品的数量乘以其单位成本计算确定的。由于本月销售的产品不一定都是本月生产的，各个月份生产的同一种产品的单位生产成本可能不相同，因此，与确定仓库发出材料的实际成本一样，要计算本月已销售产品的生产成本，就必须采用一定的存货计价方法。根据《企业会计准则第1号——存货》的规定，企业应当采用先进先出法、加权平均法或者个别计价法计算确定发出存货的实际成本。企业一旦选定某种方法，一般不能随意变更，如确实需要变更的，应在财务报表附注中加以说明。这些存货计价方法的具体计算将在后续课程中进一步介绍。在本例中，单位生产成本作为已知条件给出。假设本月销售的男装西服220套，单位生产成本为448元/套；女装西服150套，单位生产成本为420元/套。据此计算本月已销售产品的生产成本，见表4-5。

表4-5 **本月产品销售成本计算表** 金额单位：元

产品种类	销售数量（套）	单位生产成本（元/套）	销售成本
男装西服	220	448	98 560
女装西服	150	420	63 000
合 计	370	—	161 560

这项经济业务的发生涉及“主营业务成本”和“库存商品”两个账户。产品销售成本增加属于费用的增加，应记入“主营业务成本”账户的借方；库存商品减少属于资产的减少，应记入“库存商品”账户的贷方。会计分录如下：

借：主营业务成本——男装西服	98 560	
——女装西服	63 000	
贷：库存商品——男装西服		98 560
——女装西服		63 000

第二节 企业期末账项调整与财务成果的账务处理

一、企业期末账项调整处理

在实际工作中，会计人员在对日常发生的经济业务全部登记入账的基础上进行期末结账时，还需要对企业的某些经济业务再进行调整，按照会计要求与原则，需要主动做一些没有明显经济业务发生的账务处理。这种需要会计人员主动去做的会计处理，就是期末账项调整。期末账项调整主要影响企业的利润表，涉及收入类账户与费用类账户。其依据在于企业会计要求以权责发生制基础。因此，掌握期末账项调整必须从权责发生制以及与其相对应的收付实现制开始。权责发生制是根据收入或费用的实际发生与否，即以权责关系的实际发生期间作为确认与计量的时间标准；收付实现制是以现金收到或付出为标准，来记录收入的实现或费用的发生，即按收付日期确定其归属期。

企业日常的经济业务，发生时多数有业务部门的通知和外来的原始凭证，如购货发票、网上银行付款电子回单、货运单据等，因此，日常业务的会计处理是在取得原始凭证的基础上开展的，会计人员通常见到原始凭证后进行账务处理，在一般情况下不会有遗漏。但期末账项调整，没有外来原始凭证，有些需要会计人员自制计算表作为附件，有些甚至不需要附件，因此，期末账项调整，需要会计人员有一定的专业判断，同时要耐心且细心地进行账务处理。

概括地说，企业在期末应该调整的账项包括：应计项目、递延项目、估计项目。下面分别说明。

（一）应计项目

凡是在当期发生的费用及赚取的收入，因未收付现金且不便于随时记录而未在账簿上反映的，在期末时应予以调整。

1.应计费用

应计费用，是指本期已发生而尚未实际支付现金的各项费用，如应付职工薪酬等。企业员工工作一天，便赚取一天的收入，对企业来讲，就是发生了一天的工资费用，但在实际生活中，企业往往是到下一个月份的某一天才发放上个月的工资，因此在当月结算时，就需要在月末做调整分录，把当月发生但还未实际支付的工资费用反映出来，以便正确计算当月的经营成果。诸如此类的费用还有应付水电费、应付租金、应付利息等。应计费用的调整分录，应一方面确认费用，另一方面增加负债，费用科目用来计算当期损益，负债科目则等到以后实际支付现金时冲销。

【例4-30】扬子津服饰有一笔期限为3个月的短期借款200 000元，借款日为9月30日，年利率为6%，到期一次还本付息。依据权责发生制原则，企业于到期前每月月末应计提当期承担的利息费用为：

当期应计利息费用=本金×利率×期间=200 000×6%÷12=1 000（元）

调整分录如下：

借：财务费用　　1 000

　贷：应付利息　　1 000

2.应计收入

应计收入，是指企业在本会计期中已赚取而尚未收现的各项收入，如应收利息、应收租金等。应计收入的调整一方面增加收入，另一方面增加资产。应计收入的确认用来正确计算当期损益，资产账户则等到以后期间收到现金时再予以冲销。

【例4-31】扬子津服饰持有带息商业汇票的期末余额为50 000元，出票日为11月30日，年利率6%，期限6个月。依据权责发生制原则，12月31日企业应计提当期利息收入为：

当期应计利息收入=本金×利率×期间=50 000×6%÷12=250（元）

调整分录如下：

借：应收票据　　250

　贷：财务费用——利息收入　　250

（二）递延项目

递延项目，是指企业已经发生实际现金的收付，并已经在账上记录，但尚未赚取的收入或消耗的费用。这种预收或预付的款项，以后随着企业提供劳务（或货物）或消耗费用，而转化成已实现的收入或已发生的费用。

1.预付费用

预付费用是指未得到服务以前先支付了现金，取得将来享受服务的权利。这种经济业务在现金付出时记为资产，因为取得了未来享受服务的经济利益，以后随着服务的享受而逐渐耗用资产；若未能享受到应得的服务，则可要求退款。这类费用包括预付保险费、预付租金、预付利息，因此在期末时应将已耗用部分调整为费用。

【例4-32】假设扬子津服饰预期支付的一年期管理部门用车辆保险费共计120 000元，则在每月月末确认的当月应承担的保险费用为120 000÷12=10 000（元）。调整分录如下：

借：管理费用——保险费 10 000

贷：预付账款 10 000

2. 预收收入

预收收入是指在未提供产品或劳务之前，预先收取的款项。由于预先收取了款项，企业需要在未来提供货物或劳务，因此预收收入既增加了企业的资产，又增加了企业的负债。随着企业货物或劳务的提供，预收收入由负债转变为真正的收入。预收收入包括预收货款、预收利息、预收房租等。

【例4-33】假设扬子津服饰于当年1月1日收到当年一年期租金60 000元，收到款项时：

借：银行存款 60 000

贷：预收账款 60 000

每月月末，反映每月租金收入时，则调整分录为：

借：预收账款 5 000

贷：其他业务收入 5 000

（三）估计项目

企业在会计期末，所调整的账项，除了上述应计项目和递延项目外，为了使费用与收入更具有配比性，以正确计算利润，还有一些估计项目的账项需要调整，如固定资产折旧的提取、坏账损失的估计、售后保证费用的估计等。这些调整账项的金额具有不确定性，常需以未来的事项作为计算依据，因此称此类账项为估计项目。固定资产折旧的提取在上一节已有介绍，这里不再重复。下面以应收账款的坏账损失为例进行说明。

企业会因提供劳务或货物发生应收账款。这种应收账款，可能会因为债务人无法偿还欠款而无法全部或部分收回，从而发生坏账，又称呆账。企业的债权资产，通常因为赊销而产生，如果某项应收账款最后确定无法收回，则原来确认的销售收入就被高估，债权资产也被高估，但由于在赊销时不能判断哪一笔赊销的款项不能收回，因此只能在年底就全部的应收款项估计可能的坏账损失，并在销售活动发生的年度以费用及资产的抵销科目（如“坏账准备”）入账，以抵销高估的销售收入及应收账款部分。坏账损失的调整分录，需要单设一个抵销科目来冲销应收账款，是因为：第一，坏账是估计出来的，并非确定会发生，同时由于无法判断究竟哪一笔交易会产生坏账损失，因此如果在总分类账上直接注销“应收账款”，那么明细账户上则无法填列，有悖于“总账与明细账平行登记”的原则。第二，企业估计坏账仅是内部的估算，并非意味着对债权的放弃，更不能理解成等同于对外债权的丧失。

因此，对坏账损失的核算一般采取备抵法。备抵法是采用一定的方法按期估计坏账损失，计入当期费用并形成坏账准备，待坏账实际发生时，冲销已提的坏账准备和相应的应收款项。采用这种方法，坏账损失计入与应收款项发生的同一期间的损益，体现了配比原则和权责发生制原则的要求，从而避免了企业明盈实亏；在报表上列示应收款项净额，使报表使用者能了解企业应收款项的可变现金额，因而较真实地揭示了企业的财务状况。

关于坏账损失的具体核算方法，包括坏账损失的估计方法等内容将在后续课程中进一步介绍。这里简单介绍计提坏账损失的调整分录。

1.账户设置

坏账损失在备抵法核算方法下需要设置“信用减值损失”和“坏账准备”等账户。

（1）“信用减值损失”账户

费用类账户，用来核算企业因购货人拒付、破产、死亡等原因无法收回而确认的坏账损失，以及企业计提其他各项金融工具减值准备所确认的预计信用损失。

“信用减值损失”账户的结构如下：

信用减值损失

本期所确认的信用损失（增加）	期末转入“本年利润”账户的信用损失（减少）
	期末余额：现有固定资产累计折旧额

（2）“坏账准备”账户

资产类账户，用来核算应收账款的坏账准备计提、转销等情况，因此，它是“应收账款”的备抵账户，跟“应收账款”等资产类账户的结构正好相反，类似于“累计折旧”账户，也属于特殊的资产类账户。该账户的贷方登记当期应计提的坏账准备金额，借方登记实际发生坏账损失而冲减的坏账准备金额，期末余额一般在贷方，反映企业已经计提但尚未转销的坏账准备。

“坏账准备”账户的结构如下：

坏账准备

本期冲减的坏账准备	当期应计提的坏账准备
	期末余额：尚未转销的坏账准备

2.估计项目的核算

【例4-34】扬子津服饰12月末根据应收账款的余额估计约有10 000元不能收回，则调整分录如下：

借：信用减值损失　　10 000

　贷：坏账准备　　10 000

二、财务成果的账务处理

财务成果是指企业在一定会计期间的经营成果，即通常所说的利润或亏损，又称损益。利润是综合反映企业经营管理水平的一个重要指标，进行财务成果业务核算的一个重要任务，就是正确计算企业在一定会计期间的利润（或亏损）。而正确计算利润（或亏损）的关键在于正确计算同一会计期间的收入和费用，然后将收入与费用相抵来确定该会计期间的利润（或亏损）。如前所述，利润包括收入减去费用后的净额、直接计入当期利润的利得和损失等。企业的收入及利得包括营业收入、公允价值变动收益、投资收益、营业外收入等；企业的费用及损失包括营业成本、税金及附加、销售费用、管理费用、财务费用、信用减值损失、资产减值损失、营业外支出、所得税费用等。因此，企业在一定会计期间的利润（或亏损）是由营业利润、利润总额和净利润等部分构成的。其关系为：

净利润=利润总额-所得税费用

利润总额=营业利润+营业外收入-营业外支出

营业利润=营业收入-营业成本-税金及附加-销售费用-管理费用-财务费用+其他收益+投资收益（损失以“-”号填列）+公允价值变动收益（损失以“-”号填列）-信用减值损失（损失以“-”号填列）-资产减值损失（损失以“-”号填列）+资产处置收益（损失以“-”号填列）

营业收入=主营业务收入+其他业务收入

营业成本=主营业务成本+其他业务成本

企业实现的净利润，要按照国家有关规定进行分配，如提取盈余公积金、向投资者分配利润等。

因此，计算确定企业实现的利润和对利润进行分配，就构成了财务成果账务处理的主要内容。

（一）利润形成的核算

企业在一定会计期间内形成的利润（或发生的亏损）主要取决于该会计期间全部收入和利得与全部费用和损失的对比。其中，有关主营业务收入、主营业务成本、税金及附加及投资收益等的核算内容已在上一节说明，本节主要阐述其他业务收入、其他业务成本、销售费用、管理费用、财务费用、营业外收入、营业外支出、所得税费用以及利润总额和净利润的核算。关于资产减值损失、公允价值变动收益等内容将在以后的会计课程中介绍。

1.其他业务收入、其他业务成本的核算

其他业务收入是指企业除主营业务活动以外的其他经营活动实现的收入，包括出租固定资产、出租无形资产、销售材料等业务的收入。

其他业务成本是指企业除主营业务活动以外的其他经营活动所发生的支出，包括销售材料的成本、出租固定资产的折旧额、出租无形资产的摊销额等。

（1）账户设置

为了反映企业其他业务收入和其他业务成本的发生情况，需要设置并运用以下账户：

①“其他业务收入”账户。

收入类账户，其贷方登记企业确认的其他业务收入；借方登记企业期末转入“本年利润”账户的其他业务收入。期末结转后该账户应无余额。该账户可按其他业务收入的种类设置明细账，进行明细核算。

“其他业务收入”账户的结构如下：

其他业务收入

材料销售退回等（冲减收入）及期末转入“本年利润”账户的净收入	实现的其他业务收入（增加收入）

②“其他业务成本”账户。

费用类账户，其借方登记企业发生的其他业务成本；贷方登记企业期末转入“本年利润”账户的其他业务成本。期末结转后该账户应无余额。该账户可按其他业务成本的种类设置明细账，进行明细核算。

"其他业务成本"账户的结构如下：

其他业务成本	
本期发生的其他业务成本（增加）	冲减成本及期末转入"本年利润"账户的其他业务成本（减少）

（2）账务处理

【例4-35】扬子津服饰出售丁材料一批，售价20 000元，增值税销项税额2 600元，款项已收到并存入银行。

这项经济业务涉及"银行存款""其他业务收入""应交税费——应交增值税（销项税额）"三个账户。其中，材料销售收入增加属于收入的增加，应记入"其他业务收入"账户的贷方。会计分录如下：

借：银行存款 22 600

　贷：其他业务收入 20 000

　　　应交税费——应交增值税（销项税额） 2 600

【例4-36】结转上例销售丁材料的实际成本15 000元。

这项经济业务的发生，一方面使材料销售成本增加15 000元；另一方面使库存材料减少15 000元，涉及"其他业务成本"和"原材料"两个账户。材料销售成本增加属于费用的增加，应记入"其他业务成本"账户的借方；库存材料减少属于资产的减少，应记入"原材料"账户的贷方。会计分录如下：

借：其他业务成本 15 000

　贷：原材料 15 000

2.期间费用的核算

期间费用是指在企业生产经营过程中发生的，与企业生产经营没有直接关系或关系不密切的应直接计入当期损益的各项费用，包括销售费用、管理费用和财务费用等。

销售费用是指企业在销售商品和材料、提供劳务的过程中发生的各种费用，包括保险费、包装费、展览费和广告费、商品维修费、预计产品质量保证损失、运输费、装卸费以及为销售本企业商品而专设的销售机构（含销售网点、售后服务网点等）的职工薪酬、业务费、折旧费等经营费用。

管理费用是指企业为组织和管理生产经营活动所发生的各种费用，包括企业在筹建期间内发生的开办费、董事会和行政管理部门在企业的经营管理中发生的或者应由企业统一负担的公司经费（包括行政管理部门的职工薪酬及福利费、物料消耗、周转材料摊销、办公费和差旅费）、工会经费、董事会费、聘请中介机构费、咨询费（含顾问费）、诉讼费、业务招待费、技术转让费、矿产资源补偿费、研究费等。

财务费用是指企业为筹集生产经营所需资金等而发生的筹资费用，包括利息支出（减利息收入）、汇兑损益以及相关的手续费、企业发生的现金折扣或收到的现金折扣等。

（1）账户设置

为了反映企业在生产经营过程中所发生的各项期间费用，需要设置以下账户：

①"销售费用"账户。

费用类账户，借方登记企业本期发生的各项销售费用；贷方登记企业期末转入“本年利润”账户的销售费用。期末结转后该账户应无余额。该账户可按费用项目设置明细账，进行明细核算。

“销售费用”账户的结构如下：

销售费用	
本期发生的销售费用（增加）	期末转入“本年利润”账户的销售费用（减少）

②“管理费用”账户。

费用类账户，借方登记企业本期发生的各项管理费用；贷方登记企业期末转入“本年利润”账户的管理费用。期末结转后该账户应无余额。该账户可按费用项目设置明细账，进行明细核算。

“管理费用”账户的结构如下：

管理费用	
本期发生的管理费用（增加）	期末转入“本年利润”账户的管理费用（减少）

③“财务费用”账户。

费用类账户，借方登记企业本期发生的各项财务费用；贷方登记企业期末转入“本年利润”账户的财务费用。期末结转后该账户应无余额。该账户可按费用项目设置明细账，进行明细核算。

“财务费用”账户的结构如下：

财务费用	
本期发生的财务费用（增加）	期末转入“本年利润”账户的财务费用（减少）

（2）账务处理

【例4-37】扬子津服饰以银行存款支付销售产品的广告费15 000元。

这项经济业务涉及“销售费用”和“银行存款”两个账户。其中，产品销售费用增加属于费用的增加，应记入“销售费用”账户的借方。会计分录如下：

借：销售费用　　15 000

　　贷：银行存款　　15 000

【例4-38】扬子津服饰管理部门职工刘明报销差旅费1 800元（原借2 000元），余款退回现金。

这项经济业务的发生，一方面使管理费用增加1 800元，库存现金增加200元；另一方面使应收回的职工欠款减少2 000元。应收回的职工欠款属于资产（债权）的减少，应记入“其他应收款”账户的贷方。“其他应收款”账户的结构与“应收账款”账户相同，但其核算内容是除应收账款、应收票据和预收账款等以外的其他各种应收、暂付款项。这项经济业务涉及“管理费用”“库存现金”“其他应收款”三个账户。会计分录如下：

借：管理费用　　1 800

　　库存现金　　200

　　贷：其他应收款——刘明　　2 000

【例4-39】月末，扬子津服饰预提应由本月负担的短期借款利息4 000元。

这项经济业务涉及“财务费用”和“应付利息”两个账户。其中，财务费用增加属于费用的增加，应记入“财务费用”账户的借方。会计分录如下：

借：财务费用　　4 000

　　贷：应付利息　　4 000

3.营业外收支的核算

营业外收入是指企业取得的与其日常生产经营活动没有直接关系的各项利得，包括非流动资产报废毁损利得、罚没利得、政府补助、无法支付的应付账款、盘盈利得、捐赠利得等。

营业外支出是指企业发生的与其日常生产经营活动没有直接关系的各项损失，包括非流动资产报废毁损损失、罚款支出、捐赠支出、非常损失、盘亏损失等。

（1）账户设置

为了反映和监督企业发生的营业外收支情况，需要设置以下账户：

①“营业外收入”账户

收入类账户，贷方登记企业本期确认的各项营业外收入；借方登记企业期末转入“本年利润”账户的营业外收入。期末结转后该账户应无余额。该账户可按营业外收入项目设置明细账，进行明细核算。

“营业外收入”账户的结构如下：

营业外收入

期末转入“本年利润”账户的营业外收入（减少）	本期实现的营业外收入（增加）

②“营业外支出”账户

费用类账户，借方登记企业本期发生的各项营业外支出；贷方登记企业期末转入“本年利润”账户的营业外支出。期末结转后该账户应无余额。该账户可按营业外支出项目设置明细账，进行明细核算。

“营业外支出”账户的结构如下：

营业外支出

本期发生的营业外支出（增加）	期末转入“本年利润”账户的营业外支出（减少）

（2）账务处理

【例4-40】扬子津服饰有一笔Y单位的应付账款5 000元，因Y单位注销，经确认无法支付。

这项经济业务涉及“应付账款”和“营业外收入”两个账户。其中，营业外收入增加属于利得的增加，应记入“营业外收入”账户的贷方。会计分录如下：

借：应付账款——Y单位　　5 000
　　贷：营业外收入　　5 000

【例4-41】扬子津服饰以银行存款支付社会捐赠支出50 000元。

这项经济业务的发生，一方面使营业外支出增加50 000元；另一方面使银行存款减少50 000元，营业外支出增加属于损失的增加，应记入“营业外支出”账户的借方。会计分录如下：

借：营业外支出　　50 000
　　贷：银行存款　　50 000

4.所得税费用的核算

所得税是指企业按照国家税法的规定，就某一经营年度的生产经营所得和其他所得，按照规定的税率计算并缴纳的税款。企业所得税通常是按年计算、分期预缴的。所得税的基本计算公式如下：

应纳所得税额=应纳税所得额×适用税率

应纳税所得额，是指按税法有关规定计算出的利润，与企业会计所得额（会计利润总额）并不完全一致。因此，计算应纳所得税额首先应以企业会计所得额为基础，然后按税法的有关规定进行调整计算出应纳税所得额，最后以应纳税所得额计算应纳所得税额。具体调整计算方法在后续课程中有详细说明。

所得税作为企业所得的一种耗费，是企业的一项费用支出，应直接计入当期损益。

（1）账户设置

为了反映和监督企业按规定确认的应从当期利润总额中扣除的所得税费用，需要设置和运用“所得税费用”账户。

“所得税费用”属于费用类账户，其借方登记企业期末按照税法规定计算确定的应计入本期损益的所得税费用；贷方登记企业期末转入“本年利润”账户的所得税费用。期末结转后该账户无余额。该账户可按“当期所得税费用”“递延所得税费用”设置明细账，进行明细核算。

“所得税费用”账户的结构如下：

所得税费用

本期发生的所得税费用（增加）	期末转入“本年利润”账户的所得税费用（减少）

（2）账务处理

【例4-42】扬子津服饰本期实现利润总额6 000 000元，所得税税率为25%，计算应纳所得税额（假定企业没有需要调整的项目，直接按会计利润计算应纳所得税额）。

应纳所得税额=6 000 000×25%=1 500 000（元）

这项经济业务的发生，一方面使所得税费用增加1 500 000元；另一方面使应交税费增加1 500 000元，所得税费用增加属于费用的增加，应记入“所得税费用”账户的借方。会计分录如下：

借：所得税费用　　1 500 000
　　贷：应交税费——应交所得税　　1 500 000

5.利润实现的核算

上面已将本期取得的各项收入和利得（包括主营业务收入、其他业务收入和营业外收入等）及发生的各项费用和损失（包括主营业务成本、其他业务成本、税金及附加、销售费用、管理费用、财务费用、营业外支出和所得税费用等）全部记入有关的损益账户。期末，将本期所有的损益账户转入“本年利润”账户，计算收入和利得与费用和损失的差额，即企业本期实现的净利润或发生的净亏损。

（1）账户设置

为了核算企业实现的净利润（或发生的净亏损），需要设置“本年利润”账户。该账户贷方登记企业期（月）末从各损益类账户转入的本期取得的各项收入和利得；借方登记企业期（月）末从各损益类账户转入的本期发生的各项费用和损失。将收入和利得与费用和损失相抵后，如果余额在贷方，那么反映企业本期实现的净利润；如果余额在借方，那么反映企业本期发生的净亏损。在年度中间，该账户的余额保留在本账户，不予结转，反映企业截至本期本年度累计实现的净利润或发生的净亏损。年末，应将该账户的余额转入“利润分配”账户，结转后该账户应无余额。

“本年利润”账户结构如下：

本年利润

期末转入的各项费用： 主营业务成本 其他业务成本 税金及附加 管理费用 销售费用 财务费用 信用减值损失 资产减值损失 营业外支出 所得税费用	期末转入的各项收入： 主营业务收入 其他业务收入 投资收益 其他收益 公允价值变动损益 资产处置损益 营业外收入
期末余额：累计亏损	期末余额：累计净利润

（2）账务处理

【例4-43】扬子津服饰本月损益类账户的发生额见表4-6。

表4-6 **损益类账户的发生额** 单位：元

账户名称	借方发生额	贷方发生额
主营业务收入	—	20 000 000
其他业务收入	—	200 000
投资收益	—	250 000
营业外收入	—	50 000
主营业务成本	13 000 000	—
其他业务成本	150 000	—

续表

账户名称	借方发生额	贷方发生额
税金及附加	200 000	—
销售费用	500 000	—
管理费用	470 000	—
财务费用	100 000	—
营业外支出	80 000	—
所得税费用	1 500 000	—
合计	16 000 000	20 500 000

①结转收入和利得账户。

期末，结转本月取得的各项收入和利得共计20 500 000元。其中，主营业务收入20 000 000元，其他业务收入200 000元，投资收益250 000元，营业外收入50 000元。

这项经济业务的发生，涉及“主营业务收入”“其他业务收入”“投资收益”“营业外收入”“本年利润”五个账户。将各项收入、利得账户的贷方发生额从其借方转入“本年利润”账户的贷方，会计分录如下：

借：主营业务收入　　20 000 000
　　其他业务收入　　200 000
　　投资收益　　250 000
　　营业外收入　　50 000
　贷：本年利润　　20 500 000

②结转费用和损失账户。

期末，结转本月发生的各项费用和损失共计16 000 000元。其中，主营业务成本13 000 000元，其他业务成本150 000元，税金及附加200 000元，销售费用500 000元，管理费用470 000元，财务费用100 000元，营业外支出80 000元，所得税费用1 500 000元。

这项经济业务涉及“主营业务成本”“其他业务成本”“税金及附加”“销售费用”“管理费用”“财务费用”“营业外支出”“所得税费用”“本年利润”九个账户。将各项费用、损失账户的借方发生额从其贷方转入“本年利润”账户的借方，会计分录如下：

借：本年利润　　16 000 000
　贷：主营业务成本　　13 000 000
　　其他业务成本　　150 000
　　税金及附加　　200 000
　　销售费用　　500 000
　　管理费用　　470 000
　　财务费用　　100 000
　　营业外支出　　80 000
　　所得税费用　　1 500 000

通过以上结转，将本月收入和利得与费用和损失对比，其差额即本月实现的净利润或发生的净亏损。根据以上数字计算，企业本月实现的净利润为4 500 000元。

（二）利润分配的核算

1.利润分配的顺序

企业实现的净利润，按照《公司法》等有关法律、法规规定，首先应弥补以前年度尚未弥补的亏损，对于剩余部分，应按照下列顺序进行分配：

（1）提取法定盈余公积。法定盈余公积按照税后净利润扣除以前年度亏损后的10%提取，法定盈余公积达到注册资本的50%时可不再提取。

（2）提取任意盈余公积。法定盈余公积提取以后，经股东大会或类似权力机构决议，还可以按照税后净利润等一定比例提取任意盈余公积。

（3）向投资者分配利润。企业以前年度未分配的利润，可以并入本年度向投资者分配。

$$\text{可供投资者分配利润}=\text{净利润}-\text{弥补以前年度亏损}-\text{提取法定盈余公积}-\text{提取任意盈余公积}+\text{以前年度未分配利润}+\text{公积金转入数}$$

可供投资者分配利润，应按下列顺序进行分配：支付优先股股利、支付普通股现金股利、转作股本的股票股利。具体内容将在后续课程中进一步说明。

企业实现的净利润经过上述分配后的剩余部分，为企业的未分配利润。计算公式如下：

$$\text{未分配利润}=\text{净利润}-\text{弥补以前年度亏损}-\text{提取法定盈余公积}-\text{提取任意盈余公积}+\text{以前年度未分配利润}+\text{公积金转入数}-\text{优先股股利}-\text{普通股股利}$$

未分配利润是企业留待以后年度进行分配的利润或待分配的利润，是所有者权益的重要组成部分。相对于所有者权益的其他组成部分而言，企业对于未分配利润的使用有较大的自主权。

2.账户设置

为了反映和监督企业净利润的分配情况及其结果，需要设置以下账户：

（1）“利润分配”账户

该账户属于所有者权益类账户，用来核算企业利润的分配（或亏损的弥补）和历年分配（或弥补）后的余额。企业进行利润分配，意味着实现净利润的减少，本应借记“本年利润”账户，直接冲减本年实现的净利润。但是，如果这样处理，那么“本年利润”账户的期末贷方余额只能是未分配利润，就不能提供截至本期本年度累计实现的净利润指标，而这项指标恰恰又是管理上需要的。基于这种原因，为了使“本年利润”账户既能反映企业实现净利润的原始数据，又能反映企业未分配的利润数额，会计核算专门开设了“利润分配”账户。账户借方登记企业按规定实际分配的利润数额；贷方平时一般不做登记。因此，在年度中间该账户的余额在借方，反映企业截至本期累计已分配的利润数额。平时，将“本年利润”账户的贷方余额，即累计实现的净利润与“利润分配”账户的借方余额，即累计已分配的利润数额相减，就可以求得未分配利润的数额。年度终了，企业应将全年实现的净利润，从“本年利润”账户的借方转入“利润分配”账户所属的明细账户——“未分配利润”的贷方；如果为净亏损，那么做相反处理。同时，将“利润分配”账户所属其他明细账户的余额也转入本账户的“未分配利润”明细账户。结转后，除“未分配利润”明细账户外，本账户的其他明细账户应无余额。“利润分配——未分配利润”账户如为贷方余额，那么反映企业历年积存的未分配利润；该账户如为借方余额，那么反映企业历年积存的未弥补亏损。

为了具体地反映并监督企业利润分配的去向和历年分配后的余额，“利润分配”账户应当分别按“提取法定盈余公积”“提取任意盈余公积”“应付现金股利或利润”“转作股本的股利”“盈余公积补亏”“未分配利润”等设置明细账户，进行明细核算。

“利润分配”账户等结构如下：

利润分配

实际分配的利润额 提取法定盈余公积 提取任意盈余公积 应付现金股利或利润 转作股本的股利 年末转入的亏损	盈余公积补亏 年末转入的全年净利润
年内余额：已分配的利润 期末余额：未弥补亏损额	期末余额：未分配利润

（2）“盈余公积”账户

该账户属于所有者权益类账户，用来核算企业从净利润中提取的盈余公积。该账户贷方登记企业按规定提取的盈余公积；借方登记企业使用的盈余公积，如转增资本、弥补亏损等。该账户的期末余额在贷方，反映企业的盈余公积余额。该账户应当分别按“法定盈余公积”“任意盈余公积”设置明细账，进行明细核算。

“盈余公积”账户等结构如下：

盈余公积

实际使用的盈余公积（减少）	年末提取的盈余公积（增加）
	期末余额：结余的盈余公积

（3）“应付股利”账户

该账户属于负债类账户，用来核算企业根据股东大会或类似机构审议批准的利润分配方案确定分配的现金股利或利润。账户贷方登记企业应支付的现金股利或利润；借方登记企业实际支付的现金股利或利润。期末余额一般在贷方，反映企业应付未付的现金股利或利润。该账户可按投资者设置明细账，进行明细核算。

“应付股利”账户等结构如下：

应付股利

实际支付的股利或利润（减少）	应付未付的股利或利润（增加）
	期末余额：尚未支付的股利或利润

3.账务处理

【例4-44】扬子津服饰按净利润4 500 000元的10%提取法定盈余公积。

应提取的法定盈余公积金=4 500 000×10%=450 000（元）

这项经济业务涉及“利润分配”和“盈余公积”两个账户。利润分配增加属于净利润的减少，应记入“利润分配”账户的借方；盈余公积增加属于所有者权益的增加，应记入“盈余公积”账户的贷方。会计分录如下：

借：利润分配——提取法定盈余公积　　450 000

　贷：盈余公积——法定盈余公积　　450 000

【例4-45】扬子津服饰按照批准的利润分配方案计算确定应向投资者分配利润250 000元。

这项经济业务涉及“利润分配”和“应付股利”两个账户。利润分配增加属于净利润的减少，应记入“利润分配”账户的借方；应付利润增加属于负债的增加，应记入“应付股利”账户的贷方。会计分录如下：

借：利润分配——应付现金股利或利润　　250 000

　贷：应付股利　　250 000

【例4-46】扬子津服饰经批准用盈余公积100 000元弥补以前年度亏损。

这项经济业务的发生，一方面使未弥补亏损减少100 000元；另一方面使盈余公积减少100 000元，盈余公积金减少属于所有者权益的减少，应记入“盈余公积”账户的借方；未弥补亏损减少属于净利润的增加，应记入“利润分配”账户的贷方。会计分录如下：

借：盈余公积　　100 000

　贷：利润分配——盈余公积补亏　　100 000

【例4-47】年终，扬子津服饰将“本年利润”账户的贷方余额4 500 000元和“利润分配——盈余公积补亏”账户的贷方余额100 000元转入“利润分配”账户所属的“未分配利润”明细账户。

这项经济业务，就是将全年实现的净利润4 500 000元，从“本年利润”账户的借方转入“利润分配——未分配利润”账户的贷方；将“利润分配——盈余公积补亏”账户的贷方余额100 000元从其借方转入“利润分配——未分配利润”账户的贷方。会计分录如下：

借：本年利润　　4 500 000

　　利润分配——盈余公积补亏　　100 000

　贷：利润分配——未分配利润　　4 600 000

【例4-48】年终，将“利润分配”账户的“提取法定盈余公积”和“应付现金股利或利润”等其他明细账户余额转入“利润分配”账户所属的“未分配利润”明细账户。

这项经济业务，就是将“利润分配——提取法定盈余公积”的余额450 000元和“利润分配——应付现金股利或利润”的余额250 000元转入“利润分配——未分配利润”明细账户的借方。会计分录如下：

借：利润分配——未分配利润　　700 000

　贷：利润分配——提取法定盈余公积　　450 000

　　　　　　——应付现金股利或利润　　250 000

利润分配的顺序及账户设置见表4-7。

表4-7 **利润分配的顺序及账务处理**

<table>
<tr><th rowspan="2">顺序</th><th rowspan="2" colspan="2">分配内容</th><th rowspan="2">分配依据</th><th colspan="2">账务处理</th></tr>
<tr><th>借方</th><th>贷方</th></tr>
<tr><td>1</td><td rowspan="2">提取盈余公积</td><td>法定</td><td>《公司法》或股东大会决议</td><td>利润分配——提取法定盈余公积</td><td>盈余公积——法定盈余公积</td></tr>
<tr><td>2</td><td>任意</td><td>股东大会决议</td><td>利润分配——提取任意盈余公积</td><td>盈余公积——任意盈余公积</td></tr>
<tr><td rowspan="2">3</td><td rowspan="2">分配股利</td><td>现金股利</td><td>股东大会决议</td><td>利润分配——应付现金股利或利润</td><td>应付股利</td></tr>
<tr><td>股票股利</td><td>股东大会决议</td><td>利润分配——转作股本的股利</td><td>股本</td></tr>
<tr><td>4</td><td colspan="2">未分配利润</td><td colspan="2">“利润分配——未分配利润”年末借方余额：未弥补亏损</td><td>“利润分配——未分配利润”年末贷方余额：未分配利润</td></tr>
</table>

【课程思政拓展阅读】

会计是“艺术”还是“魔术”：雅戈尔仅花1.1万元就能实现93亿元账面利润？

2018年4月10日，雅戈尔集团股份有限公司（以下简称“雅格尔”）发布《关于变更对中国中信股份有限公司会计核算方法的公告》，截至2018年3月29日，雅戈尔持有中信银行股份145 451.4万股，比2017年增加了1 000股，持股比例由原来的4.99%上升为5.00%。雅戈尔于2018年3月20日委派公司副总经理兼财务负责人吴幼光进驻中信股份担任非执行董事。实施完了这两个动作（一是增持到5%，二是派驻董事），雅戈尔认定其对中信股份的经营决策具有重大影响，应当将中信股份的会计核算方法由可供出售金融资产（按照CAS22应用指南此“可供出售金融资产”应为其他权益工具投资）变更为以权益法核算的长期股权投资。本次会计核算方法变更将增加雅戈尔的净利润约93亿元，并导致公司2018年一季度净利润增长近7倍。

雅戈尔仅花了1.1万元（即1 000股×10.98元/股（中信股份3月29日的收盘价）=10 980元），就实现了93亿元的账面收益！

2018年4月10日，雅戈尔同时发布《2018年第一季度业绩预增公告》。公司业绩预计增加约868 046万元（约86.8亿元），同比增长687.95%左右！是日，公司股价大涨6.85%！

雅戈尔这一“会计魔术”引起市场参与者及监管部门的广泛关注。上交所于4月24日向雅格尔发出监管工作函，工作函问询重点主要包括：（1）变更会计核算方法的理由是否充分；（2）核算方法变更是否符合公司的经营实质，并要求公司年审会计师发表意见。

在接到上交所的问询函后，负责雅格尔年度报表审计的会计师事务所——立信会计师事务所于4月25日出具监管工作函的回函，并发表如下意见：（1）2018年3月29日，雅戈尔在二级市场买入中信股份1 000股，持股比例达到5%，而中信股份前两大股东持股比例达78.13%，在其股东大会的表决权上前两大股东占有绝对优势，在其他股东持有股份不是高度分散的情况下，5%有表决权的股份通常并不足以达到重大影响；（2）中信股份董事会由17名董事组成，雅戈尔仅在其中占1/17席位，其对中信股份实施的影响是非常有限的。综上所述，我们认为，雅戈尔简单地以上述对中信股份增持1 000股并委派1名非执行董事而判断其能够对中信股份施加实质性重大影响的依据不充分，因此不建议雅戈尔对中信股份改按权益法核算。

4月26日，雅戈尔随即披露取消会计核算方法变更的公告，并且提示取消该变更后，公司2018年一季度净利润将同比下降约60%。

至此，雅戈尔上演仅16天的“会计魔术”落下帷幕！

会计是一门“艺术”，但不能成为钻空子、做假账的“魔术”！

那么，作为会计初学者，我们从本案例中需吸取哪些教训呢？

根据本案例，我国需要进一步完善公司治理政策、完善各级监管机制，此外，还需进一步完善会计法规制度，建立分工明确的会计准则体系，同时提升会计人员职业素养。

我国会计准则给职业判断留有较大余地。为了适应多变的经济环境，我国会计准则在制定时留有余地，由会计人员根据实际情况进行会计核算方法的选择，因此会计准则是有弹性的。但当这些弹性被“过度开发”时，操纵利润的问题便会出现。本案例就是在会计政策制定的原则性导向上做了文章。会计准则规定了长期股权投资的确认条件，并对重大影响的判断依据进行阐述，指出投资方对被投资单位的财务和经营政策有参与决策的权力，但会计准则只是规定了一个重大影响的判断原则，针对投资方对被投资单位的财务和经营政策是否有参与决策的权力和对重大影响的判断需要依赖财务人员的职业判断，操纵利润的空间较大。雅戈尔的会计处理方法变更案例便是钻了政策的空子，表面上符合了重大影响的概念，实际上公司参与被投资单位决策的证据不充分，会计政策变更不合规。因此，我们需要进一步完善会计准则制度，同时还需努力提升会计人员的职业素养。原则性导向职业判断的空间大，在核算中需要财务人员有很高的职业素养和操守，对业务的处理核算有清晰的判断。会计人员的职业素养包括业务素养和道德素养。业务素养可以通过加强会计人员的各种学习加以提升，通过会计师事务所等单位的各种培训和审计实践活动，让企业的会计从业人员对最新的会计准则有更加深刻的认识；道德素养可以通过对会计人员进行宣传教育、宣传违反会计准则的案例等手段，加强会计人员的职业操守，提高其道德水平，从而为会计准则的实施提供良好的环境。

资料来源：笔者根据网上公开资料改编整理而成。

【本章巩固练习题】

一、单项选择题

1.对于“材料已验收入库，发票账单已收到，但是款项尚未支付”的经济业务，应贷记的账户是（　　）。

A.“其他应付款”　　B.“预付账款”

C.“应付账款”　　D.“应收账款”

2.应付票据是指当企业发生债务时签发的，于到期日支付款项的（　　）。

A.银行汇票　　B.支票　　C.商业汇票　　D.银行汇款单

3.企业购买货物，应支付的增值税，在“应交税费——应交增值税（　）”账户记录。

A.销项税额　B.进项税额　C.已交税金　D.出口退税

4.企业在一定的会计期间发生的期间费用，应（　）。

A.计入产品成本　B.计入当期损益

C.冲减主营业务收入　D.冲减应交税费

5.下列账户，用来记录已经支付但应分期摊销的费用的是（　）。

A.“预付账款”　B.“预收账款”

C.“应收账款”　D.“应付职工薪酬——福利费”

6.企业实际支付职工福利费时，应借记（　）账户。

A.“营业外支出”　B.“管理费用”

C.“制造费用”　D.“应付职工薪酬——福利费”

7.企业筹集的下列资金，属于投入资本的是（　）。

A.向银行借款　B.外商以固定资产投资

C.接受企业捐赠的无形资产　D.发行债券收入款项

8.不通过“税金及附加”账户核算的税金包括（　）。

A.增值税　B.消费税　C.城市维护建设税　D.教育费附加

二、多项选择题

1.下列各账户，用来记录存货的有（　）。

A.“库存商品”　B.“银行存款”　C.“库存现金”　D.“原材料”

2.下列项目，属于成本类账户的有（　）。

A.“生产成本”　B.“制造费用”　C.“管理费用”　D.“财务费用”

3.制造业企业的收入，包括（　）。

A.营业外收入　B.主营业务收入　C.投入资本收入　D.其他业务收入

4.下列业务，属于利润分配的有（　）。

A.提取固定资产折旧　B.提取盈余公积

C.计算应交所得税　D.分给投资者利润

5.下列所有者权益，主要来源于企业利润的有（　）。

A.投入资本　B.资本公积　C.盈余公积　D.未分配利润

6.工业企业材料采购成本包括（　）。

A.买价　B.运杂费

C.运输途中的合理损耗　D.入库前的挑选整理费用

7.购入材料所发生的运费可以根据具体情况选择（　）等作为分配标准。

A.材料重量　B.材料体积　C.材料件数　D.材料买价

8.生产企业产品生产成本项目一般有（　）等。

A.直接材料　B.直接人工　C.制造费用　D.期间费用

9.企业发生的制造费用一般选择（　）等作为分配标准。

A.生产工人工资　B.生产工时　C.机器工时　D.产品完工数量

10.“利润分配”账户按利润分配的具体内容，一般应设置（　）等明细账户。

A.“应交所得税”　　　　B.“提取盈余公积”

C.“应付股利”　　　　D.“未分配利润”

三、判断题

1. 购入用于产品生产的原材料，其实际成本应包括应交增值税的进项税额。（　）

2. 企业购进货物所欠的账款，只有用商业汇票结算的，才能通过“应付票据”账户核算。（　）

3.“制造费用”账户用来核算为管理生产车间的生产经营活动而发生的费用，因此月末应冲减当期损益。（　）

4. 在“主营业务收入”账户中记录的销售收入不含应交增值税。（　）

5. 企业对实现的净利润进行分配时，首先应缴纳所得税。（　）

6. 企业采用商业汇票结算方式销售产品，当收到购买单位交来的商业汇票时，应借记“应收票据”账户。（　）

7.“利润分配”账户所属各明细分类账户平时各月月末有余额，但年终结转后均无余额。（　）

8. 某企业由于“三废”污染严重，被环卫局罚款，该罚款项应直接计入产品成本。（　）

9. 盈余公积是根据国家规定，按企业实现利润总额的一定比例提取的。（　）

10. 企业的资本公积和盈余公积报经批准后可以转作资本金。（　）

四、简答题

1. 资金筹集和固定资产购置业务核算需要设置和运用哪些账户？

2. 材料采购成本包括哪些内容？

3. 供应过程业务核算需要设置哪些账户？

4. 生产过程业务核算需要设置哪些账户？

5. 销售过程业务核算需要设置哪些账户？

6. 企业在期末应该调整的账项包括哪些内容？

7. 企业的利润由哪几部分构成？各部分应该如何计算？

8. 财务成果业务核算需要设置哪些账户？

9. 一般企业利润分配的顺序是什么？

五、业务操作题

习题一

（一）目的：练习资金筹集业务、投资业务与供应过程业务的核算。

（二）资料：某公司2023年3月份发生下列业务：

1. 公司收到M企业投资100 000元，款项存入银行。

2. 从银行取得借款200 000元，期限3个月，利率6%，所得款项存入银行。假定借款合同规定，该借款到期一次还本付息，该公司按月计提利息。

3. 购入不需要安装的机器设备一台，买价10 000元，销售方开具的增值税专用发票上注明增值税税额1 300元，价税合计11 300元，款项用银行存款支付。

4. 从甲企业购入A材料5 000千克，每千克单价6元，共计30 000元，增值税进项税额3 900元，款项已用银行存款支付，材料尚未运达。

5.从乙企业购入B材料1 000千克，每千克单价45元，共计45 000元，增值税进项税额5 850元，款项尚未支付，材料已验收入库，结转材料采购成本。

6.从甲企业购入的A材料已验收入库，结转材料采购成本。

7.以银行存款支付乙企业的材料款50 850元。

8.从乙企业购入C材料50吨，每吨单价2 000元，共计100 000元，增值税进项税额13 000元，材料已验收入库。公司开出承兑期限为3个月的商业承兑汇票113 000元交给对方。

9.支付已到期的商业汇票，金额为56 500元。

10.按合同规定，向丙企业预付C材料款30 000元，以银行存款支付。

11.从丙企业购入的C材料已运达，材料买价30 000元，增值税进项税额3 900元，材料已验收入库，结转其实际采购成本。另以银行存款支付C材料的差价款3 900元。

12.从丁企业购入下列材料，货款15 000元，增值税进项税额1 950元，均以银行存款支付，材料尚未入库。

D材料：3 000千克，每千克4元，共计12 000元；

E材料：1 500千克，每千克2元，共计3 000元。

合计：15 000元。

13.从丁企业购入的D、E两种材料已验收入库，运输公司运费270元，增值税进项税额24.3元，当即以银行存款支付（运费按材料重量比例分配）；并按其实际采购成本入账。

（三）要求：根据上述经济业务编制会计分录。

习题二

（一）目的：练习生产过程业务的核算。

（二）资料：某公司2023年3月份发生下列产品生产业务：

1.本月材料领用情况见表4-8。

表4-8 **材料耗用汇总表**

2023年3月 单位：元

材料用途	耗用材料的实际成本		合计
	甲材料	乙材料	
生产A产品领用	15 000	5 000	20 000
生产B产品领用	8 000	4 000	12 000
生产车间一般耗用	2 500	500	3 000
企业行政管理部门耗用	500	1 500	2 000
合计	26 000	11 000	37 000

2.采购员李平预借差旅费2 000元，以现金支付。

3.结算分配本月应付职工工资总额120 000元。其中，A产品生产工人工资50 000元，B产品生产工人工资40 000元，车间管理人员工资10 000元，企业行政管理人员工资20 000元。

4.分配本月职工福利费16 800元。其中，A产品生产工人福利费7 000元，B产品生产工人福利费5 600元，车间管理人员福利费1 400元，企业行政管理人员福利费2 800元。

5.以银行存款支付下年度报刊订阅费2 400元。

6.采购员李平报销差旅费1 750元，余款退回现金。

7.银行同城转账金额120 000元，支付本月职工工资。

8.摊销应由本月负担的报刊订阅费200元。

9.计提本月固定资产折旧7 000元。其中，车间固定资产计提折旧5 000元，企业行政管理部门固定资产计提折旧2 000元。

10.月末分配结转本月发生的制造费用（按生产工人工资比例进行分配）。

11.假设本月生产的A产品300件和B产品200件全部完工验收入库，无月初在产品，结转完工产品的实际生产成本。

（三）要求：根据上述经济业务编制会计分录。

习题三

（一）目的：练习销售过程业务的核算。

（二）资料：某公司2023年3月份发生下列产品销售业务：

1.销售A产品1 000件给甲公司，每件售价450元，总价款450 000元，增值税销项税额58 500元。产品已发出，款项尚未收到。

2.向乙公司出售B产品250件，每件售价1 000元，总价款250 000元，增值税销项税额32 500元。产品已发出，收到乙公司开出并承兑的商业汇票一张，金额为282 500元。

3.接银行通知，甲公司的货款508 500元已经收到入账。

4.一张金额为15 000元的商业汇票已到期，通过银行办妥收款手续。

5.收到丙公司预付货款50 000元，已存入银行。

6.按照合同向预付货款的丙公司发出货物，价款共计50 000元，增值税销项税额6 500元，冲销原预收货款50 000元，同时补收货款6 500元。

7.月末，结转本月已销A产品1 000件、B产品250件的实际成本。A产品单位成本为320元/件，B产品单位成本为800元/件。

8.月末，计算本月销售产品应负担的城市维护建设税5 600元，教育费附加2 400元。

（三）要求：根据上述经济业务编制会计分录。

习题四

（一）目的：练习财务成果业务的核算。

（二）资料：某公司2023年12月发生下列经济业务：

1.销售甲产品1 500件，每件售价80元，总价款120 000元，增值税销项税额15 600元，全部款项尚未收到。

2.销售乙产品500件，每件售价55元，总价款27 500元，增值税销项税额3 575元，款项已收到存入银行。

3.向“希望工程”捐赠10 000元，以银行存款支付。

4.以银行存款支付产品的广告费6 000元、展览费4 800元。款项均通过网银支付。

5.收到M单位前欠货款150 000元，款项存入银行。

6.销售甲产品500件，每件售价80元，总价款40 000元，增值税销项税额5 200元，收到对方开出并承兑的商业汇票一张，金额45 200元。

7.销售不需用材料一批，价款12 000元，增值税销项税额1 560元，款项存入银行。

8.结转上述材料的实际成本10 000元。

9.以银行存款支付本季度流动资金借款利息3 000元（前两个月已预提2 000元）。

10.被投资单位N公司宣告分配现金股利，每股0.25元，计持有该公司股票20 000股。

11.月末，结转本月已销产品的实际成本。其中，甲产品的总成本为100 000元，乙产品的总成本为30 000元。

12.月末，计算本月应交城市维护建设税8 400元，应交教育费附加3 600元。

13.月末，将各损益类账户的本月实际发生额（见表4-9）结转“本年利润”账户。

表4-9 **各损益类账户的本月实际发生额** 单位：元

账户名称	借或贷	本月实际发生额
主营业务收入	贷	187 500
其他业务收入	贷	12 000
投资收益	贷	5 000
营业外收入	贷	6 500
主营业务成本	借	130 000
其他业务成本	借	10 000
税金及附加	借	12 000
销售费用	借	10 800
管理费用	借	5 000
财务费用	借	1 000
营业外支出	借	10 000

14.月末，按本月利润总额（32 200元）的25%计算应交所得税额，并结转所得税费用。

15.按税后利润的10%提取法定盈余公积。

16.按税后利润的30%计算应付投资者利润7 245元。

17.年终，将“本年利润”账户的贷方余额24 000 000元转入“利润分配”账户所属的“未分配利润”明细账户。

18.年终，将“利润分配”账户的“提取法定盈余公积”的明细账户余额2 400 000元和“应付现金股利或利润”明细账户余额7 200 000元转入“利润分配”账户所属的“未分配利润”明细账户。

（三）要求：根据上述经济业务编制会计分录。

【本章知识结构图】

第五章　会计循环

【学习目标】

本章主要介绍单位经济业务发生后，会计机构和会计人员对经济业务进行会计核算即填制会计凭证、登记账簿、编制财务报表的过程和方法。通过本章学习，学生应该了解会计循环过程，理解会计凭证、会计账簿的概念和种类，领会平行登记的概念和要求。掌握会计凭证的填制要求和审核内容，掌握结账、对账的内容和错账更正方法。理解财务会计报告的内容，掌握资产负债表、利润表和所有者权益变动表的编制方法。了解在传统手工会计核算方式下三种常用的会计核算程序，掌握在会计信息化条件下会计软件的账务处理程序。

【引导案例】

会计循环始末

会计核算是从填制或取得原始凭证开始的，再经过填制记账凭证、登记账簿，最后到编制财务会计报告结束，从而完成一个会计循环。例如，202×年8月8日，乙公司销售甲产品一批，取得销售收入20 000元（不含税）和增值税销项税额2 600元，共计22 600元存入中国银行。对这笔业务的核算，乙公司会计人员首先要开具增值税专用发票；然后将增值税专用发票的记账联和取得的甲产品出库单、中国银行的回款单、与购货方签订的购销合同（如有）复印件一起作为原始凭证，在记账凭证中编制借记银行存款22 600元、贷记主营业务收入20 000元、贷记应交税费——应交增值税（销项税额）2 600元的会计分录；再根据这张记账凭证，分别在日记账簿、总账账簿、明细账簿中的银行存款、主营业务收入、应交税费——应交增值税（销项税额）账户中登记相应的金额；最后在9月初根据账簿记录编制8月份的财务会计报告时，将该笔业务分别反映在资产负债表的货币资金、应交税费项目和利润表的营业收入项目中，一个会计循环就此完成。那么，什么是会计循环？其具体内容包括哪些？

会计循环又称会计核算程序，是财务报告的产生过程，即将经济业务信息转变成会计信息的过程。对企业发生的经济业务，首先要按照财经法规和会计准则的要求及一定的记账规则记录在会计凭证中，然后根据会计凭证登记会计账簿，最后根据会计账簿的当期发生额合计数或期末余额编制财务报表。记录经济业务不是目的，编制财务报表才是会计核算的最终成果。经济业务—会计凭证—会计账簿—财务报表就构成了一个会计循环。在企业会计核算中，一般每个月都要完成一次会计循环（如图5-1所示）。

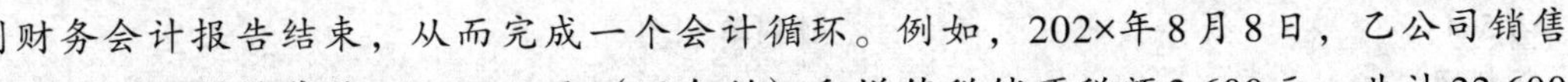

图5-1　会计循环简图

第一节 会计凭证

会计凭证是记录经济业务发生或者完成情况、明确经济责任的书面证明，是登记账簿的依据。会计凭证包括纸质会计凭证和电子会计凭证两种形式。每个企业都必须按一定的程序填制和审核会计凭证，并根据审核无误的会计凭证进行账簿登记，如实反映企业的经济业务。

会计凭证按照填制程序和用途可分为原始凭证和记账凭证两大类。

一、原始凭证

原始凭证，又称单据，是指在经济业务发生或完成时取得或填制的，用以记录或证明经济业务的发生或完成情况，明确经济责任的原始凭据。原始凭证的作用主要是记载经济业务的发生过程和具体内容。常用的原始凭证有现金收据、发货票、增值税专用发票或增值税普通发票、差旅费报销单、产品入库单、领料单、工资计算表、折旧计算表等。

（一）原始凭证的种类

1.按照凭证取得来源不同，原始凭证可分为自制凭证和外来凭证

自制凭证是指由本单位有关部门和人员，在执行或完成某项经济业务时填制的原始凭证，如领料单、产品入库单、借款单等。单位内部使用的领料单格式，见表5-1。

表5-1 领料单

领料部门： 发料仓库：

用途： 年 月 日 编号：

材料编号	材料名称	规格	单位	请领数量	实发数量	备注

制单： 审核： 领料人： 发料人：

外来凭证是指在经济业务发生或完成时，从其他单位或个人处直接取得的原始凭证，如购买原材料取得的增值税专用发票、职工出差报销的飞机票、火车票和餐饮费发票等。增值税专用发票的格式，如图5-2所示。

2.按照凭证形式不同，原始凭证可分为纸质凭证和电子凭证

纸质凭证是通过在纸面上手写或电脑打印出来的原始凭证。传统的原始凭证都是纸质凭证。电子凭证是指单位从外部接收的电子形式的各类会计凭证，包括电子发票、财政电子票据、电子客票、电子行程单、电子海关专用缴款书、银行电子回单等。来源合法、真实的电子凭证与纸质凭证具有同等的法律效力。电子凭证可通过数字媒体形式传送与保存，可通过网络、移动通信等方式传送给接收方。与纸质凭证相比，电子凭证在保管、查询、调阅时更加方便。电子凭证可以打印成纸质凭证。电子凭证如图5-2所示。

宁波增值税电子普通发票

机器编号：661823739998

发票代码：033022100211
发票号码：19771587
开票日期：2021年11月08日
校验码：73071 52263 41513 44601

购买方	名称：扬州大学 纳税人识别号：12320000466007838W 地址、电话： 开户行及账号：			密码区	6*878+-/07/7<325<7834+00/5- 9*3*69858*3/+>/3495<19930*> -2189<8<->2-<8>+>-+3*6830*3 1*1-><1*61*39*31+7*389/8801		
货物或应税劳务、服务名称	规格型号	单位	数量	单价	金额	税率	税额
*印刷专用设备*得力3888财务凭证装订机(浅灰)	浅灰	台	1	273.45	273.45	13%	35.55
合计					¥273.45		¥35.55
价税合计（大写）	⊗叁佰零玖圆整				（小写）¥309.00		
销售方	名称：宁波得力电子商务有限公司 纳税人识别号：91330226662065356C 地址、电话：宁海县跃龙街道世贸中心1幢1号2206室 0574-59985371 开户行及账号：宁波银行宁海支行 60010122000077820			备注	宁波得力电子商务有限公司 91330226662065356C 发票专用章		

收款人：陈震　　复核：张月华　　开票人：李静　　销售方：（章）

图5-2　增值税专用发票

3.按照凭证格式不同，原始凭证可分为通用凭证和专用凭证

通用凭证是指由有关部门统一印制、在一定范围内使用的具有统一格式和使用方法的原始凭证。通用凭证的使用范围因制作部门的不同而有所差异，可以分地区、分行业使用，也可以全国通用，如某省（市）印制的在该省（市）通用的发票、收据等；由国家税务总局统一印制的全国通用的增值税专用发票等。

专用凭证是指由单位自行印制的原始凭证，如领料单、差旅费报销单、折旧计算表、工资费用分配表等。

4.按照凭证填制手续和内容不同，原始凭证可分为一次凭证、累计凭证和汇总凭证

一次凭证是指一次填制完成，只记录一笔经济业务且仅一次有效的原始凭证，如收据、收料单、发货票、银行结算凭证等。发货票的一般格式，见表5-2。

表5-2

发货票

购买单位：　　　　　　　　　　　　　　　　　　　　发货仓库：

结算方式：　　　　　　　　年　月　日　　　　　　　编号：

品名规格	单位	数量	单价	金额

会计：　　　　　复核：　　　　　制单：

累计凭证是指在一定时期内多次记录发生的同类经济业务且多次有效的原始凭证，如限额领料单。累计凭证的特点是在一张凭证内可以连续登记相同性质的经济业务，随时结出累计数和结余数，并按照费用限额进行费用控制，期末按实际发生额记账。限额领料单的一般格式，见表5-3。

表5-3 **限额领料单**

领料部门： 发料仓库：

用途： 年 月 日 编号：

<table>
<tr><td rowspan="2">材料编号</td><td rowspan="2">材料名称</td><td rowspan="2">规格</td><td rowspan="2">计量单位</td><td rowspan="2">计划单价</td><td rowspan="2">领用限额</td><td colspan="2">全月实额</td></tr>
<tr><td>数量</td><td>金额</td></tr>
<tr><td></td><td></td><td></td><td></td><td></td><td></td><td></td><td></td></tr>
<tr><td>领用日期</td><td>请领数量</td><td colspan="2">实发数量</td><td>领料人签章</td><td>发料人签章</td><td colspan="2">限额结余数量</td></tr>
<tr><td></td><td></td><td colspan="2"></td><td></td><td></td><td colspan="2"></td></tr>
<tr><td></td><td></td><td colspan="2"></td><td></td><td></td><td colspan="2"></td></tr>
<tr><td></td><td></td><td colspan="2"></td><td></td><td></td><td colspan="2"></td></tr>
</table>

供应部门负责人： 领料部门负责人： 仓库负责人：

汇总凭证是指对一定时期内反映经济业务内容相同的若干张原始凭证，按照一定标准综合填制的原始凭证。汇总原始凭证合并了同类经济业务，简化了凭证编制和记账工作。发料凭证汇总表是一种常用的汇总凭证，格式见表5-4。

表5-4 **发料凭证汇总表**

借方科目 材料	生产成本	制造费用	管理费用	销售费用	合计
合计					

（二）原始凭证的基本内容

原始凭证的格式和内容因经济业务和经营管理要求的不同而有所差异，但原始凭证应当具备以下基本内容（又称原始凭证要素）：（1）凭证的名称；（2）填制凭证的日期；（3）填制凭证单位名称和填制人姓名；（4）经办人员的签名或者盖章；（5）接受凭证单位名称；（6）经济业务内容；（7）数量、单价和金额。

（三）原始凭证的填制要求

1.原始凭证填制的基本要求

（1）记录真实。原始凭证所填列经济业务的内容和数字，必须真实可靠，符合实际情况。

（2）内容完整。原始凭证所要求填列的项目必须逐项填列齐全，不得遗漏或省略。原始凭证中的年、月、日要按照填制原始凭证的实际日期填写；名称要齐全，不能简化；品名或用途要填写明确，不能含糊不清；有关人员的签章必须齐全。

(3) 手续完备。单位自制的原始凭证必须有经办单位相关负责人的完整签名或盖章；对外开出的原始凭证必须加盖本单位公章或者财务专用章；从外部取得的原始凭证，必须盖有填制单位的公章或者财务专用章；从个人处取得的原始凭证，必须有填制人员的完整签名或盖章。

(4) 书写清楚、规范。原始凭证要按规定填写，文字要简明，字迹要清楚，易于辨认，不得使用未经国务院公布的简化汉字。大小写金额必须符合填写规范，小写金额用阿拉伯数字逐个书写，不得写连笔字。在小写金额前要填写人民币符号“￥”（使用外币时要填写相应的外币符号），且与阿拉伯数字之间不得留有空白。金额数字一律填写到角、分，无角无分的，写“00”或符号“—”；有角无分的，分位写“0”，不能用符号“—”代替“0”。大写金额用汉字壹、贰、叁、肆、伍、陆、柒、捌、玖、拾、佰、仟、万、亿、元、角、分、零、整等，一律用正楷或行书字书写。大写金额前未印有“人民币”字样的，应加写“人民币”三个字，且和大写金额之间不得留有空白。大写金额到元或角为止的，后面要写“整”或“正”字；有分的，不写“整”或“正”字，如小写金额为￥1 007.00，大写金额应写成“壹仟零柒元整”。

(5) 编号连续。各种凭证要连续编号，以便检查。如果凭证已预先印定编号，如发票、支票等重要凭证，当因错作废时，应加盖“作废”戳记，并妥善保管，不得撕毁。

(6) 不得涂改、刮擦、挖补。原始凭证金额有错误的，应当由出具单位重开，不得在原始凭证上更正。原始凭证有其他错误的，应当由出具单位重开或更正，更正处应当加盖出具单位印章。

(7) 填制及时。各种原始凭证要及时填写，并按规定的程序及时送交会计机构审核。

2. 自制原始凭证填制的基本要求

一次凭证，应在经济业务发生或完成时，由相关业务人员一次填制完成。该凭证往往只能反映一项经济业务，或者同时反映若干项同一性质的经济业务。

累计凭证，应在每次经济业务完成后，由相关人员在同一张凭证上重复填制完成。该类凭证能在一定时期内不断重复地反映同类经济业务的完成情况。

汇总凭证，应由相关人员在汇总一定时期内反映同类经济业务的原始凭证后填制完成。该凭证只能将类型相同的经济业务进行汇总，不能汇总两类或两类以上的经济业务。

(四) 原始凭证的审核

为了如实反映经济业务的发生和完成情况，充分发挥会计的监督职能，保证会计信息的真实、完整，会计人员必须对原始凭证进行严格审核。审核的内容主要包括：

1. 真实性审核

审核原始凭证填制日期是否真实、业务内容是否真实、数据是否真实等。对外来原始凭证，必须有填制单位的公章或财务专用章以及填制人员签章；对自制原始凭证，必须有经办部门和经办人员的签章。此外，对通用原始凭证，还应审核凭证本身的真实性，以防作假。

2. 合法性、合理性审核

审核原始凭证所记录经济业务是否符合国家法律法规，是否履行了规定的凭证传递和审核程序；审核原始凭证所记录经济业务是否符合企业经济活动的需要、是否符合有关的计划和预算等。

3.完整性审核

审核原始凭证各项基本要素是否齐全，是否有漏项情况，日期是否完整，数字是否清晰，文字是否工整，有关人员签章是否齐全，凭证联次是否正确等。

4.正确性审核

审核原始凭证记载的各项内容是否正确，包括：接受原始凭证单位的名称是否正确；金额的填写和计算是否正确；阿拉伯数字要分位填写，不得连写；小写金额前要标明"￥"字样，中间不能留有空位；大写金额前要加"人民币"字样，大写金额与小写金额要相符；更正是否正确；原始凭证记载的各项内容均不得涂改、刮擦和挖补。

（五）电子凭证的使用规范

《财政部 国家档案局 关于规范电子会计凭证报销入账归档的通知》（财会〔2020〕6号）对电子凭证的使用规范如下：

除法律和行政法规另有规定外，同时满足下列条件的，单位可以仅使用电子会计凭证进行报销入账归档：

（1）接收的电子会计凭证经查验合法、真实；

（2）电子会计凭证的传输、存储安全、可靠，对电子会计凭证的任何篡改能够及时被发现；

（3）使用的会计核算系统能够准确、完整、有效接收和读取电子会计凭证及其元数据，能够按照国家统一的会计制度完成会计核算业务，能够按照国家档案行政管理部门规定格式输出电子会计凭证及其元数据，设定了经办、审核、审批等必要的审签程序，且能有效防止电子会计凭证重复入账；

（4）电子会计凭证的归档及管理符合《会计档案管理办法》（财政部 国家档案局令第79号）等要求。

单位以电子会计凭证的纸质打印件作为报销入账归档依据的，必须同时保存打印该纸质件的电子会计凭证。

二、记账凭证

记账凭证，又称记账凭单，是指会计人员根据审核无误的原始凭证，按照经济业务的内容加以归类，并据以确定会计分录后填制的会计凭证，作为登记账簿的直接依据。记账凭证的作用主要是确定会计分录，作为登记账簿的直接依据，反映经济业务的发生情况或完成情况，监督企业经济活动，明确相关人员的责任。

（一）记账凭证的种类

按照凭证反映的经济业务内容来划分，记账凭证通常可分为收款凭证、付款凭证和转账凭证。

1.收款凭证

收款凭证是指用于记录库存现金和银行存款收款业务的记账凭证。收款凭证根据有关库存现金和银行存款收款业务的原始凭证填制，是登记库存现金日记账、银行存款日记账以及有关明细分类账和总分类账等账簿的依据，也是出纳人员收讫款项的依据。

2.付款凭证

付款凭证是指用于记录库存现金和银行存款付款业务的记账凭证。付款凭证根据有关库存现金和银行存款付款业务的原始凭证填制，是登记库存现金日记账、银行存款日记账以及有关总分类账和明细分类账等账簿的依据，也是出纳人员支付款项的依据。

3.转账凭证

转账凭证是指用于记录不涉及库存现金和银行存款业务的记账凭证。转账凭证根据有关转账业务的原始凭证填制，是登记有关明细分类账和总分类账等账簿的依据。

（二）记账凭证的基本内容

记账凭证一般是登记账簿的直接依据，为了保证账簿记录的正确性，记账凭证必须具备以下基本内容：（1）填制凭证的日期；（2）凭证编号；（3）经济业务摘要；（4）应借应贷会计科目；（5）金额；（6）所附原始凭证张数；（7）填制凭证人员、稽核人员、记账人员、会计机构负责人、会计主管人员签名或者盖章。收款凭证和付款记账凭证还应当由出纳人员签名或者盖章。

（三）记账凭证的填制要求

记账凭证的填制除了要做到内容完整、书写清楚和规范外，还必须符合下列要求：

（1）除结账和更正错账可以不附原始凭证外，其他记账凭证必须附原始凭证。

（2）记账凭证可以根据每一张原始凭证填制，或根据若干张同类原始凭证汇总填制，也可根据原始凭证汇总表填制；但不得将不同内容和类别的原始凭证汇总填制在一张记账凭证上。

（3）记账凭证应连续编号。凭证应由主管该项业务的会计人员，按业务发生的顺序并按不同种类的记账凭证采用“字号编号法”连续编号，如银收字1号、现收字2号、现付字1号、银付字2号、转字1号。如果记账凭证不分类，那么以记字××号方式进行编号。为便于会计凭证的整理归档，对应于通常一个月完成一次会计循环的要求，记账凭证编号通常也是1个月循环一次，也就是每个月的编号都是从1号开始。

（4）填制记账凭证时若发生错误，则应当重新填制。已经登记入账的记账凭证在当年内发现填写错误时，可以用红字（仅限于金额）（或金额前加负数符号“-”）填写一张与原内容相同的记账凭证，在摘要栏注明“注销某月某日某号凭证”字样，同时再用蓝字或黑字重新填制一张正确的记账凭证，注明“订正某月某日某号凭证”字样。如果会计科目没有错误，只是金额错误，那么也可以将正确数字与错误数字之间的差额另编一张调整的记账凭证，调增金额用蓝字，调减金额用红字（或负数）。发现以前年度记账凭证有错误的，应当用蓝字填制一张更正的记账凭证。

（5）记账凭证填制完成后，如有空行，应当自金额栏最后一笔金额数字下的空行处至合计数上的空行处划线注销。

【例5-1】202×年8月2日，甲公司收到上月向丙公司销售M产品的货款共计11 300元（含增值税），存入中国银行，并附原始凭证2张，为甲公司8月第1笔业务。记账凭证的填制，见表5-5。

表5-5 **记账凭证**

202×年8月2日 记字第1号

摘要	总账科目	明细科目	记账√	借方金额										记账√	贷方金额									
				千	百	十	万	千	百	十	元	角	分		千	百	十	万	千	百	十	元	角	分
收回货款	银行存款	中国银行					1	1	3	0	0	0	0											
收回货款	应收账款	丙公司																1	1	3	0	0	0	0
合计						¥	1	1	3	0	0	0	0				¥	1	1	3	0	0	0	0

附单据2张

会计主管： 记账： 出纳： 审核： 制单：

（6）对于涉及“库存现金”和“银行存款”之间的相互划转业务，如将现金存入银行或从银行提取现金，为避免重复记账，一般只填制付款凭证，不再填制收款凭证。出纳人员在办理收款或付款业务后，应在原始凭证上加盖“收讫”或“付讫”的戳记，以免重收重付。

（四）记账凭证的审核

为了保证会计信息的质量，在记账之前应由有关稽核人员对记账凭证进行严格审核，审核的内容主要包括：记账凭证是否有原始凭证为依据，所附原始凭证或原始凭证汇总表的内容与记账凭证的内容是否一致；记账凭证各项目的填写是否齐全，如日期、凭证编号、摘要、会计科目、金额、所附原始凭证张数及有关人员签章等；记账凭证的应借、应贷科目以及对应关系是否正确；记账凭证所记录的金额与原始凭证的有关金额是否一致，计算是否正确；记账凭证记录中的文字是否工整、数字是否清晰，是否按规定进行更正等；出纳人员在办理收款业务或付款业务后，是否已在原始凭证上加盖“收讫”或“付讫”的戳记。

三、会计凭证的保管

会计凭证的保管是指会计凭证记账后的整理、装订、归档和存查工作。作为记账的依据，会计凭证是重要的会计档案和经济资料。任何单位在完成经济业务手续和记账后，必须将会计凭证按规定的立卷归档制度形成会计档案，妥善保管，防止丢失，不得任意销毁，以便日后随时查阅。

符合档案管理要求的电子会计档案与纸质档案具有同等法律效力。除法律、行政法规另有规定外，电子会计档案可不再另以纸质形式保存。

第二节 会计账簿

会计账簿简称账簿，是指由一定格式的账页组成的，以经过审核的会计凭证为依据，全面、系统、连续地记录各项经济业务和会计事项的簿籍。

在传统的手工记账的情况下，会计账簿是由记账人员根据会计凭证进行逐项或汇总登记的，记账过程烦琐，而且极易出错。目前，绝大多数单位的会计核算已经实现了电算化，所以过去传统的会计账簿知识如登记账簿的方法、对账、结账等，已经无须详尽介绍了。

一、会计账簿概述

（一）会计账簿的基本内容

在实际工作中，由于各种会计账簿所记录的经济业务不同，因此，账簿的格式也多种多样，但各种账簿都应具备以下基本内容：

（1）封面，主要用来标明账簿的名称，如总分类账、各种明细分类账、库存现金日记账、银行存款日记账等。

（2）扉页，主要用来列明会计账簿的使用信息，如科目索引、账簿启用登记和经管人员一览表等。“账簿启用登记和经管人员一览表”格式，见表5-6。

表5-6 **账簿启用登记和经管人员一览表**

账簿名称：________ 单位名称：________

账簿编号：________ 账簿册数：________

账簿页数：________ 启用日期：________

会计主管：________ 记账人员：________

移交日期			移交人		接管日期			接管人		会计主管	
年	月	日	签名	盖章	年	月	日	签名	盖章	签名	盖章

（3）账页，是账簿用来记录经济业务的主要载体，包括账户的名称、日期栏、凭证种类和编号栏、摘要栏、金额栏，以及总页次和分户页次等基本内容。

（二）会计账簿的种类

1.按照用途，会计账簿可以分为序时账簿、分类账簿和备查账簿

（1）序时账簿。序时账簿又称日记账，是指按照经济业务发生时间的先后顺序逐日、逐笔登记的账簿。在我国企业、行政事业单位中，库存现金日记账和银行存款日记账是应用比较广泛的日记账，具体见表5-7、表5-8。

表5-7 **库存现金日记账** 第 页

202×年		记账凭证		对方科目	摘要	收入	支出	结余
月	日	字	号					
4	1				月初余额			1 500
4	2	银付	（略）	银行存款	从银行提现	500		2 000
4	2	现付	（略）	其他应收款	预支差旅费		300	1 700
4	2	现付	（略）	管理费用	购买办公用品		50	1 650
4	2	现收	（略）	其他应收款	交回差旅费余额	18		1 668
4	2	现收	（略）	其他业务收入	出售废旧物资	20		1 688
4	2				本日合计	538	350	1 688

表5-8 **银行存款日记账** 第 页

202×年		记账凭证		对方科目	摘要	收入	支出	结余
月	日	字	号					
6	1				期初余额			38 000
6	2	现付	（略）	库存现金	存入销货款	2 500		40 500
6	2	银付	（略）	在途物资	材料采购款		23 000	17 500
6	2	银付	（略）	应交税费	支付进项税额		2 990	14 510
6	2				本日合计	2 500	25 990	14 510
6	3	银收	（略）	应收账款	收回应收货款	10 000		24 510
6	3	银付	（略）	应付账款	偿还欠货款		5 000	19 510

（2）分类账簿。分类账簿是指按照分类账户设置登记的账簿。分类账簿是会计账簿的主体，也是编制财务报表的主要依据。分类账簿按其反映经济业务的详略程度，可分为总分类账簿和明细分类账簿。其中，总分类账簿简称总账，是根据总分类账户设置的，总括地反映某类经济活动，主要为编制财务报表提供直接数据资料，见表5-9；明细分类账簿简称明细账，是根据明细分类账户设置的，用来提供明细的核算资料，见表5-10、表5-11。

表5-9 **总分类账**

会计科目：原材料 第 页

202×年		凭证号码	摘要	借方	贷方	借或贷	余额
月	日						
4	1		月初余额			借	50 000
4	2	转1	材料验收入库	25 000		借	75 000
4	2	转2	领用材料		30 000	借	45 000

表5-10　　制造费用明细分类账

明细科目：一车间　　第　页

202×年		凭证号码	摘要	借方					贷方	余额
月	日			职工薪酬	折旧费	机物料消耗	办公费	水电费		
4	5	（略）	分配工资	3 500						3 500
4	8	（略）	领用材料			500				4 000
4	10	（略）	支付办公费				350			4 350
4	15	（略）	支付水电费					400		4 750
4	30	（略）	计提折旧		2 000					6 750
4	30	（略）	转生产成本						6 750	0

表5-11　　原材料明细分类账

会计科目：原材料　　第　页

类别：钢材　品名及规格：普通圆钢　计量单位：千克　存放地点：2号库

202×年		凭证号码	摘要	收入			发出			结存		
月	日			数量	单价	金额	数量	单价	金额	数量	单价	金额
4	1	（略）	月初结存							1 000	100	100 000
4	2	（略）	购入	2 000	100	200 000				3 000	100	300 000
4	3	（略）	领用				500	100	50 000	2 500	100	250 000

（3）备查账簿。备查账簿又称辅助登记簿或补充登记簿，是对某些在序时账簿和分类账簿中未能记载或记载不全的经济业务进行补充登记的账簿。例如，反映企业租入固定资产的“租入固定资产登记簿”、反映为其他企业代管商品的“代管商品物资登记簿”等。备查账簿只是对其他账簿记录的一种补充，与其他账簿之间不存在严密的钩稽关系。备查账簿根据企业的实际需要设置，没有固定的格式要求。

2.按照账页格式，会计账簿主要分为三栏式账簿、多栏式账簿、数量金额式账簿

（1）三栏式账簿。三栏式账簿是指设有借方、贷方和余额三个金额栏目的账簿。各种日记账、总账以及资本、债权、债务明细账都可采用三栏式账簿（见表5-9）。

（2）多栏式账簿。多栏式账簿是指在账簿的两个金额栏目（借方和贷方）按需要分设若干专栏的账簿。这种账簿可以按“借方”和“贷方”分设专栏，也可以只设“借方”或“贷方”专栏，设多少栏则根据需要确定。收入、成本、费用明细账一般采用多栏式账簿（见表5-10）。

（3）数量金额式账簿。数量金额式账簿是指在账簿的借方、贷方和余额三个栏目内，每个栏目再分设数量、单价和金额三小栏，借以反映财产物资的实物数量和价值量的账簿。原材料、库存商品等存货明细账一般采用数量金额式账簿（见表5-11）。

3.按照外形特征，会计账簿可以分为订本式账簿、活页式账簿、卡片式账簿

（1）订本式账簿。订本式账簿简称订本账，是指在启用前将编有顺序页码的一定数量账页装订成册的账簿。订本式账簿的优点是能避免账页散失和防止抽换账页；缺点是不能准确为各账户预留账页。订本式账簿一般适用于重要的和具有统御性的总分类账、库存现金日记账和银行存款日记账。

（2）活页式账簿。活页式账簿简称活页账，是指将一定数量的账页置于活页夹内，可根据记账内容的变化随时增加或减少部分账页的账簿。活页式账簿的优点是记账时可以根据实际需要，随时将空白账页装入账簿，或抽去不需要的账页，便于分工记账；缺点是如果管理不善，那么可能会造成账页散失。活页式账簿一般适用于明细分类账。

（3）卡片式账簿。卡片式账簿简称卡片账，是指将一定数量的卡片式账页存放于专设的卡片箱中，可以根据需要随时增添账页的账簿。在我国，企业一般只对固定资产的核算采用卡片账形式，也有少数企业在材料核算中使用材料卡片。

二、会计账簿的启用与登记要求

在手工记账的情况下，会计账簿的启用与登记有下列要求：

会计账簿被启用时，应当在账簿封面上写明单位名称和账簿名称，并在账簿扉页上附启用表。启用订本式账簿应当按从第一页到最后一页的顺序编定页数，不得跳页、缺号。使用活页式账簿应当按账户顺序编号，并须定期装订成册，装订后再按实际使用的账页顺序编定页码，另加目录以便记清楚每个账户的名称和页次。

为了保证账簿记录的正确性，会计部门必须根据审核无误的会计凭证登记会计账簿，并符合有关法律、行政法规和国家统一的会计制度规定。

（1）登记会计账簿时，应当将会计凭证日期、编号、业务内容摘要、金额和其他有关资料逐项记入账内。账簿记录中的日期，应该填写记账凭证上的日期；以自制原始凭证（如收料单、领料单等）作为记账依据的，账簿记录中的日期应按有关自制原始凭证上的日期填列。

（2）为了保持账簿记录的持久性，防止涂改，登记账簿必须使用蓝黑墨水或碳素墨水书写，不得使用圆珠笔（银行的复写账簿除外）或者铅笔书写。以下情况可以使用红墨水记账：①按照红字冲账的记账凭证，冲销错误记录；②在不设借贷等栏的多栏式账页中，登记减少数；③在三栏式账户的余额栏前，如未印明余额方向的，在余额栏内登记负数余额；④根据国家规定可以用红字登记的其他会计记录。除上述情况外，不得使用红色墨水登记账簿。

（3）会计账簿应当按照连续编号的页码顺序进行登记。记账时发生错误或者隔页、缺号、跳行的，应在空页、空行处用红色墨水划对角线注销，或者注明“此页空白”或“此行空白”字样，并由记账人员和会计机构负责人（会计主管人员）在更正处签章。

（4）凡需要结出余额的账户，当结出余额后，应当在“借或贷”栏目内注明“借”或“贷”字样，以示余额的方向；对于没有余额的账户，应在“借或贷”栏内写“平”字，并在“余额”栏“元”位处用“0”表示。库存现金日记账和银行存款日记账必须逐日结出余额。

（5）每一账页登记完毕，应当结出本页发生额合计及余额，在该账页的最末一行“摘

要”栏注明“转次页”或“过次页”，并将这一金额记入下一页第一行有关金额栏内，在该行“摘要”栏注明“承前页”，以保持账簿记录的连续性，便于对账和结账。

(6) 当账簿记录发生错误时，会计人员不得刮擦、挖补或用褪色药水更改字迹，而应采用规定的方法进行更正。

三、总分类账与明细分类账的平行登记

平行登记是指对所发生的每项经济业务都要以会计凭证为依据，一方面记入有关总分类账户，另一方面记入所辖明细分类账户的方法。总分类账户与明细分类账户平行登记的要点如下：

(1) 方向相同。在总分类账户及其所辖的明细分类账户中登记同一项经济业务时，方向应当相同，即在总分类账户中记入借方，在其所辖的明细分类账户中也应记入借方；在总分类账户中记入贷方，在其所辖的明细分类账户中也应记入贷方。

(2) 期间一致。发生的经济业务，记入总分类账户和所辖明细分类账户的具体时间可以有先后，但应在同一个会计期间记入总分类账户和所辖明细分类账户。

(3) 金额相等。记入总分类账户的金额必须与记入其所辖的一个或几个明细分类账户的金额合计数相等。

四、对账与结账

在手工记账的情况下，需要对账和结账。在使用会计软件核算的情况下，除账实核对外，对账和结账可以自动完成。

(一) 对账

对账是指对账簿记录所进行的核对，即核对账目。对账工作一般在记账之后结账之前，即在月末或次月初进行，对账的目的是保证账簿记录的正确性和各类账簿之间的一致性。对账一般分为账证核对、账账核对、账实核对。

1.账证核对

账证核对是指将账簿记录与会计凭证进行核对，以核对账簿记录与原始凭证、记账凭证的时间、凭证字号、内容、金额等是否一致，记账方向是否相符，从而做到账证相符。

2.账账核对

账账核对的内容主要包括：

(1) 总分类账簿之间的核对。按照“资产=负债+所有者权益”这一会计等式和“有借必有贷、借贷必相等”的记账规则，总分类账簿各账户的期初余额、本期发生额和期末余额之间存在对应的平衡关系，各总分类账户的期末借方余额合计和贷方余额合计也存在平衡关系。通过这种等式和平衡关系，会计人员可以检查总账记录是否正确、完整。总分类账簿之间的这种核对，又称试算平衡。

(2) 总分类账簿与所辖明细分类账簿之间的核对。总分类账各账户的期末余额、本期发生额应与其所辖各明细分类账的期末余额之和、本期发生额之和核对相符。

(3) 总分类账簿与序时账簿之间的核对。总分类账簿与序时账簿之间的核对主要是指库存现金总账和银行存款总账的期末余额、本期发生额，与库存现金日记账和银行存款日记账的期末余额、本期发生额之间应当核对相符。

（4）明细分类账簿之间的核对。例如，会计机构有关实物资产的明细分类账与财产物资保管部门或使用部门的明细分类账要定期进行核对，以检查余额是否相符。核对方法一般是由财产物资保管部门或使用部门定期编制收发结存汇总表报会计机构进行核对。

3.账实核对

账实核对是指各项财产物资、债权债务等账面余额与实有数之间的核对。账实核对是财产清查的工作内容之一，主要包括：

（1）库存现金日记账账面余额与现金实际库存数逐日核对是否相符。

（2）银行存款日记账账面余额与银行对账单余额定期核对是否相符。

（3）各项财产物资明细账账面余额与财产物资实有数定期核对是否相符。

（4）有关债权债务明细账账面余额与对方单位债权债务账面记录核对是否相符。

（二）结账

结账是指将账簿记录定期结算清楚的会计工作。在一定时期结束时（如月末、季末或年末），为编制财务报表，需要进行结账，具体包括月结、季结和年结。结账的内容通常包括两个方面：一是结清各种损益类账户，并据以计算确定本期利润；二是结出各资产、负债和所有者权益账户的本期发生额合计数和期末余额。

五、错账更正的方法

在手工记账过程中，可能由于种种原因会使账簿记录发生错误。账簿记录发生错误，应当采用正确、规范的方法予以更正，不得涂改、挖补、刮擦或者用药水消除字迹，不得重新抄写。错账更正的方法一般有划线更正法、红字更正法和补充登记法三种。

1.划线更正法

会计部门在结账前发现账簿记录有文字错误或数字错误，而记账凭证没有错误，应当采用划线更正法。更正时，可在错误的文字或数字上划一条红线，在红线的上方填写正确的文字或数字，并由记账人员和会计机构负责人（会计主管人员）在更正处盖章，以明确责任。

需要注意的是，对于数字错误更正时不得只划销错误数字，而应将全部数字划销，并保持原有数字清晰可辨，以便审查。例如，把“3 457”误记为“8 457”时，应将错误数字“8 457”全部用红线划销后，再写上正确数字“3 457”，而不是只删改一个“8”。如果记账凭证中的文字或数字发生错误，那么在尚未过账前，也可用划线更正法进行更正。

2.红字更正法

红字更正法，适用于两种情形：①记账后发现记账凭证中应借、应贷会计科目有错误所引起的记账错误。更正方法：用红字或负数填写一张与原记账凭证金额完全相同的记账凭证，在摘要栏内写明“注销某月某日某号凭证”，并据以用红字或负数登记入账，以示注销原记账凭证，然后用蓝字填写一张正确的记账凭证，并据以用蓝字登记入账。②记账后发现记账凭证和账簿记录中应借、应贷会计科目无误，只是所记金额大于应记金额而引起的记账错误。更正方法：按多记的金额用红字或负数编制一张与原记账凭证应借、应贷科目完全相同的记账凭证，在摘要栏内写明“冲销某月某日第×号记账凭证多记金额”，以冲销多记的金额，并据以用红字或负数登记入账。

3.补充登记法

记账后发现记账凭证和账簿记录中的应借、应贷会计科目无误，只是所记金额小于应记金额，应当采用补充登记法。更正方法：按少记的金额用蓝字填制一张与原记账凭证应借、应贷科目完全相同的记账凭证，在摘要栏内写明“补记某月某日第×号记账凭证少记金额”，以补充少记的金额，并据以用蓝字登记入账。

第三节 财务报表

会计报表包括财务会计报表和管理会计报表。财务会计报表主要是对外报送的，供投资者、债权人、税务主管部门等与企业利益有关的外部主体使用，有统一的格式和编制要求；管理会计报表是对内报送的，供企业内部管理者使用，没有统一的格式和编制要求，完全根据管理的需要自主设计格式并进行编制。对管理会计报表，本教材不做介绍。

财务会计报表简称财务报表，是对企业财务状况、经营成果和现金流量的结构性表述。一套完整的财务报表至少应当包括资产负债表、利润表、现金流量表、所有者权益（或股东权益）变动表以及附注。本章重点介绍一般企业的资产负债表、利润表、所有者权益（或股东权益）变动表以及附注的有关内容。

一、资产负债表

资产负债表是指反映企业在某一特定日期的财务状况的报表，是企业经营活动的静态反映。资产负债表是根据“资产=负债+所有者权益”这一平衡公式，依照一定的分类标准和次序，将某一特定日期的资产、负债、所有者权益的具体项目予以适当排列编制而成。资产负债表主要反映资产、负债和所有者权益三方面的内容。资产负债表能够反映企业在某一特定日期所拥有或控制的经济资源、所承担的现时义务和所有者对净资产的要求权，以帮助财务报表使用者全面了解企业的财务状况、分析企业的偿债能力等情况，从而为财务报表使用者做出经济决策提供依据。

（一）资产负债表的结构

资产负债表一般由表头、表体两部分组成。表头部分应列明报表名称、编制单位名称、资产负债表日、报表编号和计量单位；表体部分是资产负债表的主体，列示了用以说明企业财务状况的各个项目。资产负债表的表体格式一般有两种：报告式资产负债表和账户式资产负债表。报告式资产负债表是上下结构报表，上半部分列示资产的各项目，下半部分列示负债和所有者权益的各项目。账户式资产负债表是左右结构报表，左边列示资产的各项目，反映企业全部资产的分布及存在状态；右边列示负债和所有者权益的各项目，反映企业全部负债和所有者权益的内容及构成情况。不管采取什么格式，资产各项目的合计一定等于负债和所有者权益各项目的合计。

我国企业的资产负债表通常采用账户式结构，分为左右两方，左方为资产项目，大体按资产的流动性强弱排列，流动性强的资产如“货币资金”“交易性金融资产”等排在前面，流动性弱的资产如“长期股权投资”“固定资产”等排在后面。右方为负债及所有者权益项目，一般按要求清偿时间的先后顺序排列，“短期借款”、“应付票据”及“应付账款”等需要在一年以内或者长于一年的一个正常营业周期内偿还的流动负债排在前面，

“长期借款”等在一年以上才需偿还的非流动负债排在中间，在企业清算之前不需要偿还的所有者权益项目排在后面。

账户式资产负债表中的资产各项目的合计等于负债和所有者权益各项目的合计，即资产负债表左方和右方平衡。账户式资产负债表可以反映资产、负债、所有者权益之间的内在关系，即“资产=负债+所有者权益”。我国一般企业资产负债表格式见表5-13。

（二）资产负债表的编制

1. 资产负债表项目的填列方法

资产负债表各项目均需填列“期末余额”和“上年年末余额”两栏。

资产负债表的“上年年末余额”栏内各项数字，应根据上年年末资产负债表的“期末余额”栏内所列数字填列。如果上年度资产负债表规定的各个项目的名称和内容与本年度不一致，那么应按照本年度的规定对上年度资产负债表各项目的名称和数字进行调整，调整后填入本年度资产负债表“上年年末余额”栏内。

资产负债表的“期末余额”栏主要有以下几种填列方法：

（1）根据总账科目余额填列。例如“短期借款”“资本公积”等项目，根据“短期借款”“资本公积”各总账科目的余额直接填列；有些项目则需根据几个总账科目的期末余额计算填列，如“货币资金”项目，需根据“库存现金”“银行存款”“其他货币资金”三个总账科目的期末余额的合计数填列。

（2）根据明细账科目余额计算填列。例如“应付账款”项目，需要根据“应付账款”和“预付账款”两个科目所属的相关明细科目的期末贷方余额计算填列；“预付款项”项目，需要根据“应付账款”科目和“预付账款”科目所属的相关明细科目的期末借方余额减去与“预付账款”有关的坏账准备贷方余额计算填列；“预收款项”项目，需要根据“应收账款”科目和“预收账款”科目所属相关明细科目的期末贷方余额合计填列；“开发支出”项目，需要根据“研发支出”科目所属的“资本化支出”明细科目期末余额计算填列；“应付职工薪酬”项目，需要根据“应付职工薪酬”科目的明细科目期末余额计算填列；“一年内到期的非流动资产”“一年内到期的非流动负债”项目，需要根据相关非流动资产和非流动负债项目的明细科目余额计算填列；“未分配利润”项目，需要根据“利润分配”科目中所属的“未分配利润”明细科目期末余额加“本年利润”科目期末余额填列。

【例5-2】乙公司期末结账后有关所属明细账账户金额如下：

	借方	贷方
“应收账款”	400 000元	50 000元
“预付账款”	200 000元	20 000元
“应付账款”	100 000元	500 000元
“预收账款”	200 000元	600 000元

则资产负债表中相关的项目金额为：

“应收账款”项目=400 000+200 000=600 000（元）

“预付款项”项目=200 000+100 000=300 000（元）

“应付账款”项目=20 000+500 000=520 000（元）

“预收款项”项目=600 000+50 000=650 000（元）

（3）根据总账科目和明细账科目余额分析计算填列。例如“长期借款”项目，需要根据“长期借款”总账科目余额扣除“长期借款”科目所属的明细科目中将在一年内到期且企业不能自主地将清偿义务展期的长期借款后的金额计算填列；“其他非流动资产”项目，应根据有关科目的期末余额减去将于一年内（含一年）收回数后的金额计算填列；“其他非流动负债”项目，应根据有关科目的期末余额减去将于一年内（含一年）到期偿还数后的金额计算填列。

（4）根据有关科目余额减去其备抵科目余额后的净额填列。例如资产负债表中“应收账款”“长期股权投资”“在建工程”等项目，应当根据“应收账款”“长期股权投资”“在建工程”等科目的期末余额减去“坏账准备”“长期股权投资减值准备”“在建工程减值准备”等备抵科目余额后的净额填列。“投资性房地产”（采用成本模式计量）、“固定资产”项目，应当根据“投资性房地产”“固定资产”科目的期末余额减去“投资性房地产累计折旧”“投资性房地产减值准备”“累计折旧”“固定资产减值准备”等备抵科目的期末余额，以及“固定资产清理”科目期末余额后的净额填列；“无形资产”项目，应当根据“无形资产”科目的期末余额，减去“累计摊销”“无形资产减值准备”等备抵科目余额后的净额填列。

【例5-3】乙公司期末结账后有关总账账户金额如下：“固定资产”借方500 000元，“累计折旧”贷方100 000元，“固定资产减值准备”贷方50 000元。则资产负债表中“固定资产”项目金额为：

500 000-100 000-50 000=350 000（元）

（5）综合运用上述填列方法分析填列。例如资产负债表中的“存货”项目，需要根据“原材料”“库存商品”“委托加工物资”“周转材料”“材料采购”“在途物资”“发出商品”“材料成本差异”等总账科目期末余额的分析汇总数，再减去“存货跌价准备”科目余额后的净额填列。

【例5-4】乙公司期末结账后有关总账账户金额如下：“材料采购”借方80 000元，“原材料”借方600 000元，“库存商品”借方900 000元，“周转材料”借方300 000元，“存货跌价准备”贷方100 000元，则资产负债表中“存货”项目的金额为：

80 000+600 000+900 000+300 000-100 000=1 780 000（元）

2.资产负债表编表举例

【例5-5】甲公司202×年度资产负债表有关账户余额资料，见表5-12。

表5-12 **甲公司202×年度资产负债表有关账户余额** 单位：元

账户名称	借方余额	贷方余额	账户名称	借方余额	贷方余额
库存现金	70 000		短期借款		235 000
银行存款	250 000		应付票据		220 000
其他货币资金	205 000		应付账款		500 000
应收票据	35 000		预收账款		20 000
应收股利	35 000		应付职工薪酬		135 000

续表

账户名称	借方余额	贷方余额	账户名称	借方余额	贷方余额
交易性金融资产	125 000		应付股利		120 000
应收账款	356 000		应交税费		45 000
坏账准备		6 000	其他应付款		35 000
预付账款	60 000		长期借款		500 000
其他应收款	20 000		实收资本		1 500 000
原材料	300 000		资本公积		89 000
库存商品	165 000		盈余公积		256 000
周转材料	50 000		利润分配		125 000
生产成本	185 000				
长期股权投资	390 000				
长期股权投资减值准备		20 000			
固定资产	2 000 000				
累计折旧		650 000			
在建工程	120 000				
无形资产	90 000				
合计	4 456 000	676 000	合计		3 780 000

说明：在以上各账户中有三个账户，经查明应在列表时按规定予以调整：在“应收账款”账户中有明细账贷方余额10 000元；在“应付账款”账户中有明细账借方余额20 000元；在“预付账款”账户中有明细账贷方余额5 000元。

现将上述资料经归纳分析后填入资产负债表。

（1）将“库存现金”“银行存款”“其他货币资金”账户余额合并列入“货币资金”项目，共计525 000元（70 000+250 000+205 000）。

（2）将“坏账准备”项目6 000元从“应收账款”项目中减去；将“应收账款”明细账中的贷方余额10 000元列入“预收款项”项目。计算结果，“应收账款”项目的余额为360 000元（356 000−6 000+10 000）；“预收款项”项目为30 000元（20 000+10 000）。

（3）将“应付账款”明细账中的借方余额20 000元列入“预付款项”项目；将“预付账款”账户明细账中的贷方余额5 000元列入“应付账款”项目。计算结果，“预付款项”项目的余额为85 000元（60 000+20 000+5 000），“应付账款”项目的余额为525 000元（500 000+20 000+5 000）。

（4）将“原材料”“库存商品”“周转材料”“生产成本”账户余额合并为“存货”项目，共计700 000元（300 000+165 000+50 000+185 000）。

（5）从“长期股权投资”账户中减去“长期股权投资减值准备”，“长期股权投资”项目的余额为370 000元（390 000−20 000）。

（6）从“固定资产”账户中减去“累计折旧”，“固定资产”项目的余额为1 350 000元（2 000 000−650 000）。

（7）其余各项目按账户余额表列数字直接填入报表。

根据上述分析编制的资产负债表，见表5-13。

表5-13 资产负债表 会企01表

编制单位：甲公司 202×年12月31日 单位：元

资产	期末余额	上年年末余额	负债和所有者权益（或股东权益）	期末余额	上年年末余额
流动资产：			流动负债：		
货币资金	525 000		短期借款	235 000	
交易性金融资产	125 000		交易性金融负债		
衍生金融资产			衍生金融负债		
应收票据	35 000		应付票据	220 000	
应收账款	360 000		应付账款	525 000	
预付款项	85 000		预收款项	30 000	
其他应收款	55 000		应付职工薪酬	135 000	
存货	700 000		其他应付款	200 000	
持有待售资产			一年内到期的非流动负债		
一年内到期的非流动资产			其他流动负债		
其他流动资产			流动负债合计	1 345 000	
流动资产合计	1 885 000		非流动负债：		
非流动资产：			长期借款	500 000	
债权投资			应付债券		
其他债权投资			长期应付款		
长期应收款			预计负债		
长期股权投资	370 000		递延收益		
其他权益工具投资			递延所得税负债		
投资性房地产			其他非流动负债		

续表

资　产	期末余额	上年年末余额	负债和所有者权益（或股东权益）	期末余额	上年年末余额
固定资产			非流动负债合计	500 000	
在建工程	1 350 000		负债合计	1 845 000	
无形资产	120 000		所有者权益（或股东权益）：		
开发支出	90 000		实收资本（或股本）	1 500 000	
商誉			资本公积	89 000	
长期待摊费用			盈余公积	256 000	
递延所得税资产			未分配利润	125 000	
其他非流动资产			所有者权益（或股东权益）合计	1 970 000	
非流动资产合计	1 930 000				
资产总计	3 815 000		负债和所有者权益（或股东权益）总计	3 815 000	

二、利润表

利润表，又称损益表，是指反映企业在一定会计期间经营成果的报表。利润表能够反映企业在一定会计期间收入、费用、利润（或亏损）的金额和构成情况，为财务报表使用者全面了解企业的经营成果、分析企业的获利能力及盈利增长趋势、做出经济决策提供依据。

（一）利润表的结构

利润表的结构有单步式和多步式两种。单步式利润表是指将当期所有的收入列在一起，所有的费用列在一起，然后将两者相减得出当期净损益。我国企业的利润表采用多步式格式，即通过对当期的收入、费用、支出项目按性质加以归类，按利润形成的主要环节列示一些中间性利润指标，分步计算当期净损益，以便财务报表使用者理解企业经营成果的不同来源。

利润表一般由表头、表体两部分组成。表头部分应列明报表名称、编制单位名称、编制日期、报表编号和计量单位。表体部分为利润表的主体，列示了形成经营成果的各个项目和计算过程。

为了使财务报表使用者通过比较不同期间利润的实现情况，判断企业经营成果的未来发展趋势，企业需要提供比较利润表。为此，利润表金额栏分“本期金额”和“上期金额”两栏分别填列。我国一般企业利润表的格式见表5-15。

（二）利润表的编制

利润表编制的原理是“收入-费用=利润”的会计平衡公式和收入与费用的配比原则。企业在生产经营中不断地取得各项收入，同时发生各种费用，收入减去费用剩余部分为企业的盈利。如果企业经营不善，发生的生产经营费用超过取得的收入，那么超过部分为企业的亏损；将取得的收入和发生的相关费用进行对比，对比结果表现为企业的经营成果。企业将经营成果的核算过程和结果编成报表，即利润表。

1.利润表项目的填列方法

我国一般企业利润表的主要编制步骤和内容如下：

第一步，以营业收入为基础，减去营业成本、税金及附加、销售费用、管理费用、研发费用、财务费用、资产减值损失、信用减值损失，加上其他收益、投资收益（或减去投资损失）、净敞口套期收益（或减去净敞口套期损失）、公允价值变动收益（或减去公允价值变动损失）、资产处置收益（或减去资产处置损失），计算出营业利润。

第二步，以营业利润为基础，加上营业外收入，减去营业外支出，计算出利润总额。

第三步，以利润总额为基础，减去所得税费用，计算出净利润（或净亏损）。

第四步，以净利润（或净亏损）为基础，计算出每股收益。

第五步，以净利润（或净亏损）和其他综合收益为基础，计算出综合收益总额。

利润表各项目均需填列“本期金额”和“上期金额”两栏。其中“上期金额”栏内各项数字，应根据上年同期利润表的“本期金额”栏内所列数字填列。“本期金额”栏内各期数字，除“基本每股收益”和“稀释每股收益”项目外，应当按照相关账户的发生额分析填列。例如“营业收入”项目，根据“主营业务收入”“其他业务收入”账户的发生额分析计算填列；“营业成本”项目，根据“主营业务成本”“其他业务成本”账户的发生额分析计算填列。

2.利润表编制举例

【例5-6】甲公司202×年度利润表有关账户的累计发生额资料，见表5-14。

表5-14 **甲公司202×年度利润表有关账户累计发生额** 单位：元

账户名称	借方发生额	贷方发生额
主营业务收入		12 500 000
其他业务收入		230 000
投资收益		3 200 000
补贴收入		0
营业外收入		2 850 000
主营业务成本	8 320 000	
税金及附加	550 000	
其他业务成本	180 000	
销售费用	200 000	
管理费用	1 050 000	
财务费用	1 000 000	
营业外支出	2 000 000	
所得税费用	1 370 000	

根据上列资料，计算各项目内容如下：

（1）营业收入=12 500 000+230 000=12 730 000（元）

（2）营业成本=8 320 000+180 000=8 500 000（元）

（3）营业利润=12 730 000−8 500 000−550 000−200 000−1 050 000−1 000 000+3 200 000
=4 630 000（元）

（4）利润总额=4 630 000+2 850 000−2 000 000=5 480 000（元）

（5）净利润=5 480 000−1 370 000=4 110 000（元）

根据上述分析编制的利润表，见表5-15。

表5-15 利润表 会企02表

编制单位：甲公司 202×年 单位：元

项　目	本期金额	上期金额
一、营业收入	12 730 000	12 250 000
减：营业成本	8 500 000	8 200 000
税金及附加	550 000	500 000
销售费用	200 000	180 000
管理费用	1 050 000	980 000
研发费用		
财务费用	1 000 000	940 000
资产减值损失		
信用减值损失		
加：其他收益		
投资收益（损失以“−”号填列）	3 200 000	2 000 000
其中：对联营企业和合营企业的投资收益		
净敞口套期收益（损失以“−”号填列）		
公允价值变动收益（损失以“−”号填列）		
资产处置收益（损失以“−”号填列）		
二、营业利润（亏损以“−”号填列）	4 630 000	3 450 000
加：营业外收入	2 850 000	800 000
减：营业外支出	2 000 000	700 000
三、利润总额（亏损总额以“−”号填列）	5 480 000	3 550 000
减：所得税费用	1 370 000	1 170 000
四、净利润（净亏损以“−”号填列）	4 110 000	2 380 000
（一）持续经营净利润（净亏损以“−”号填列）		
（二）终止经营净利润（净亏损以“−”号填列）		

续表

项　目	本期金额	上期金额
五、其他综合收益的税后净额		
（一）不能重分类进损益的其他综合收益		
（二）将重分类进损益的其他综合收益		
六、综合收益总额	4 110 000	2 380 000
七、每股收益		
（一）基本每股收益		
（二）稀释每股收益		

三、所有者权益变动表

所有者权益变动表是指反映构成所有者权益各组成部分当期增减变动情况的报表。通过所有者权益变动表，既可以为财务报表使用者提供所有者权益总量增减变动的信息，又可以为其提供所有者权益增减变动的结构性信息，特别是能够让财务报表使用者理解所有者权益增减变动的根源。

（一）所有者权益变动表的结构

在所有者权益变动表上，企业至少应当单独列示反映下列信息的项目：（1）综合收益总额；（2）会计政策变更和前期差错更正的累积影响金额；（3）所有者投入资本和向所有者分配利润等；（4）提取的盈余公积；（5）实收资本、其他权益工具、资本公积、库存股、其他综合收益、专项储备、盈余公积、未分配利润的期初和期末余额及其调节情况。

所有者权益变动表以矩阵的形式列示：一方面，列示导致所有者权益变动的交易或事项，即所有者权益变动的来源，对一定时期所有者权益的变动情况进行全面反映；另一方面，按照所有者权益各组成部分（即实收资本、其他权益工具、资本公积、库存股、其他综合收益、盈余公积、未分配利润）列示交易或事项对所有者权益各部分的影响。

我国一般企业所有者权益变动表的格式见表5-16。

（二）所有者权益变动表的编制

1.所有者权益变动表项目的填列方法

所有者权益变动表各项目均需填列“本年金额”和“上年金额”两栏。

所有者权益变动表“上年金额”栏内各项数字，应根据上年度所有者权益变动表“本年金额”栏内所列数字填列。上年度所有者权益变动表规定的各个项目的名称和内容同本年度不一致的，应对上年度所有者权益变动表各项目的名称和数字按照本年度的规定进行调整后，再填入所有者权益变动表的“上年金额”栏内。

所有者权益变动表“本年金额”栏内各项数字一般应根据“实收资本（或股本）”“其他权益工具”“资本公积”“库存股”“其他综合收益”“专项储备”“盈余公积”“利润分配”“以前年度损益调整”账户的相关发生额分析填列。

企业的净利润及其分配情况作为所有者权益变动的组成部分，不需要单独编制利润分配表进行列示。

表5-16

所有者权益变动表

编制单位：丙股份有限公司　　202×年度　　会企04表　　单位：元

项目	本年金额											上年金额										
	实收资本（或股本）	其他权益工具 优先股	其他权益工具 永续债	其他权益工具 其他	资本公积	减：库存股	其他综合收益	专项储备	盈余公积	未分配利润	所有者权益合计	实收资本（或股本）	其他权益工具 优先股	其他权益工具 永续债	其他权益工具 其他	资本公积	减：库存股	其他综合收益	专项储备	盈余公积	未分配利润	所有者权益合计
一、上年年末余额	5 000 000								100 000	50 000	5 150 000											
加：会计政策变更																						
前期差错更正																						
其他																						
二、本年年初余额	5 000 000								100 000	50 000	5 150 000											
三、本年增减变动金额（减少以“-”号填列）																						
（一）综合收益总额							80 000			200 000	280 000											
（二）所有者投入和减少资本																						
1.所有者投入的普通股																						
2.其他权益工具持有者投入资本																						
3.股份支付计入所有者权益的金额																						
4.其他																						
（三）利润分配																						
1.提取盈余公积									20 000	-20 000	0											
2.对所有者（或股东）的分配										-100 000	-100 000											
3.其他																						
（四）所有者权益内部结转																						
1.资本公积转增资本（或股本）																						
2.盈余公积转增资本（或股本）																						
3.盈余公积弥补亏损																						
4.设定受益计划变动额结转留存收益																						
5.其他综合收益结转留存收益																						
6.其他																						
四、本年年末余额	5 000 000						80 000		120 000	130 000	5 330 000	5 000 000								100 000	50 000	5 150 000

2.所有者权益变动表编制举例

【例5-7】丙股份有限公司202×年度末所有者权益各项目余额如下：

股本5 000 000元，盈余公积100 000元，未分配利润50 000元。202×年，丙股份有限公司获得综合收益总额为280 000元（其中，净利润200 000元），提取盈余公积20 000元，分配现金股利100 000元，丙股份有限公司202×年度所有者权益变动表见表5-16。

四、附注

（一）附注概述

附注是对资产负债表、利润表、现金流量表和所有者权益变动表等报表中列示项目的文字描述或明细资料，以及对未能在这些报表中列示项目的说明等。附注主要起到两方面的作用：第一，附注的披露，是对资产负债表、利润表、现金流量表和所有者权益变动表列示项目含义的补充说明，以帮助财务报表使用者准确把握其含义。例如，通过阅读附注中披露的固定资产折旧政策的说明，财务报表使用者可以掌握报告企业与其他企业在固定资产折旧政策上的异同，以便准确进行比较。第二，附注提供了对在资产负债表、利润表、现金流量表和所有者权益变动表中未列示项目的详细说明。例如，通过阅读附注披露的存货增减变动情况，财务报表使用者可以了解在资产负债表中未单列的存货分类信息。

（二）附注的主要内容

附注是财务报表的重要组成部分。根据企业会计准则的规定，企业应当按照如下顺序披露附注的内容：（1）企业的基本情况；（2）财务报表的编制基础；（3）遵循企业会计准则的声明；（4）重要会计政策和会计估计；（5）会计政策和会计估计变更以及差错更正的说明；（6）报表重要项目的说明；（7）或有和承诺事项、资产负债表日后非调整事项、关联方关系及其交易等需要说明的事项；（8）有助于财务报表使用者评价企业管理资本的目标、政策及程序的信息。

第四节 会计核算程序及其变革

会计核算程序又称账务处理程序，是指会计凭证、会计账簿、财务报表相结合的方式，包括会计凭证和账簿的种类、格式，会计凭证与账簿之间的联系方法。企业、行政事业单位从传统的手工记账核算到如今普遍的会计信息化核算，会计核算程序发生了根本性变革。

一、手工记账核算方式下的会计核算程序

在传统的手工记账核算方式下，企业常用的会计核算程序，主要有记账凭证会计核算程序、汇总记账凭证会计核算程序和科目汇总表会计核算程序。这三种会计核算程序下的凭证与账簿的种类和格式设置是基本相同的，即记账凭证可以采用通用记账凭证，也可以采用收款凭证、付款凭证和转账凭证；会计账簿需设置库存现金日记账、银行存款日记账、总分类账和明细分类账，库存现金日记账、银行存款日记账采用三栏式，总分类账采用三栏式，明细分类账则可以根据经营管理的需要分别采用三栏式、数量金额式或多栏式。它们之间的主要区别是登记总分类账的依据和方法不同，另外后两种核算程序需要分

别设置汇总记账凭证和科目汇总表。

（一）记账凭证会计核算程序

记账凭证会计核算程序，是指对发生的经济业务，先根据原始凭证或汇总原始凭证填制记账凭证，再根据记账凭证登记总分类账的一种会计核算程序。记账凭证会计核算程序，适用于规模较小、经济业务较少的企业。

记账凭证会计核算程序的一般步骤包括：（1）根据原始凭证或汇总原始凭证，填制收款凭证、付款凭证和转账凭证，也可以填制通用记账凭证；（2）根据收款凭证和付款凭证逐笔登记库存现金日记账和银行存款日记账；（3）根据原始凭证、汇总原始凭证和记账凭证，登记各种明细分类账；（4）根据记账凭证逐笔登记总分类账；（5）期末，将库存现金日记账、银行存款日记账和明细分类账的余额与有关总分类账的余额核对相符；（6）期末，根据总分类账和明细分类账的记录，编制财务报表。

记账凭证会计核算程序，如图5-3所示。

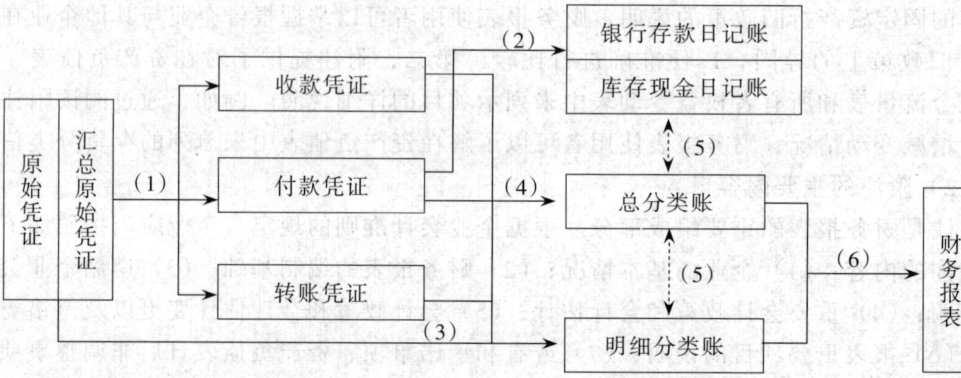

图5-3 记账凭证会计核算程序示意图

记账凭证会计核算程序的主要特点是直接根据记账凭证逐笔登记总分类账，其优点是简单明了、易于理解，总分类账可以反映经济业务的详细情况；缺点是登记总分类账的工作量较大。

（二）汇总记账凭证会计核算程序

汇总记账凭证会计核算程序，是指先根据原始凭证或汇总原始凭证填制记账凭证，定期根据记账凭证分类编制汇总收款凭证、汇总付款凭证和汇总转账凭证，再根据汇总记账凭证登记总分类账的一种会计核算程序。汇总记账凭证，是指对一段时间内同类记账凭证进行定期汇总而编制的记账凭证。汇总记账凭证会计核算程序，适合于规模较大、经济业务较多的企业。

汇总记账凭证会计核算程序的一般步骤包括：（1）根据原始凭证或汇总原始凭证，填制收款凭证、付款凭证和转账凭证，也可以填制通用记账凭证；（2）根据收款凭证、付款凭证逐笔登记库存现金日记账和银行存款日记账；（3）根据原始凭证、汇总原始凭证和记账凭证，登记各种明细分类账；（4）根据各种记账凭证编制有关汇总记账凭证；（5）根据各种汇总记账凭证登记总分类账；（6）期末，将库存现金日记账、银行存款日记账和明细分类账的余额与有关总分类账的余额核对相符；（7）期末，根据总分类账和明细分类账的记录，编制财务报表。

汇总记账凭证会计核算程序，如图5-4所示。

汇总记账凭证会计核算程序的主要特点是先根据记账凭证编制汇总记账凭证，再根据汇总记账凭证登记总分类账，其优点是减轻了登记总分类账的工作量；缺点是当转账凭证较多时，编制汇总转账凭证的工作量较大，并且按每一贷方账户编制汇总转账凭证，不利于会计核算的日常分工。

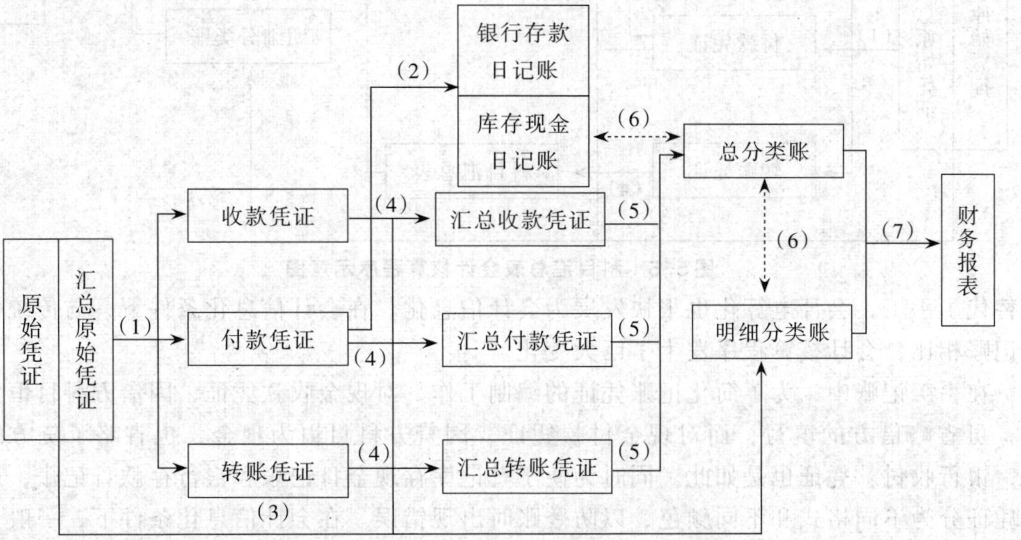

图5-4 汇总记账凭证会计核算程序示意图

（三）科目汇总表会计核算程序

科目汇总表会计核算程序，又称记账凭证汇总表会计核算程序，是指根据记账凭证定期编制科目汇总表，再根据科目汇总表登记总分类账的一种会计核算程序。科目汇总表，又称记账凭证汇总表，是指企业定期对全部记账凭证进行汇总后，按照不同的会计科目分别列示各账户借方发生额和贷方发生额的一种汇总凭证。科目汇总表会计核算程序，适用于经济业务较多的单位。

科目汇总表会计核算程序的一般步骤包括：（1）根据原始凭证或汇总原始凭证填制记账凭证；（2）根据收款凭证、付款凭证逐笔登记库存现金日记账和银行存款日记账；（3）根据原始凭证、汇总原始凭证和记账凭证，登记各种明细分类账；（4）根据各种记账凭证编制科目汇总表，再根据科目汇总表登记总分类账；（5）期末，将库存现金日记账、银行存款日记账和明细分类账的余额同有关总分类账的余额核对相符；（6）期末，根据总分类账和明细分类账的记录，编制财务报表。

科目汇总表会计核算程序，如图5-5所示。

科目汇总表会计核算程序的主要特点是先将所有记账凭证汇总编制成科目汇总表，然后根据科目汇总表登记总分类账，其优点是减轻了登记总分类账的工作量，并且科目汇总表可以起到试算平衡的作用；缺点是科目汇总表不能反映各个账户之间的对应关系，不利于对账目进行检查。

二、会计信息化条件下会计核算程序的变革

20世纪90年代初以来，随着计算机和互联网技术的发展，会计核算工具逐步由计算

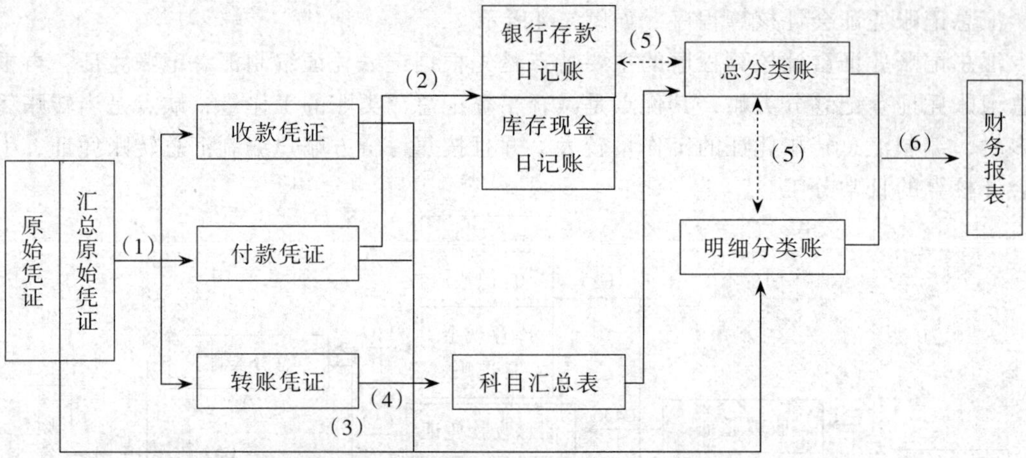

图5-5 科目汇总表会计核算程序示意图

机替代了手工，会计电算化也很快发展为会计信息化。在会计信息化条件下，与传统的手工记账相比，会计核算程序发生了巨大变化。

在手工记账中，为了简化记账凭证的编制工作，对现金收款凭证，因借方科目恒为现金，可省略借方的填写，而对现金付款凭证，因贷方科目恒为现金，也省略了贷方的填写，银行收付款凭证也是如此。同时为便于登记库存现金日记账和银行存款日记账，通常将凭证分为不同格式和不同颜色，以防登账时出现错误。在会计信息化条件下，一般只采用一种通用记账凭证录入格式，所有凭证必须借贷双方都要录入，并且自动计算借贷方合计，但各分录行的摘要不能省略。计算机打印输出的凭证可按不同类别分类装订。

在手工记账过程中，账簿的格式分为订本式、活页式和卡片式三种，库存现金日记账、银行存款日记账和总账必须采用订本式账簿。而在计算机会计系统中，由于受到打印机的条件限制，还不能打印出订本式账簿，所有的账页均可按活页式打印后装订成册。手工会计日记账通常是指库存现金日记账和银行存款日记账，在会计信息化条件下，所有科目均可按日记账输出。手工方式下的总账是指一级科目的总分类账，而在计算机会计系统中，总账是指各级科目的期初借贷方余额，借贷方发生额、借贷方累计发生额以及期末借贷方余额等。手工明细账是指按明细科目登记账簿，而在计算机会计系统中，所有科目均可按明细账形式输出，包括一级科目和中间级科目的详细记录。

会计信息化并没有改变传统的会计循环，但是它提出了对会计信息处理的若干方法，从而改革了核算形式和手工工序。许多工序并不是忽略了，而是由计算机按软件的设定自动在后台处理了，如记账、对账和编制财务报表等均可由计算机自动完成。

会计软件账务处理系统的基本操作流程为：建立账套和初始设置；启用账套；日常账务处理。

下面主要就建立账套和初始设置、日常账务处理程序进行介绍。

（一）建立账套和初始设置

建立账套和初始设置又称系统初始化。系统初始化是指会计软件系统在初次使用时，根据单位的实际情况进行参数设置的过程。系统初始设置是应用账务系统的基础工作，将一个通用的账务系统改造成适合用户核算要求的专用账务系统。

系统初始化环节要求完成的操作包括：账套管理、设置操作员及权限、设置系统参数、设置会计科目、设置各辅助核算项目、设置外币币种及汇率、录入科目期初余额并试算平衡、设置凭证类别和设置结算方式等9个方面。

（1）账套管理。账套管理包括：账套号、账套名称、企业信息（名称、地址、法人、邮编、电话、社会信用代码）、会计期间、启用会计期、所属行业、记账本位币、所有编码方案、账套主管等。

（2）设置操作员及权限。根据会计电算化的要求设置操作人员，并规定其操作权限。具体操作方法视不同的会计软件增加操作员和授权，即手工方式的财务分工。该项操作只能由财务主管或系统管理员完成。

（3）设置系统参数。当首次启动账务系统时，会计部门需要确定反映账务系统核算要求的各种参数，使得通用账务系统能够适用用户的具体核算要求，如“账簿余额方向”等的设置。

（4）设置会计科目。会计科目是对会计对象具体内容分门别类进行核算所规定的项目。财务软件所采用的一级会计科目，必须符合国家会计制度的规定，而明细科目可以由企业自行设定。

（5）设置各辅助核算项目。对企业中往来单位、个人、部门、项目等的核算可通过设置为相应的辅助核算进行管理，如：在用友账务系统中一共可设置11种辅助核算，包括部门、个人、客户、供应商、项目等5种辅助核算，以及部门客户、部门供应商、客户项目、供应商项目、部门项目及个人项目等6种组合辅助核算。

（6）设置外币币种及汇率。企业如果有外币核算业务，那么应先定义外币币种，然后再进行汇率管理，外币设置功能可提供录入固定汇率与浮动汇率。设置内容包括外币币符、外币币名、本期汇率（期初和期末）、记账汇率（固定汇率与浮动汇率），以及将外币折算为本位币的方式等。

（7）录入科目期初余额并试算平衡。为了保证新系统的数据能与原系统的数据进行衔接，从而保持账簿数据的连续完整，需要将各个科目及辅助核算项目，在开始使用会计软件进行核算时的科目余额及发生额等相关数据输入软件系统，它是手工会计核算和计算机会计核算的衔接点。

科目期初余额录入完毕后，使用会计软件提供的功能进行试算平衡，并进行上下级科目间余额的试算平衡和一级科目余额试算平衡，以保证初始数据的正确性，上述检验过程直接由计算机自动运行。

（8）设置凭证类别。几种常见的分类方式为：记账凭证；收款凭证、付款凭证、转账凭证；现金凭证、银行凭证、转账凭证；现金收款凭证、现金付款凭证、银行收款凭证、银行付款凭证、转账凭证；自定义凭证。

（9）设置结算方式。为了提高银行对账的效率，会计软件提供了设置银行结算方式的功能，用来建立和管理用户在经营活动中所涉及的结算方式，如现金结算、支票结算等。

会计软件账务处理系统操作流程示意图如图5-6所示。

（二）日常账务处理程序

1.编制记账凭证

凭证处理主要是完成对凭证的日常处理工作，它又可划分为凭证输入、凭证审核、凭证查询打印，以及生成自动转账凭证等功能。

编制记账凭证可以采用以下几种方式：

（1）手工编制完成记账凭证后录入计算机。

（2）根据原始凭证直接在计算机上编制记账凭证。

（3）由账务处理模块以外的其他业务子系统生成记账凭证数据。

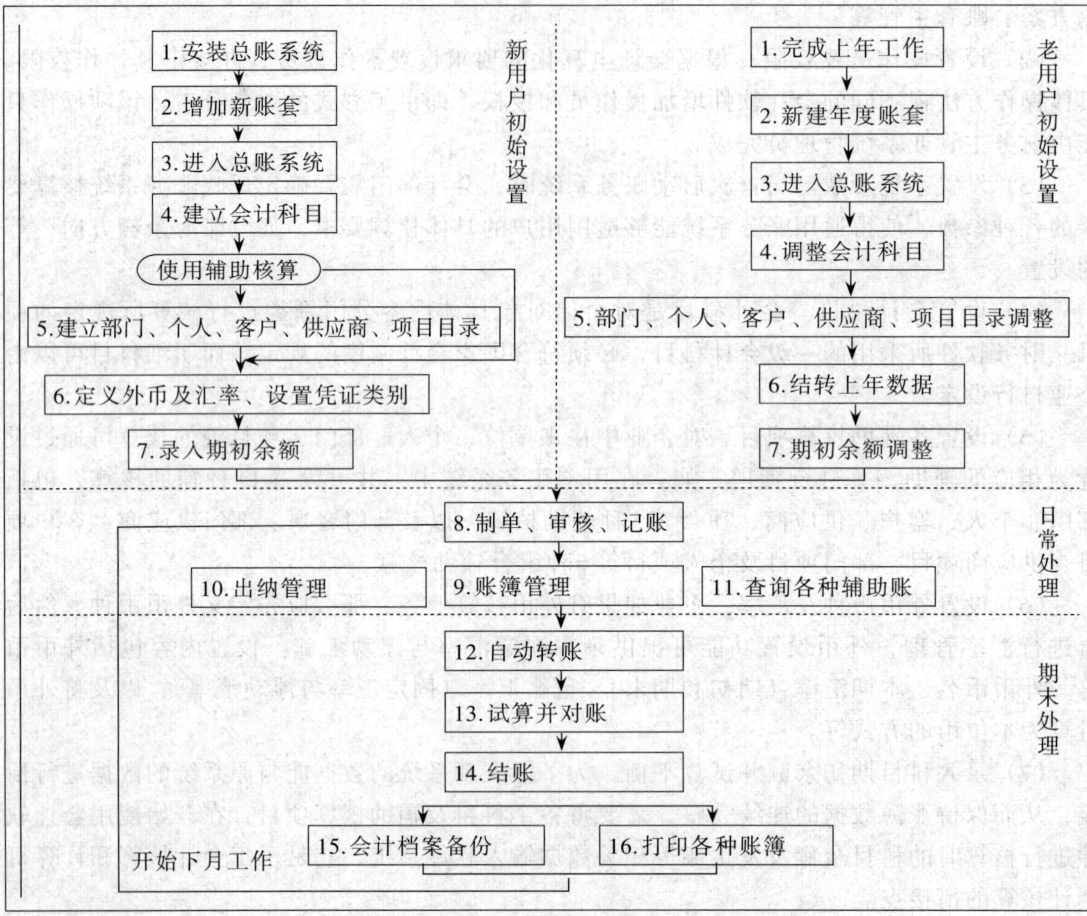

图5-6 会计软件账务处理系统操作流程示意图

在录入过程中的正确性检查：凭证号检查、凭证日期检查、会计科目检查（存在性检查、是否是明细记账科目检查、与凭证类型是否相符检查）、借贷金额平衡检查。

2.凭证审核

（1）凭证审核目的与功能。记账凭证审核的目的，一是发现在凭证输入过程中无法检测到的错误，二是为记账提供依据，只有审核过的凭证才能记账。记账凭证审核的功能是完成对录入的记账凭证进行正确性、合法性、有效性的审核。

（2）凭证审核方式。静态屏幕（人工）审核方式是指计算机自动依次将未审核的凭证显示在屏幕上，审核人员通过目测等方式对凭证进行检查。二次输入（自动）审核方式是指将同一批记账凭证再输入，通过计算机比较两批输入的凭证是否相同，从而检查输入错误的一种审核方法。

3.记账

记账是指根据已审核的凭证，由计算机自动、准确、高速完成，从而得到账簿和报表所需的汇总信息和明细信息。记账工作可以在编制一张凭证后进行，也可以在编制一天的凭证后进行。

计算机账务处理系统记账有以下特点：记账是一个功能按键，由计算机自动完成相关账簿登记；同时登记总账、明细账和日记账；各种会计账簿的数据都源自记账凭证的数据，记账只是“数据搬家”和汇总。

4.账表输出

输出的账表主要包括日记账、明细账、总账、综合查询结果以及对外报表。输出的方式主要包括：账表的打印输出；账表的屏幕显示输出；账表的磁盘输出。

所有科目都可以有日记账，同时又有明细账。由于在计算机条件下随时都可以通过屏幕，高速、准确、方便地查询各种明细账，因此，明细账既可以按月打印输出，又可以按季、年打印输出。总账输出既可以采用三栏式总账，又可以用余额表或科目汇总表代替总账。

5.结账

在手工会计处理中有结账过程，在计算机会计处理中也应有这一过程，以符合会计制度的要求。在手工会计核算流程中，结账是个工作环节，工作量大且复杂。在计算机会计核算流程中，通过一次性预先定义账户的结转关系，结账是作为一个步骤由计算机在较短时间内自动完成的。

结账包括：期末转账业务处理、月结和年结。在手工条件下，结账只能在每月的结账日进行。而在计算机条件下不同于手工条件，可以在上月未结账的情况下，输入下一个月的凭证甚至在去年12月的账未结的情况下输入今年的凭证，这就是采用计算机后特有的跨月制单。

6.编制财务报表

财务报表子系统不是对经营交易或事项的直接处理，而是加工和报告由其他子系统处理产生的资料与信息。财务报表子系统的主要功能包括：依据会计准则和有关法规，定期编制外部财务报表和企业内部管理所需的各种报表，并利用财务报表数据，对经济活动与财务收支情况进行全面、系统分析。

在手工会计核算流程中，编制财务报表是个工作环节，工作量大且复杂。在计算机会计核算流程中，通过一次性预先定义账户报表数据的对应关系，编制报表是作为一个步骤由计算机在较短时间内自动完成的。

【课程思政拓展阅读】

拓展阅读一：

会计法律责任

针对伪造、编造会计凭证、会计账簿，编制虚假财务会计报告等违法行为，《中华人民共和国公司法》《中华人民共和国会计法》《中华人民共和国证券法》《中华人民共和国刑法》分别从民事责任、行政责任、刑事责任角度做出法律规制和处罚规定，通过多种法律的综合适用，确保公司财务数据真实、有效。

一、《中华人民共和国会计法》中的会计法律责任规定

《中华人民共和国会计法》第四十三条规定，伪造、变造会计凭证、会计账簿，编制

虚假财务会计报告，构成犯罪的，依法追究刑事责任。有前款行为，尚不构成犯罪的，由县级以上人民政府财政部门予以通报，可以对单位并处五千元以上十万元以下的罚款；对其直接负责的主管人员和其他直接责任人员，可以处三千元以上五万元以下的罚款；属于国家工作人员的，还应当由其所在单位或者有关单位依法给予撤职直至开除的行政处分；其中的会计人员，五年内不得从事会计工作。

《中华人民共和国会计法》第四十四条规定，隐匿或者故意销毁依法应当保存的会计凭证、会计账簿、财务会计报告，构成犯罪的，依法追究刑事责任。有前款行为，尚不构成犯罪的，由县级以上人民政府财政部门予以通报，可以对单位并处五千元以上十万元以下的罚款；对其直接负责的主管人员和其他直接责任人员，可以处三千元以上五万元以下的罚款；属于国家工作人员的，还应当由其所在单位或者有关单位依法给予撤职直至开除的行政处分；其中的会计人员，五年内不得从事会计工作。

《中华人民共和国会计法》第四十五条规定，授意、指使、强令会计机构、会计人员及其他人员伪造、变造会计凭证、会计账簿，编制虚假财务会计报告或者隐匿、故意销毁依法应当保存的会计凭证、会计账簿、财务会计报告，构成犯罪的，依法追究刑事责任；尚不构成犯罪的，可以处五千元以上五万元以下的罚款；属于国家工作人员的，还应当由其所在单位或者有关单位依法给予降级、撤职、开除的行政处分。

二、《中华人民共和国公司法》中的会计法律责任规定

《中华人民共和国公司法》第二百零一条规定，公司违反本法规定，在法定的会计账簿以外另立会计账簿的，由县级以上人民政府财政部门责令改正，处以五万元以上五十万元以下的罚款。

《中华人民共和国公司法》第二百零二条规定，公司在依法向有关主管部门提供的财务会计报告等材料上作虚假记载或者隐瞒重要事实的，由有关主管部门对直接负责的主管人员和其他直接责任人员处以三万元以上三十万元以下的罚款。

三、《中华人民共和国证券法》中的会计法律责任规定

《中华人民共和国证券法》第一百九十七条规定，信息披露义务人报送的报告或者披露的信息有虚假记载、误导性陈述或者重大遗漏的，责令改正，给予警告，并处以一百万元以上一千万元以下的罚款；对直接负责的主管人员和其他直接责任人员给予警告，并处以五十万元以上五百万元以下的罚款。发行人的控股股东、实际控制人组织、指使从事上述违法行为，或者隐瞒相关事项导致发生上述情形的，处以一百万元以上一千万元以下的罚款；对直接负责的主管人员和其他直接责任人员，处以五十万元以上五百万元以下的罚款。

四、《中华人民共和国刑法》中的会计法律责任规定

《中华人民共和国刑法》第一百六十二条之一 隐匿或者故意销毁依法应当保存的会计凭证、会计账簿、财务会计报告，情节严重的，处五年以下有期徒刑或者拘役，并处或者单处二万元以上二十万元以下罚金。单位犯前款罪的，对单位判处罚金，并对其直接负责的主管人员和其他直接责任人员，依照前款的规定处罚。

资料来源：笔者根据相关政策法规文件摘选整理。

拓展阅读二：

以乡村会计治理助力乡村振兴

党的十九大报告提出实施乡村振兴战略。深化农村集体产权制度改革，保障农民财产权益，壮大集体经济。党的二十大报告指出，全面建设社会主义现代化国家，最艰巨最繁重的任务仍然在农村。要发展新型农村集体经济，全面推进乡村振兴。作为乡村振兴一线的乡村会计，是党和政府与广大群众联系的重要纽带，积极推动乡村会计治理对于强化社会主义新农村建设而言至关重要。此外，对于更好地推动实现"两个一百年"奋斗目标同样具有关键作用。

农村集体财务管理是村级经济事务管理过程当中的一项重要内容，也是开展集体资产、农民负担、土地承包管理等最重要的基础性工作类型。在乡村振兴战略提出的大背景之下，农村经济规范化管理的程度得到了进一步提升，同时也凸显了村级会计治理层面上的诸多问题。相关部门针对农村地区的财务管理工作高度重视，并采取一系列必要的措施，进一步提升民主理财制度的建设，紧紧抓牢财务管理工作，使得农村地区的财务管理工作逐步走向法治化、制度化以及规范化的道路。

一个典型案例如下：曲阳桥镇南白店村慕晨樱桃园是一个集观光旅游、无公害水果种植于一体的综合性生态农业庄园，该樱桃园总面积200余亩，有玲珑翠、布鲁克斯、萨米脱、美早、艳阳等10余个品种，共15 000棵樱桃树，亩产可达到500～750千克。目前，樱桃树已经挂果成熟，开园迎接游客。可赏天然美景，可摘有机水果的慕晨樱桃园如今已经成为家喻户晓的采摘游玩好去处，来自四面八方的游客们在这里尽情嗨玩，流连忘返，休息日日均客流量可达600余人。慕晨樱桃园着眼农旅融合发展，依托农业开拓旅游新领域，使游客在体验采摘的乡村生活的同时，还可以购买无公害水果，实现乡村旅游与种植产业融合的联动效应，如今樱桃园年收入可达到150万元以上。在此全部过程当中，樱桃园都是通过村级会计治理，来保障樱桃园财务工作的高质量开展，并获得了全体合作成员的一致好评。

面对当前农村会计核算制度存在的问题，区政府等相关部门应牵头发挥制度先行优势，将会计核算制度沿规范化与专业化方向进一步完善，建立以"区—镇—村"为一体的会计核算联动监督与执行机制：购买商品和列支工程项目款均应索取正式发票报销；向有关部门缴款均应凭财政部门和农经部门监制的收款收据汇款；各种付款凭证需注明事由、品种、数量、单位和金额，并由经办人、证明人和审批人签字。不符合标准和范围的支出，一律不予报销。支出结算按时合规，杜绝套取现金。建立备用金制度，严格执行现金管理办法。支出专项资金应合法合规，必须专款专用。严禁挤占、挪用、套取和贪污专项资金。

资料来源：笔者根据相关文件和网络资源整理。

【本章巩固练习题】

一、单项选择题

1.会计凭证是记录经济业务发生或者完成情况的书面证明，是（　　）的依据。

A.登记账簿　　B.编制财务报表　　C.填制原始凭证　　D.填制记账凭证

2.会计账簿按用途划分，可以分为（　　）、分类账簿和备查账簿。

A.总分类账簿 B.明细分类账簿 C.序时账簿 D.辅助账簿

3.总分类账簿一般采用的账页格式为（ ）。

A.订本式 B.三栏式 C.多栏式 D.数量金额式

4.结账前的对账不包括（ ）。

A.账证核对 B.账账核对 C.账表核对 D.账实核对

5.下列选项属于静态财务报表的是（ ）。

A.资产负债表 B.利润表

C.现金流量表 D.所有者权益变动表

6.下列选项不属于资产负债表反映的内容是（ ）。

A.资产 B.负债 C.净利润 D.所有者权益

7.资产负债表中的资产项目要按照资产（ ）排列。

A.要求清偿的时间的先后顺序 B.流动性大小

C.周转速度大小 D.金额大小

8.在传统的手工记账核算方式下，各种会计核算程序之间的主要区别是（ ）。

A.登记明细账的依据和方法不同 B.编制财务报表的依据和方法不同

C.登记总分类账的依据和方法不同 D.会计凭证和会计账簿的设置不同

二、多项选择题

1.会计循环主要涉及的环节有（ ）。

A.会计凭证 B.原始凭证 C.会计账簿 D.财务报表

2.原始凭证按取得来源分为（ ）。

A.自制原始凭证 B.累计凭证 C.一次凭证 D.外来原始凭证

3.原始凭证的审核内容主要包括（ ）。

A.真实性 B.合法性、合理性

C.完整性 D.正确性

4.记账凭证按照其反映的经济业务内容划分，通常分为（ ）。

A.收款凭证 B.付款凭证 C.转款凭证 D.转账凭证

5.总账和明细账的平行登记要求做到（ ）。

A.方向相同 B.科目相同 C.期间一致 D.金额相等

6.错账的更正方法包括（ ）。

A.涂改更正法 B.补充登记法 C.红字更正法 D.划线更正法

7.利润表编制的原理是（ ）。

A.收入-费用=利润 B.收入与费用的配比原则

C.资产-负债=所有者权益 D.收入与费用的一致原则

8.资产负债表中的"预付款项"项目的编制依据涉及的明细账包括（ ）。

A.预付账款 B.应付账款 C.其他应付款 D.坏账准备

三、判断题

1.会计循环一般每年进行一次。（ ）

2.对于库存现金和银行存款之间的相互划转业务，一般只填付款凭证。（ ）

3.数量金额式账簿一般适用于原材料、应收账款等明细账。（ ）

4. 结账的目的是编制财务报表。 （ ）

5. 财务报表主要在企业内部使用。 （ ）

6. 资产负债表各项目的“期末余额”都是根据有关资产、负债、所有者权益总分类账户的期末余额填列的。 （ ）

7. 利润表中的“税金及附加”项目，反映企业经营业务应负担的消费税、城市维护建设税、教育费附加、增值税等相关税费。 （ ）

8. 财务报表体系中的附注是对资产负债表、利润表、现金流量表等报表中列示项目的文字描述或明细资料，以及对未能在这些报表中列示项目的说明等。 （ ）

四、简答题

1. 填制原始凭证有哪些基本要求？

2. 账账核对包括哪些核对内容？

3. 一套完整的财务报表应当包括哪些内容？

4. 试述记账凭证会计核算程序的账务处理步骤。

5. 会计软件核算的日常账务处理程序包括哪些内容？

五、业务操作题

1.202×年4月甲公司发生的部分经济业务如下：

（1）从银行取得2年期借款600 000元存入银行。

（2）用银行存款缴纳税金80 000元。

（3）用现金支付采购材料发生的运杂费700元，材料未到。

（4）用银行存款支付罚款30 000元。

（5）发出原材料810 000元，其中生产产品耗用800 000元，公司行政管理部门耗用10 000元。

（6）销售产品一批，售价1 500 000元，货款已在前期全部预收。

（7）收回应收账款200 000元存入银行。

（8）用银行存款预付购料款350 000元。

（9）用银行存款支付广告费100 000元。

（10）盘点现金时发现短缺54元，原因待查。

（11）分配本月职工薪酬390 000元，其中：生产工人薪酬250 000元，车间管理人员薪酬80 000元，行政管理人员薪酬60 000元。

（12）结转本月制造费用200 000元。

（13）收到银行存款利息9 200元存入银行，公司对该笔存款利息未预提。

（14）结转本月完工产品成本1 700 000元。

（15）经查，前述盘亏现金系出纳员过失，决定由其赔偿。

要求：根据上述经济业务编制记账凭证（不考虑增值税和明细科目）。

2.202×年12月31日乙公司结转损益前各总分类账户余额见表5-17。

表 5-17 **总分类账户余额汇总表**

202×年 l2 月 31 日 单位：元

账户名称	借方余额	贷方余额
库存现金	10 000	
银行存款	120 000	
应收账款	67 000	
原材料	69 000	
固定资产	1 090 000	
累计折旧		259 000
应付账款		8 000
应交税费		22 000
应付职工薪酬		53 000
长期借款		200 000
实收资本		400 000
盈余公积		87 200
利润分配		136 800
主营业务收入		1 050 000
主营业务成本	620 000	
其他业务收入		59 000
其他业务成本	45 000	
税金及附加	81 000	
销售费用	105 000	
管理费用	40 000	
财务费用	19 000	
营业外收入		28 000
营业外支出	37 000	

年末，乙公司按本年利润的 10% 提取盈余公积金。

要求：

（1）分别编制结转本年收入和费用的会计分录。

（2）编制结转本年利润的会计分录（不考虑所得税）。

（3）编制提取盈余公积的会计分录。

（4）计算并直接填列乙公司年末的资产负债表（见表 5-18）。

表 5-18 **资产负债表（简表）**

编制单位：乙公司　　202×年 12 月 31 日　　单位：元

资产	期末余额	上年年末（略）	负债及所有者权益	期末余额	上年年末（略）
流动资产合计			流动负债合计		
非流动资产合计			非流动负债合计		
			所有者权益合计		
资产总计	（略）		负债及所有者权益总计	（略）	

【本章知识结构图】

第六章　主要财务报表解读与分析

【学习目标】

通过本章学习，学生应该了解财务报表分析的基本框架和方法，摆脱“就会计论会计”的思维局限；掌握最基本的财务分析比率计算原理和方法。结合初学者特点，围绕企业经营活动的核心项目展开分析，使学生掌握理解分析财务报表数据的能力。

【引导案例】

财务报表与“股神”

沃伦·巴菲特被人们称为“股神”。巴菲特6岁开始在街上卖可口可乐，26岁开始管理投资，1988年开始买入可口可乐股票，在观察研究可口可乐公司52年后才大笔买入可口可乐股票的。他两年间买入13亿美元，10年后涨到134亿美元，一只股票赚了121亿美元。很少有人见到巴菲特做估值。有人翻遍了巴菲特档案室内的档案，没有发现任何巴菲特给出的估值表格和公式，只发现一些他亲手记录的公司年度和季度财务数据。巴菲特最重要的工作就是分析公司多年的财务数据，判断公司业务、管理和业绩的稳定性。如果具有稳定性，那么就可以轻松预测其未来几年的现金流量。巴菲特说：“你只有愿意花时间学习如何分析财务报表，才能够独立地选择投资目标。”对财务报告的分析是了解公司价值的根本途径，也是经营分析的基础和起点。

经营分析者如何通过企业经济活动去透视财务报表，再由财务报表回归到企业经济活动？

我国的会计学教材中曾经大多设置“财务报表分析”一章，那时候财务报表分析依然处于附属地位，被人们视为会计学的隶属部分。随着经济环境（包括实践与理论）的变化，财务分析的需求与供给都发生了变化，财务报表分析逐渐从隶属走向独立，成为一门独立的学科。财务报表分析的名称历经多次演变，从早期的经营分析，到财务报表分析、财务报告分析，再到如今的财务分析。名称的变化反映了人们对财务分析内涵的新理解和新拓展。如今，在报表编制的基础上，进一步强化报表数据的解读与分析，其初衷在于体现业务与财务融合发展的需求，摆脱“就会计论会计”的束缚，从企业经营业务等层面深入理解财务报表数据，更好地进行经营决策。

第一节　财务报表分析的基本框架与方法

一、财务报表分析的概念与目的

财务报表分析是以会计核算和报告资料及其他相关资料为依据，采用一系列的分析技术和方法，对企业等经济组织过去和现在的有关筹资活动、投资活动、经营活动的盈利能力、营运能力、偿债能力和增长能力状况进行分析与评价，为企业的投资者、债权人、经营者及其他关心企业的组织或个人了解企业过去、评价企业现状、预测企业未来、做出正确经营决策、进行管理控制和监督管理提供准确的信息或依据的一种方法。

财务分析的主体是多元的，投资者、债权人、同行企业、监管机构、企业管理者、其他利益相关主体等都是财务分析的主体，他们都从各自的目的出发进行财务分析。投资者进行财务分析的目的主要是对企业的投资价值进行分析，一方面明确是增加投资还是转让股份抽回投资，另一方面则是掌握公司的分红政策和投资收益等。债权人进行财务分析的主要目的是对企业进行信用评估，即确定公司的债务偿付能力和盈利持续状况，分析债务按期足额偿还的安全性问题。同行企业进行财务分析的主要目的是分析目标企业的竞争能力，判断目标企业是否对自身存在竞争威胁。监管机构进行财务分析的主要目的则是对企业的合规风险进行评估，从而约束企业的行为，使其能够合法合规经营，禁止舞弊造假等行为。企业管理者通过财务分析，可以更加清晰地把握企业在实现经营目标过程中存在的问题和风险，从而及时采取控制措施，以便实现全年的经营目标；可以更有效地进行日常经营管理，保证企业的正常运转；可以了解企业是否发挥了资金的最大使用效益，有无资金能力来寻求更多的发展机会；也有助于明确企业所处的发展阶段，做出是追加投资还是转产的决策；还可以进一步做出适合公司情况的筹资、融资、股利分配等决策。其他相关利益主体的目标也都由其与企业的经济关系所决定，比如供应商需要通过财务报表分析了解企业的持续经营能力和财务实力，以保证自身货款的安全性。

二、财务报表分析的基本框架

要想从财务报表中提取企业内部经营活动的信息，就需要对企业所面临的行业环境和所采取的竞争策略进行分析，从而深刻解读企业的财务报表。这一系列工作的顺利开展就需要有一个行之有效的财务报表分析框架。

企业财务报表分析的基本框架可以用图6-1描述。

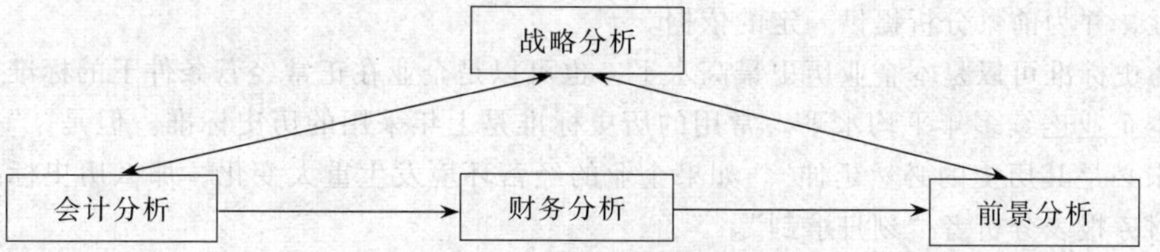

图6-1　企业财务报表分析的基本框架

根据图6-1，企业财务报表分析首先要分析企业的战略以及定位；然后进行会计分析，评估企业财务报表的会计数据及其质量；再进行财务分析，评价企业经营绩效；最后进行前景分析，诊断企业未来发展前景。因此，企业财务报表分析的基本框架由以下四个部分构成：

（1）战略分析。战略分析的主要目的是通过对企业所处行业和所采取的竞争战略进行分析，明确企业的行业性质、行业地位和经营模式。

（2）会计分析。会计分析的主要目的是通过对企业所采取的会计政策和会计估计的合理性进行分析，从而判断该企业财务报表反映其财务状况和经营成果的真实程度。

(3) 财务分析。财务分析的主要目的是对企业的盈利能力、偿债能力、营运能力和发展能力等进行分析，从而评价该企业的财务状况、经营成果和现金流量等情况。

(4) 前景分析。前景分析的主要目的是在上述三种分析的基础上，利用一些专门的技术和方法，同时结合财务报表分析者的主观经验，对企业目前的财务状况和经营业绩进行综合分析与评价，进而对其未来的发展前景进行预测与评估。

三、财务报表分析的基本方法

对财务分析人员而言，要把财务报表分析得深入，首先必须掌握一些基本的分析方法。具体来讲，这些方法主要包括比较分析法、趋势分析法、结构分析法和比率分析法等。尽管各个方法的基本内涵并不一样，但都是以上市公司财务报告等资料作为基础，通过一定的指标或比值计算，帮助信息使用者透过繁杂的财务报表数据，发掘其背后所蕴含的意义与信息，为社会公众投资者和经营管理者的投资决策及经济预测提供帮助。

1.比较分析法

比较分析法是指通过比较不同的数据，发现规律性的东西并找出与被比较对象的差别的一种分析法。用于比较的可以是绝对数，也可以是相对数，其主要作用在于揭示指标间客观存在的差距，并为进一步分析指明方向。比较形式可以是本期实际数与以前各期数据的比较，可以是本期实际数与计划数或额定数的比较，也可以是企业相关项目和指标与国内外同行业平均水平或者先进水平的比较。比较时要特别注意企业的分析指标与比较标准之间的可比性，即与选择的比较标准在内容、期间、计算口径、计价基础、总体性质等各方面均应具有一致性。孤立地看企业财务报表的数据没有什么意义。常用的比较标准有历史标准、预算（计划）标准、行业标准和经验标准。

(1) 历史标准

历史标准是指由本企业过去某个时期（例如上年或上年同期）的实践形成的标准。它有助于财务报表分析者揭示差异，进行差异分析，从而查明产生差异的原因，为改进企业经营管理提供依据，同时也便于进行趋势分析，以了解并掌握企业经济活动的变化趋势及规律性，并为前景分析提供一定的依据。

历史标准可以是本企业历史最高水平，也可以是企业在正常经营条件下的标准，还可以是本企业连续多年平均水平。常用的历史标准是上年采用的历史标准。但是，“企业的未来未必是其历史的必然延伸”。如果企业的经营环境发生重大变化，那么历史标准就可能使财务报表分析者“刻舟求剑”。

(2) 预算（计划）标准

预算（计划）标准通常可以根据企业制定的计划、预算以及各部门相应责任加以确定，它反映企业分析指标的目标水平。预算（计划）标准有助于财务报表分析者判断企业实际财务状况和经营成果与预算（计划）目标之间的差异，并寻求差异的原因。在实行预算（计划）管理的企业中，预算（计划）标准是现成的指标。不过，预算（计划）标准是企业内部的标准，通常不公开披露，因此，预算（计划）标准只适合企业内部的财务分析。

(3) 行业标准

行业标准是指企业所在行业的同类指标比较标准，反映分析指标的行业水平。行业标准可以是本行业的平均水平，也可以是本行业的先进水平，还可以是本企业的标杆水平。采用行业标准体现了“知己知彼”的战略思想。将企业分析指标与行业标准进行比较，有助于财务报表分析者判断本企业在同行业所处的竞争地位或优势，明确本企业今后的战略目标。然而，虽然两家企业处于同行业，但是，它们可能不可比。因为它们可能占据行业价值链的不同环节，而且所采用的会计政策也可能不同。

（4）经验标准

经验标准是指依据大量且长期的实践检验而形成的标准。例如，在西方国家，根据20世纪70年代以来的财务报表分析实践，流动比率的经验标准为2：1，速动比率的经验标准为1：1。经验标准有助于财务报表分析者观察企业的经济活动是否合乎常规。经验标准来源于特定的经营环境。如果企业经营环境发生了变化，那么经验标准可能失去其原有的意义。同时，经验标准并非人们常说的平均水平。

2.趋势分析法

趋势分析法又称水平分析法或者横向分析法。它是将两期或连续数期的财务报表中的相同指标进行对比，确定其增减变动的方向、数额和幅度，以说明企业财务状况和经营成果的变动趋势的一种方法。趋势分析的目的在于：第一，确定引起财务状况与经营成果变动的主要项目；第二，确定变动趋势的性质是否有利；第三，预测将来的发展趋势。

在趋势分析中，常见的分析方法有以下三种：

（1）绝对数分析法

绝对数分析法是指将有关项目连续几期的绝对数额逐一列示并进行对比。采用这种分析方法易于看出相关项目的变动方向及其趋势（上升、下降、波动还是稳定）。

（2）环比分析法

环比分析法是指计算有关项目相邻两期的变化率，即分析期某项目的数值相对于前期该项目数值的变动百分比。采用这种分析方法不仅可以看出相关项目的变动方向，而且可以看出其变动的幅度。环比变动百分比的计算公式为：

环比变动百分比=（分析期某项目数值-前期某项目数值）÷前期某项目数值×100%

（3）定基分析法

定基分析法就是选择一个固定的期间作为基期，计算相关项目在各分析期的水平相对于基期水平的变动百分比。采用这种分析方法不仅能看出不同期间的变动方向和幅度，而且可以看出在一个较长期间内的总体变化趋势，便于进行较长时期的趋势分析。定基变动百分比的计算公式为：

定基变动百分比=（分析期某项目数值-基期某项目数值）÷基期某项目数值×100%

3.结构分析法

结构分析法又称垂直分析法、纵向分析法或者共同比分析法。它是指以财务报表中的某个总体指标作为基数，计算出各组成项目占该总体指标的百分比，从而揭示各个项目的相对地位和总体结构关系，以便分析比较同一报表内各项目变动的适当性，进而判断有关财务活动的变化趋势。以这种百分比表示的财务报表，又称结构百分比财务报表。

结构分析法通常用于资产负债表和利润表的结构分析。当进行资产负债表结构分析时，资产类项目通常以总资产的百分比表示，计算各项资产在总资产中所占比例，以观察各项资产所占比例是否适当；权益类项目通常以负债和所有者权益总计金额（即总权益）

的百分比表示，分别计算各项负债项目和各项所有者权益项目占总权益的比例，以分析资本结构的合理性。当进行利润表结构分析时，分析人员通常将营业收入设为100%，分别计算各项收入、费用和利润项目占营业收入的比例，以反映各项收入对利润的贡献程度和各项费用开支的合理性。

在结构分析过程中，会计部门将什么项目设为100%并非固定的，而是依据分析目的决定的。例如，为了分析流动资产的结构，可以将流动资产合计设为100%，再分别计算各项流动资产项目占流动资产合计的比例。同理，在分析负债的结构时可以将负债合计设为100%，再分别计算各项流动负债项目和各项非流动负债项目占负债合计的比例。

4.比率分析法

比率分析法是把某些彼此存在关联的项目加以对比，并计算出比率，再据以确定经济活动变动程度的分析方法。其作用为：第一，由于比率是相对数，因此采用这种方法能够把某些条件下的不可比指标变为可比指标，从而将复杂的财务信息简化，以利于分析；第二，比率分析揭示了报告期内各有关项目之间的相关性，产生了许多在决策中有用的新信息。

第二节 资产负债表的解读与分析

一、资产负债表主要项目解读

1.货币资金分析

货币资金是企业资金运动的起点和终点。企业为了满足交易性、投机性及预防性的需要，通常会持有一定量的货币资金。从财务管理角度来看，过低的货币资金持有量，会影响企业的正常经营活动及短期偿债能力；过高的货币资金持有量，会降低资金的收益性，增加持有的机会成本，表明企业的货币资金管理不善。企业账面上的货币资金很重要，因为所有企业出现问题一定是货币资金（资金链）出现了问题。国家对货币资金的管理和支付范围作了严格规定，良好的货币资金内控制度对于保护企业资产安全完整、防止违法犯罪具有重要意义。

货币资金项目分析的重点是货币资金规模的合理性。一般而言，决定企业货币资金规模的因素有以下几个方面：

（1）企业的资产规模和业务规模。一般来说，企业货币资金的规模与资产规模、业务规模相匹配。资产总额越大，相应的货币资金规模也越大；业务越频繁，货币资金需要量越高，因此处于货币形态的资产也越多。

（2）行业特点。不同的行业有不同的业务特点，因而其合理的货币资金规模也不相同。一般来说，金融企业要求的资金规模比较大，工业企业要求的资金规模比较小。零售业与工业企业在相同的资产规模下，其货币资金的规模可能相差很大。在通常情况下，制造业中的酒、饮料和精制茶制造业的货币资金占总资产比例较高，尤其高端白酒利润率极高且资本性支出相对较小，使得货币资金可以大量留存。

（3）企业的筹资能力。一般来说，若企业的筹资能力强，能较迅速地筹集到所需资金，则没有必要持有大量的资金，因此，企业的货币资金规模会较小；反之，若企业的筹资能力较弱，在短期内很难筹集到所需金额，则需要持有一定规模的货币资金作保证。信誉好的企业向银行借款或发行股票、债券都会比较顺利，因此可以适当减少持有的货币资金数量。

（4）企业对货币资金的运用能力。货币资金的运用存在“效率”与“效益”的问题。企业运用货币资金的能力越强，货币资金在企业内部的周转速度越快，企业就越没必要保留过多的货币资金。货币资金是收益性较低的资产，如果企业将货币资金用于投资活动能够带来较高的收益，那么就没有必要持有较大规模的货币资金。

（5）企业信用政策。企业货币资金规模也与企业采用的信用政策相关，如果企业采取严格的信用政策，提高现销比例，那么可能会导致货币资金规模加大。

（6）货币资金的用途是否被限定。如果部分货币资金用途被限定或被冻结，再加上企业日常的周转资金，那么企业的货币资金规模必然加大。

2.应收账款分析

应收账款是指企业因销售商品、提供劳务等正常经营活动，向购买商品、接受劳务的单位收取的款项。应收账款不是越多越好，也不是越少越好。应收账款是为了扩大销售而形成的。其数额过大，会减少存货和其他资产占用资金，从而减少企业的投资机会，还会产生部分坏账损失和收账费用。应收账款与销售收入存在一定的正相关：企业采用宽松的信用政策，在刺激销售的同时也增加了应收账款；企业采用紧缩的信用政策，在减少应收账款的同时也抑制了销售的增长。应收账款受诸多因素影响，主要通过以下三个方面进行分析：

（1）应收账款账龄分析。

应收账款的账龄是指应收账款在账面上未收回的时间。账龄分析是应收账款的主要分析方法之一。一般而言，1年以内的应收账款在企业信用期限范围内；1～2年的应收账款有一定逾期，但仍属正常；2～3年的应收账款风险较高；3年以上的因经营活动形成的应收账款已经与企业的信用状态无关，其可回收性极低，解决方法可能是债务重组。

（2）债务人构成分析。

企业应收账款的质量不仅与账龄有关，而且与债务人的构成有关。债权人的构成可以从以下几个方面进行分析：

①债务人的区域性分析。从区域构成来看，不同地区的债务人，由于法律制度建设条件以及特定经济环境等方面的差异，对自身债务的偿还心态以及偿还能力存在相当大的差异。

②债务人的财务实力稳定程度分析。从债务人的财务实力稳定程度来看，实力稳定的债务人偿还能力相对较强，但同时也要关注该债务人近期是否出现了财务困难。

③债务人的集中度分析。应收账款存在集中度风险，即由于某一个主要债务人支付困难而导致较高比例的债权面临回收风险。

④债务人的关联性分析。从债权企业与债务人的关联状况来看，可以把债务人分为关联方债务人与非关联方债务人。由于关联方彼此之间在债权债务上存在可操作性，因此对关联方的应收账款应结合财务报表附注进行分析。

⑤债务人的行业构成分析。由于不同行业资金回笼时间、方式都存在较大差别，而且各自财务状况也不相同，因此分析债务人的行业构成因素至关重要。

（3）坏账准备分析。

由于资产负债表上列示的是应收账款净额，因此在分析应收账款时要特别关注企业坏账准备的合理性。现行会计准则强调应收账款作为一项金融资产，应当在资产负债表日对其进行减值测试，将其账面与预计的未来现金流量现值之间的差额，确认为减值损失，计入当期损益。

现行会计准则下应收账款坏账准备的计提含有较强的人为因素，在一定程度上取决于企业对该项目的主观判断。因此可以结合企业财务报表附注、当年的企业实际情况以及审计报告，分析判断其合理性，从而在一定程度上判断该项目的质量。

3.存货分析

存货总是处于不断销售、重置或耗用过程中，它通常在一年以内或是一个经营周期内被销售或耗用，因而具有较强的变现能力。对于大多数企业，尤其是房地产企业、商品流通企业和制造业企业来说，存货都是重要的资产，也是财务分析的重点对象。由于房地产企业的在建楼盘、以销售为目的开发的房产在出售前通常作为房地产企业的存货，因此其存货占总资产的比例较高。在其他制造业企业中存货较多的有珠宝制造企业，其存货主要是制造珠宝的原材料以及珠宝产品。

(1) 存货的内容与构成分析。

存货包括企业在日常活动中持有以备出售的产成品或商品，处于生产过程中的在产品，以及在生产过程或提供劳务过程中耗用的材料、物料等。比如轿车生产公司，其存货中既包括造好但尚未售出的整车（库存商品），又包括尚在生产线未完成装配的轿车（在产品），还包括生产轿车所需的原材料、备件等。

存货结构是指各类存货在存货总额中的比例。各类存货在企业再生产过程中的作用是不同的。其中，材料类存货是维持再生产活动的必要物质基础，但属于生产的潜在因素，所以应把它限制在能够保证再生产正常进行的最低水平上，产成品存货是存在于流通领域的存货，它不是保证生产过程持续进行的必要条件，因此必须压缩到最低限度，而在产品存货是保证生产过程持续进行的存货，企业的生产规模和生产周期决定了在产品存货的存量。在正常的经营条件下，在产品存货应保持一个稳定的比例。存货存储量大小应根据企业的生产经营活动、成本效益做出平衡。存货持有量过大，会降低存货周转率，降低资金使用效率，增加存货的储藏成本；存货持有量过小，会增加企业的短缺成本和采购成本。

在正常情况下，原材料、在产品和库存商品之间存在一定的比例关系。如果这种关系发生较大变动，那么可能预示着存在某种问题。比如，当企业生产所需的原材料供不应求，而价格处于快速上升阶段时，存货中的原材料占比大幅提升可能是因为企业提前大量购入原材料，以抵御未来原材料采购成本上升的风险；当企业的产品处于不景气阶段时，库存商品占比的大幅提升往往预示着企业所处的市场环境竞争加剧、产品滞销，并有可能形成库存积压。

(2) 存货的计价方法。

在资产负债表中，各种存货是以实际成本反映的，但在企业日常会计核算中，由于同类存货的进价成本不一定相同，因此在计算耗用成本或销售成本时，就要采用一定的计价方法进行核算。可供企业选择的存货计价方法有先进先出法、个别计价法和加权平均法。虽然存货的计价方法不会改变存货的实物量，但是存货发出采用不同的计价方法，对企业的财务状况、盈亏情况会产生不同的影响。在通货膨胀条件下，存货的不同计价方法对资产负债表和利润表的影响见表6-1。

表6-1　存货的不同计价方法对资产负债表和利润表的影响

计价方法	对资产负债表的影响	对利润表的影响
先进先出法	基本反映存货当前价值	利润被高估
个别计价法	基本反映存货真实价值	基本反映真实利润水平
加权平均法	介于两者之间	介于两者之间

存货计价方法的不同选择会产生重大的差异，一些企业在实务中往往将存货计价方法的选择作为操纵利润的手段。例如，当物价持续上涨时，将存货的计价方法由加权平均法改为先进先出法，能够提高期末存货成本，从而达到增加本期利润的效果。因此，当企业当期的存货计价方法发生变更时，投资者要注意分析变更的真正原因及其对当期利润的影响。

（3）存货盘存制度分析。

存货数量变动是影响资产负债表存货项目的基本因素，企业存货数量的确定主要有两种方法：定期盘存法和永续盘存法。当企业采用定期盘存法进行存货数量核算时，资产负债表中的存货项目反映的就是存货的实有数量。如果企业采用永续盘存法，除非在编制资产负债表时对存货进行盘存，否则，资产负债表中的存货项目所反映的只是存货的账面数量。两种不同的存货数量确定方法会造成资产负债表上存货项目的差异，这种差异不是由存货数量本身的变动引起的，而是由存货数量的会计确认方法不同造成的。

（4）存货真实性分析。

由于某些存货存在审计困难或者由于审计人员的疏忽，导致存货造假未被发现，例如我国著名的蓝田股份存货造假事件等。

4.固定资产分析

固定资产是指企业为生产商品、提供劳务、出租或经营管理而持有并且使用寿命超过一个会计年度的有形资产。固定资产是指企业为维持持续经营所必需的投资，主要特点为：长期拥有并在生产经营过程中发挥作用，投资数额较大，风险较高，反映企业生产的技术水平和工艺水平，对企业的经济效益和财务状况影响巨大，变现能力差。我们常说的工业企业的“产能”在资产负债表中主要体现为固定资产，因此分析企业运用固定资产创造收入的能力会将固定资产与收入对比分析。对于工业企业来说，常用的固定资产包括生产经营过程中需要使用的房屋（如厂房、办公大楼等）、生产用机器设备（生产线、加工设备等）、办公设备（电脑、打印机等）及运输工具（车辆、轮船等）。

分析固定资产主要关注以下几个方面：

（1）固定资产的规模和取得方式。

解读固定资产，首先应对其总额进行数量判断，即将固定资产与资产总额进行比较。这种分析应当结合行业、企业生产经营规模以及企业生命周期来进行。铁路运输需要火车及铁轨等固定资产，航空运输需要飞机和发动机等固定资产，电力生产需要发电机组等固定资产，这些固定资产往往金额庞大，所以铁路运输业、航空运输业以及电力、热力生产和供应业都是重资产型行业。重资产型行业的企业，其固定资产占比较高且固定资产的主要构成是与产能相关的机器设备，因此企业的收入规模往往取决于固定资产的规模。对于大部分服务业企业来说，其固定资产中的机器设备相对较少，更多的是经营管理场所对应的房屋和建筑物，以及一些办公设备和办公车辆。因此，固定资产仅仅是其正常运营的载体，与其业务规模的关系可能不大，占总资产的比例往往也较低。

固定资产的取得，可采取外购、自建、所有者投入、融资租赁、非货币性交易和债务重组等方式。不同方式对财务状况的影响是不同的。比如，采取所有者投入方式取得的固定资产，可以增加所有者权益，但入账成本具有主观性。因此，要分析投入固定资产的成本是按照双方协议，还是按照评估机构确认的价值来确定。但不管采用哪种价值，都要查明是否符合市场的公平交易，以避免其虚增资产。采取融资方式取得的固定资产，对承租方来说，减少了流动资产，增加了流动负债和非流动负债，从总体上来说，降低了企业的举债能力。对于新购建的固定资产，需要区分哪些是增加产能的投资，哪些是维护现有产能的投资，增加产能的投资通常会带来收入的大幅提升。

（2）固定资产的结构。

合理配置固定资产，既可以在不增加固定资产占用量的同时提高企业生产能力，又可以使固定资产得到充分利用。固定资产按经济用途使用情况，可分为生产用固定资产、非生产用固定资产、未使用和不需用固定资产等。在各类固定资产中，生产用固定资产，特别是其中的生产设备，同企业的生产经营直接相关，在全部资产中占较大比例。非生产用固定资产是指职工宿舍、食堂、俱乐部等非生产单位使用的房屋和设备。非生产用固定资产应在发展生产的基础上，根据实际需要适当增加，但增长速度不应超过生产用固定资产的增长速度，它的比例降低应当认为是正常现象。一般而言，生产用固定资产所占比例越高，说明企业固定资产的质量越高。未使用和不需用固定资产对企业固定资产的有效利用是不利的，应该查明原因，采取措施积极处理。投资者可以通过分析企业固定资产的利用效率或闲置率，评价企业固定资产的使用情况，此外，还可以通过财务报表和财务报表附注，考察企业固定资产的更新情况。在通常情况下，更新程度越高，意味着企业固定资产的质量和性能越好，企业的发展潜力越大。

（3）固定资产的折旧。

会计准则允许企业使用的固定资产折旧方法有平均年限法、工作量法、双倍余额递减法、年限总和法，后两种方法属于加速折旧法。不同的折旧方法导致各期所提折旧的不同，会引起固定资产价值发生不同的变化。固定资产折旧方法的选择对固定资产的影响还隐含着会计估计对固定资产的影响，如对折旧年限的估计、对固定资产残值的估计等。

5.短期借款分析

企业借入短期借款的目的，一般是维持正常的生产经营活动。具有一定数量的短期借款，表明企业拥有较好的商业信用，从而获得了金融机构的有力支持。对短期借款规模的分析，主要注意以下两点：

（1）与流动资产的规模相适应。从财务角度，短期借款筹资快捷，弹性较大。任何一个企业，在生产经营过程中都会发生或多或少的短期借款。但短期借款的目的就是维持企业正常的生产经营活动，因此短期借款必须与当期流动资产尤其是存货项目相适应。一般而言，短期借款应当以流动资产的数额为限。

（2）短期借款规模的变动。短期借款数量的多少往往取决于企业生产经营对流动资金的需要量和企业负债筹资政策的变动。流动资金需要量发生变化，特别是临时性占用流动资金需要量发生变化，企业的短期借款就会发生变化。当季节性或临时性占用资金需要量产生时，企业就可能通过举借短期借款来满足其资金需要；当这种季节性或临时性占用资金需要量消除时，企业就会偿还这部分短期借款，从而造成短期借款的变动。

相对于长期负债而言，短期借款具有风险高、利率低的特点，负债结构变化将会引起负债成本和财务风险发生相应的变化。一般来讲，短期借款的利率低于长期借款和长期债券的利率。企业增加短期借款，就可以相应减少对长期负债的需求，从而使企业的负债结构发生变化。

6.应付账款分析

应付账款是企业在采购业务中较普遍的一项流动负债，它是一种商业信用行为。与应付票据相比，它是以企业完全的商业信用作为保证的。分析应付账款的规模时应注意以下问题：

（1）应付账款的质量界定。

判断企业应付账款的质量应与企业存货相联系，在企业供货商赊销政策一定的条件下，企业的应付账款规模应该与企业的采购规模保持一定的对应关系，且应付账款一般不应高于存货。

在企业产销较为平稳的条件下，企业的应付账款规模还应该与企业的营业收入保持一定的对应关系。企业的应付账款平均付账期应保持稳定。但是，如果企业的购货和销售状况没有发生很大变化，企业的供货商也没有主动放宽赊销的信用政策，那么企业应付账款规模的不正常增加、应付账款平均付账期的不正常延长，就是企业支付能力恶化、资产质量恶化、利润质量恶化的表现。对此，投资者还应当结合行业、企业生产经营规模、企业经营生命周期以及企业的信用政策来综合分析。

（2）应付账款的规模变动。

企业应付账款规模变动的原因主要有以下几点：

第一，企业销售规模的变动。当企业销售规模扩大时，会增加存货需求，使应付账款债务规模扩大，反之会使其降低。

第二，企业未充分利用无成本资金。应付账款是因商业信用产生的一种无资金成本或资金成本极低的资金来源，企业在遵守财务制度、维护企业信誉的条件下对应付账款充分加以利用，可以减少其他筹资方式的筹资数量，从而节约企业的利息支出。

第三，提供商业信用企业的信用政策发生变化。如果供应商放宽信用政策和收账政策，那么企业应付账款的规模就会大些，反之就会小些。

第四，企业资金的充裕程度。当企业资金相对充裕时，应付账款的规模就小些；当企业资金比较紧张时，应付账款的清欠就会受到影响。

7.实收资本分析

实收资本是企业实际收到投资者投入的资本，包括国家资本、法人资本、个人资本和外商资本等。对股份制企业而言，投资者投入的资本被划分为等额的股份，因而将实收资本称为股本。实收资本是企业所有者权益的主要组成部分。在实收资本的会计分析中应注意以下问题：

（1）应将企业的实收资本与注册资本的最低限额进行比较，看是否符合国家的要求。

同时《公司法》规定，注册资本一旦投入，不能随意增减出资，因而还应特别关注企业相关增减出资活动是否得到国家相关部门的批准，是否存在抽逃资本的问题。

（2）分析时还应当观察实收资本的结构，注意企业治理结构的合理性及不同产权结构形成的资源禀赋。

（3）分析时也可以将所有者权益与负债进行比较，观察企业资本结构的稳定性和风险性。

8.未分配利润分析

未分配利润，是指企业尚未设定用途、将留待以后年度分配的税后净利润。在一般情况下，未分配利润来源于母公司实现的净利润，且经提取各项盈余公积和发放的股利后剩余的利润。未分配利润明细科目的余额，反映的是上市公司累积未分配利润或累积未弥补亏损。其会计分析的要点包括：

（1）投资者要关注未分配利润体现出的资产负债表与利润表的钩稽关系。资产负债表的期末未分配利润-期初未分配利润=利润表的净利润-提取的各项盈余公积-发放的股利（这个钩稽关系针对母公司报表）。

（2）投资者还要关注账面上累积了大量的未分配利润但就是不分红的公司。一方面，其利润的真实性值得怀疑；另一方面，其未分配利润可能是由应收账款、应收票据等形成的，公司只是纸面富贵，实际盈利能力差，拿不出真金白银给投资者分红。

二、偿债能力分析

1.流动比率

流动比率是指流动资产与流动负债的比率，表示每单位流动负债有多少流动资产作为偿还的保证。其计算公式如下

流动比率=流动资产÷流动负债×100%

一般认为，从债权人立场上说，流动比率越高越好，表示企业的偿付能力越强，企业所面临的短期流动性风险越低，债权越有保障，借出的资金越安全。但从经营者和所有者的角度看，并不一定要求流动比率越高越好，在偿债能力允许的范围内，根据经营需要进行负债经营也是现代企业经营的策略之一。因此，从一般经验看，流动比率为200%是比较合适的，此时企业的短期偿债能力较强，对企业的经营也比较有利。

运用流动比率指标分析评价企业的短期偿债能力，应注意以下几个问题：

（1）企业短期偿债能力取决于流动资产与流动负债的相互关系，而与经营规模无关。如果仅以流动比率作为偿债能力的评价标准，当企业规模大且流动资产多时，并不一定表明企业的短期偿债能力强；反之，企业规模小且流动资产少也不等于其偿债能力弱。从根本上决定企业短期偿债能力强弱的是流动资产与流动负债的结构变动。

（2）判断企业短期偿债能力必须结合企业所在行业的平均标准。流动比率为200%，只是就一般情况而言，并不是绝对标准。不同行业因其资产、负债的占用情况不同，流动比率会有较大差别，一些行业企业的流动比率达到100%，就可以表明该企业有足够的偿债能力，还有一些行业企业的流动比率达到或超过200%，也不一定表明该企业的偿债能力很强。

（3）企业短期偿债能力的判断必须结合其他有关因素，即使在同行业内，一些流动比

率较低的企业，也不一定表示其偿债能力较弱。如果企业有大量充裕的现金、随时能变现的有价证券，或具有相当强的融资能力等，企业实际的偿债能力要比流动比率指标所表示的偿债能力强得多；反之，如果一个企业的流动比率超过200%，但在流动资产中存货占相当高的比例，也不能说明其偿债能力很强，因此，在分析时一定要结合各种因素，对企业的短期偿债能力做出综合评价。

（4）要注意人为因素对流动比率指标的影响。流动比率是根据资产负债表的资料计算出来的，体现的仅仅是企业账面上的支付能力。如果企业管理人员出于某种目的，运用各种方式对其进行调整，那么流动比率所表现出来的偿债能力就会与实际的偿债能力产生较大差异。

2.资产负债率

资产负债率反映企业的资产总额中有多少是通过举债取得的。其计算公式如下：

资产负债率=负债总额÷资产总额×100%

该指标越大，说明企业的债务负担越重；反之，说明企业的债务负担越轻。对债权人来说，该指标越低越好，因为企业的债务负担越轻，其总体偿债能力越强，债权人权益的保证程度越高。企业则希望该指标高一些，虽然这样会使企业债务负担加重，但可以通过扩大举债规模来获得较多的财务杠杆利益。但如果该指标过高，那么会影响企业的筹资能力。因为人们认识到，如果一个企业的财务风险较高，当经济衰退或不景气时，企业经营活动所产生的现金收入可能满足不了利息支出的需要，所以，人们不会再向这个企业提供借款或购买其发行的债券。如果该指标超过100%，那么表明企业已资不抵债，视为达到破产的警戒线。因此，一般认为，该指标保持在30%～70%比较合适，有利于企业风险与收益的平衡。

通过对企业不同时期资产负债率指标的计算和对比分析，投资者可以了解企业债务负担的变化情况。企业必须根据自身的实际情况为资产负债率指标确定一个适度的标准，当企业债务负担持续增长并超过这一适度标准时，企业应注意调整该指标，不能只顾获取杠杆利益而不考虑可能面临的财务风险。

三、营运能力分析

1.应收账款周转率

应收账款周转速度主要通过计算和分析应收账款周转率（次数）和应收账款周转天数两个指标得出。这两个指标的具体计算公式如下：

应收账款周转率（次数）=营业收入÷应收账款平均余额

应收账款周转天数=360÷应收账款周转率

其中，应收账款平均余额=（期初应收账款余额+期末应收账款余额）÷2

应收账款金额的大小反映了企业资金被占用的程度。由于应收账款存在收不回来的可能性，过高的应收账款提升了企业未来损失的风险，过低的应收账款又会对企业的销售产生影响，从而影响企业的市场占有率，并最终影响企业的利润，因此，在市场经济条件下，应收账款过高或过低都可能对企业造成不利影响，而化解这一不利因素的最佳途径就是加速应收账款的周转。应收账款周转率越高，平均收现期越短，说明应收账款收回的速度越快。

2.存货周转率

存货是指企业在生产经营过程中为销售或耗用而储备的资产，它属于在流动资产中变现能力最弱、风险最高的资产，但同时又是在流动资产中收益率最高的资产。

存货周转速度分析一般有两个指标，即存货周转率（次数）和存货周转天数。通过存货周转率和存货周转天数的计算与分析，可以判断企业在一定时期存货资产的周转速度。这两个指标是反映企业供、产、销平衡效率的一种尺度。具体计算公式如下：

存货周转率（次数）=营业成本÷平均存货余额

平均存货余额=（期初存货余额+期末存货余额）÷2

存货周转天数=360÷存货周转率

在通常情况下，存货周转率越高，表明企业存货管理效率越高，存货从资金投入到销售收回的时间越短，在销售净利率相同的情况下，获取的利润就越多；反之，存货周转率越低，表明企业的存货管理效率越低，产销配合不好，存货积压过多，致使资金冻结在存货上，仓储费用及利息负担过重。

在企业经营管理过程中，增加存货量，一方面可以抵御市场不确定因素对企业正常经营活动的影响，从而有利于提高企业的盈利能力；但另一方面则增加了企业资金占用量，使资金利用率降低，盈利能力降低，同时提升了变现风险。减少存货量，一方面增加了市场不确定因素对企业的冲击力，而且有碍企业营销能力的扩大和盈利能力的提升；但另一方面则减少了企业资金占用量，提高了资金利用率，同时降低了变现风险。可见，存货的增减对企业有利有弊，因此，投资者要在正确分析企业存货周转水平的基础上，对存货量做出合理设计，以便制定正确的经营决策。

此外，在计算和使用存货周转率时应注意以下几个问题：

第一，存货周转天数并不是越少越好。存货过多会浪费资金，存货过少则不能满足流转需要，在特定生产经营条件下存在一个最佳的存货水平，因此，存货并不是越少越好。

第二，应该关注构成存货的原材料、在产品、半成品、产成品和低值易耗品之间的比例关系。各类存货的明细资料以及有关存货重大变动的解释，应该在公司财务报表附注中披露。在正常情况下，各类存货之间存在某种比例关系。如果产成品大量增加，其他项目减少，那么很可能是销售不畅，生产节奏放慢。此时，总的存货金额可能并没有显著变动，甚至尚未引起存货周转率的显著变化。因此，投资者在分析存货的过程中，既要重点关注变化大的项目，又不能忽视变化不大的项目，其内部可能隐藏着重要的问题。

第三节　利润表的解读与分析

利润表是指反映企业一定时期经营成果的财务报表。如果说资产负债表是一张“快照”，那么利润表就是记录了人们在两张“快照”之间做了些什么的一段“录像”。它反映了企业的收入、成本、费用、税收情况，揭示了企业利润的构成和实现过程。利润表是企业内外部利益相关者了解企业经营业绩的主要窗口，为企业分配利润和评价企业经营管理业绩提供重要的依据，也是用来预测企业未来利润的基础，因此，利润表分析对人们了解企业经营成果有极其重要的作用。因为利润在各种场合常常以评价标准的身份出现，所以一些企业出于各种动机，费尽心机地粉饰利润表，其根本目的就是操纵利润。因而，利润表往往是财务舞弊的“重灾区”。投资者和分析人员如不能保持谨慎，就很有可能掉进利润“陷阱”。对利润表进行会计分析，就是以利润表为主要依据，采用水平分析法、结构分析法、趋势分析法等方法筛选出利润表分析的重点项目，如营业收入、营业成本、期间费用、投资收益等，对其进行利润质量分析，判断企业在利润形成过程中是否存在舞弊行为，从而揭示利润表信息的真实程度。

一、利润表主要项目解读

（一）营业收入项目分析

营业收入，是指在一定时期内企业销售商品或提供劳务所获得的收入，包括主营业务收入和其他业务收入。在一般情况下，企业的营业收入包括以下内容：商品销售收入、提供劳务收入、让渡资产使用权收入。营业收入作为日常收入的主要来源，对于信息使用者判断企业现在及未来收入的持续性具有重要意义。

1.营业收入构成分析

营业收入分析不仅要研究其总量，而且要分析其结构及其变动情况，以了解企业的经营方向和会计政策选择。

（1）营业收入的产品品种构成分析。从市场竞争的角度来看，企业一般会从事多种商品或劳务的经营活动，占总收入比例高的商品或劳务是企业过去业绩的主要增长点。报表使用者可以通过体现过去主要业绩的商品或劳务的未来发展趋势进行分析，进而分析企业的未来发展趋势以及企业业绩的可持续性。

（2）营业收入的地区构成分析。企业在不同地区销售商品或提供劳务的营业收入构成对信息使用者的意义重大：不同地区的消费者对不同品牌的商品具有不同的偏好；占总收入比例高的地区是企业过去业绩的主要增长点；不同地区的市场潜力在很大程度上制约了企业未来的发展。

（3）营业收入的具体项目分析。营业收入包括主营业务收入和其他营业收入，主营业务收入应为企业收入和利润的主要来源。如果企业的主营业务收入占营业收入的比例较低，或者逐年下降，那么企业的发展潜力不容乐观。

（4）现销收入与赊销收入分析。企业收入中的现销收入与赊销收入构成，受企业的产品适销程度、企业竞争战略、会计政策选择等多种因素影响。通过对二者结构及其变动情况进行分析，投资者可了解并掌握企业的产品销售情况及其战略选择，进而分析判断其合理性。当然，在市场经济条件下，赊销作为商业秘密并不要求企业披露其赊销收入情况，因此，这种分析方法更适用于企业内部分析。

2.营业收入分析要点

（1）关注营业收入的增长幅度。

营业收入的稳定增长是企业正常生产经营的标志。企业的发展通常是循序渐进的，因此，企业营业收入的增长幅度通常应在一个合理的范围内。如果超出合理范围，那么需要查明原因，同时考虑报表数据的可信度。

分析企业的营业收入，要从横向和纵向两个方面分别进行比较：在横向上将企业与同行业其他企业的资料进行比较，在纵向上将企业不同时期的资料进行比较，如果差异较大，那么分析人员应将该企业的营业收入划分为具有潜在风险的领域并予以特别关注。

企业营业收入的多少主要受销售数量和价格影响。因此，营业收入分析，应在分析收入总量变动的基础上，进一步确认销售量和价格对其影响的程度。分析的步骤如下：

第一，计算营业收入增长额和增长率。

营业收入增长额=本期实际营业收入-基期营业收入

营业收入增长率=营业收入增长额÷基期营业收入

第二，计算销售量变动对营业收入的影响。

销售量变动对营业收入的影响=基期营业收入×销售量增长率

销售量增长率=$\sum$(产品实际销售量 × 基期单价)÷$\sum$(产品基期销售量 × 基期单价) × 100% - 1

第三，计算价格变动对营业收入的影响。

价格变动对收入的影响=营业收入增长额-销售量变动对营业收入的影响

通过销售量与价格对收入的影响分析，不仅可明确企业销售量及价格对收入的影响程度，而且可了解企业的竞争战略选择及其效果。

（2）关注营业收入与应收账款的对应关系。

在企业赊销政策一定的条件下，企业的应收账款规模应该与企业的营业收入保持一定的对应关系，企业的应收账款平均收现期应保持稳定。但是，企业的应收账款规模还与企业在赊销过程中采用的信用政策有关：放宽信用政策，将会刺激销售、扩大应收账款的规模以及延长应收账款的平均收现期。

当分析营业收入时，分析人员要注意应收账款的非正常增长、应收账款平均收现期的非正常延长，有可能是企业为了增加其营业收入而放宽信用政策的结果。过宽的信用政策，可以刺激企业营业收入的增长，但是企业未来也会面临出现大量坏账的风险。

（3）关注收入和费用的确认方式或确认时间的一致性。

某些业务是一个整体性系统而不是单一的产品（如建筑施工），销售过程是持续的并存在跨年度销售，因而应当关注上市公司是否客观地按进度划分销售收入实现比率；尤其需要注意上市公司可能存在通过安排销售收入、资产出售、研究支出、广告支出、维修费用的实际发生时间来调节收入和费用的情况。

（4）关注与关联方交易状况。

在经济活动中，企业存在着各种各样的关联方关系，也经常发生多种多样的关联方交易。由于关联方交易容易受到企业控制人的干涉，从而有可能使交易的价格、方式等有失公允，进而侵害了股东和债权人利益，因此，分析关联方交易收入的状况意义重大。报表使用者进行分析时要关注交易价格、交易实现时间、交易量以及市场运作状况等非市场化因素。

（5）关注部门或地区行政手段对企业业务收入的贡献。

在一般情况下，国家为了促进一些新兴产业的发展，会给予一定的优惠政策。而一些已经发展成熟的企业，其形成的利润在很大程度上依然依赖有关部门或地区的行政手段，则该企业未来的发展前景不一定乐观。

（二）营业成本项目分析

营业成本是指企业因销售产品或者提供劳务而发生的费用，营业成本分为主营业务成本和其他业务成本。营业成本是与营业收入相关的，已经确定了归属期和归属对象的成本。在不同类型的企业里，营业成本有不同的表现形式。在制造业企业中，营业成本表现为已销售产品的生产成本；在商品流通企业中，营业成本表现为已销商品的成本。

在一般情况下，企业报表附注会列示主营业务成本的项目、每个项目的金额以及各自占主营业务成本的比例。分析者需要仔细甄别造成营业成本变动的因素。其中，影响营业成本变动的有企业不可控的因素，如受市场因素的影响而引起的价格波动，也有企业可控的因素，如在一定的市场价格水平条件下，企业可以通过选择供货渠道、批量采购等方式来控制成本水平，还可以通过成本会计系统的会计核算，如通过对发出存货采用不同的计价方法来对企业的制造成本进行调节，因此，对营业成本变动的质量评价，应综合考虑多种因素来进行。

（三）期间费用分析

由于费用是为了取得收入而发生的，因此费用的确认应当与收入的确认相联系。确认费用应该遵循划分收益性支出与资本性支出的原则、权责发生制原则和配比原则。

期间费用是指与当期产品的管理和销售直接相关，而与产品产量和产品制造过程不直接相关，不能直接或间接归属于某个特定对象的各种费用。这些费用容易确定其发生期间和归属期间，但很难判别其归属对象，因而在发生的当期应从损益中直接扣除。期间费用通常包括销售费用、管理费用、财务费用和研发费用等。

1.销售费用分析

销售费用是指企业为了满足客户的需求在销售商品和材料、提供劳务的过程中发生的各种费用，包括在销售商品过程中发生的保险费、包装费、展览费、广告费、商品维修费、预计产品质量保证损失、运输费、装卸费等经营费用。

利润最大化是企业追求的目标，销售费用反映的是企业以销售为目的发生的营业活动规模、销售人员报酬、市场开拓能力等方面的情况。二者并非完全对立，企业需要找到一个最佳配比点，控制不合理的营销开支，同时保持营销能力不会被降低，这样才能促进企业的长期发展。因此，信息使用者主要根据这一指标来分析费用变动的合理性和有效性。

销售费用是一项期间费用，在报告期末要全部结转至“本年利润”账户，以计算本期收益。销售费用可能对销售收入产生很大影响。当销售费用增加时，应该关注其是否带动了营业收入的增加。当销售费用超过一定水平后，由于市场趋于饱和，收入的增长率将降低。如果某个企业的销售费用增长幅度远远大于营业收入增长幅度，那么其获利空间是非常有限的，营业收入增长的可持续性值得怀疑。分析者在对企业未来经营状况进行预测时有理由认为，要维持营业收入的增长，企业需要支付高额的销售费用来满足营销目标，在具体分析过程中可通过与企业去年同期指标及同行业其他企业的相同指标进行对比，以了解企业销售费用的使用效率情况。

2.管理费用分析

一般来说，在企业的组织结构、管理风格、管理手段、业务规模等方面变化不大的情况下，企业的管理费用规模变化不会太大。这是因为变动性管理费用会随着业务量的增长而增长，固定性管理费用则不会有较大变化。在具体分析过程中，分析者可通过与企业去年同期指标及同行业其他企业的相同指标进行对比，以了解企业管理费用的使用效率情况。

3.财务费用分析

根据财政部会计司《关于修订印发2018年度一般企业财务报表格式的通知》（财会

〔2018〕15号）[①]，对现行的财务报表格式进行了较大的修订。在“财务费用”项目下增加“利息费用”和“利息收入”明细项目。

财务费用是指企业在筹措生产经营所需资金的过程中所发生的费用，包括企业生产经营期间为筹集资金发生的利息费用、汇兑损益、金融机构手续费以及其他手续费等。利息费用并不都是已经支付的费用，根据权责发生制原则，未支付的但属于本期的利息费用也在当期的“财务费用”账户中核算。属于应予以资本化的利息费用不能在“财务费用”账户中核算，而应计入相应的资产成本。

在分析中，财务费用是一个非常值得关注的项目。贷款规模、贷款利息、贷款期限是影响企业贷款利息水平的主要因素。当企业因贷款规模的原因导致计入利润表的财务费用下降时，需要辩证地分析，一方面贷款规模的缩小可以改善企业的盈利能力，另一方面也可能因此影响企业的发展水平。因此，信息使用者通过贷款规模指标来分析财务费用增减变动的合理性和有效性、还本付息的保障程度和财务风险程度。

二、盈利能力分析

销售盈利能力是指企业在生产经营过程中获取利润的能力，具体来说是指在单位营业收入中所实现利润的多少。企业的利润归根结底源自企业的销售盈利能力，企业主营业务的获利能力是决定企业利润多少的关键因素，也是同行业企业比较经营业绩、考察管理水平的重要标准。

（一）毛利率

毛利率是指企业的营业毛利与营业收入的对比关系。营业毛利是指企业的营业收入扣除营业成本后，有多少钱可以用于支付各项期间费用以及形成盈利，该指标可以在一定程度上反映企业生产环节效益的高低。其计算公式如下：

毛利率=营业毛利÷营业收入×100%

营业毛利=营业收入-营业成本

营业毛利是企业最基本的或初始的利润，也是企业获取净利润的起点。毛利率高，说明单位产品获利能力高；毛利率低，说明单位产品获利能力低。

毛利率具有明显的行业特点，不同行业的产品具有不同的毛利率。例如，高技术、智力密集型行业，其产品通常具有较高的毛利率，以支撑较高水平的研发费用、人力资源成本等，并最终维持较为合理的行业利润率。同样，某些行业的产品生产成本较低，但流通过程需要大量营销推广费用，则产品的毛利率通常也会比较高。而产品差异小、市场竞争激烈的行业，则容易因产品价格竞争而导致较低的毛利率，例如普通钢铁。

企业战略也是导致同一行业不同企业具有不同毛利率的一项重要原因，比如定位于产品领先战略的企业，其产品通常具有更高的毛利率，而定位于低档产品策略的企业，其产品的毛利率通常较低。低毛利率本身也可能是企业的一种营销策略，通过低价抢夺市场份额，从而形成对供应商的控制，进而实现产品销售量的最大化。企业出售低毛利率的产品线、改变自制产品为外包等经营策略的变化，也都会引起企业毛利率的显著变化。

---

① 2018年6月15日，财政部发布《关于修订印发2018年度一般企业财务报表格式的通知》（财会〔2018〕15号），在“财务费用”项目下分拆“利息费用”和“利息收入”明细项目。2019年4月30日，财政部发布《关于修订印发2019年度一般企业财务报表格式的通知》（财会〔2019〕6号），沿用了这部分内容。

企业毛利率变动还可能是由产品生产销售流程中的成本和价格因素变动引起的，如原材料的价格变动、生产过程中的成本控制、销售价格降低等。

（二）总资产利润率

资产盈利能力分析主要研究利润与占用或消耗的资产之间的比率关系，反映企业的各项资产在营运过程中实现的盈利水平。

总资产利润率是指企业的利润总额与总资产平均额之间的比率，即企业在一定时期内由总资产所实现的利润额。总资产利润率反映了企业综合运用全部经济资源所获得的经济利益。其计算公式如下：

总资产利润率=利润总额÷总资产平均额×100%

总资产平均额=（期初总资产余额+期末总资产余额）÷2

该指标越高，说明企业资产的盈利能力越强。对于总资产利润率的分析，应注意以下问题：

1.重视企业的资产结构分析

不同的资产结构代表不同的资产质量与收益能力。相关人员使用总资产报酬率时，不仅要关注资产规模对该指标的影响，而且要关注资产结构对该指标的影响。企业的资产结构不仅包括流动资产与固定资产的构成及其比例，而且包括生产经营用资产与非生产经营用资产的构成及其比例，以及不良资产、闲置资产、优良核心资产的构成及其比例等。通过对资产结构的分析，有助于财务分析人员了解企业资产利用效率，从而把握企业盈利能力的深层次原因。

2.关注企业利润形成结构的分析

从利润的来源来看，利润总额包括企业在正常生产经营活动中形成的营业利润与企业在非日常活动中形成的营业外收支净额。在对总资产报酬率进行分析时，分析者还要关注利润总额构成中的营业利润与营业外收支净额之间的相对比例。如果企业的利润总额绝大多数来自营业利润，那么说明该企业的利润质量较高，盈利能力较强；反之，如果营业外收支净额在利润总额中占比过高，那么说明企业的利润质量较低，盈利能力较弱。

（三）净资产收益率

净资产收益率是指企业净利润与净资产平均额之间的比率，即企业在一定时期内由净资产实现的净利润。净资产收益率是判断企业资本盈利能力的核心指标。其计算公式如下：

净资产收益率=净利润÷净资产平均额×100%

净资产平均额=（期初所有者权益总额+期末所有者权益总额）÷2

净资产收益率是评价企业所有者投入资本获取报酬的最具有综合性和代表性的指标，反映了企业资本运营的综合效益。净资产收益率充分体现了投资者投入企业的自有资本创造净收益的能力，突出反映了投资与报酬的关系。

该指标通用性强，适应范围广，不受行业的局限。分析者通过对该指标的综合对比，可以分析出企业获利能力在同行业中所处的地位，以及与同行业其他企业之间的差异。在通常情况下，企业的净资产收益率越高，表明投资者投入资本获取收益的能力越强，资本运营效益越好，对投资者回报的保证程度越高。

【课程思政拓展阅读】

重读《应立即停止对蓝田股份发放贷款》

2001年10月，刘姝威一篇600多字的经典研究推理短文《应立即停止对蓝田股份发放贷款》让“老牌绩优”的蓝田股份神话破灭。蓝田股份曾经创造了中国股市长盛不衰的绩优神话。这家以养殖、旅游和饮料为主的上市公司，一亮相就颠覆了行业规律和市场法则，1996年发行上市以后，在财务数字上一直保持着神奇的增长速度：总资产规模从上市前的2.66亿元发展到2000年末的28.38亿元，增长了9倍，历年年报的业绩都在每股0.60元以上，最高达到1.15元，创造了中国农业企业罕见的“蓝田神话”。

刘姝威通过对蓝田股份的偿债能力、农副水产品销售收入、现金流量、资产结构四个维度进行分析，推理出蓝田股份的偿债能力越来越恶化；扣除各项成本和费用后，蓝田股份没有净收入来源；蓝田股份不能创造足够的现金流量以便维持正常经营活动和保证按时偿还银行贷款的本金和利息；银行应该立即停止对蓝田股份发放贷款。

刘姝威以一己之力对抗整个蓝田利益集团，因此被评为“2002CCTV中国经济年度人物”和“感动中国2002年度人物”。“感动中国”的刘姝威颁奖词：她用自己的大智大勇向一个虚假的神话提出疑问，面对一个强大的集团，面对一张深不可测的网，面对死亡的威胁，她以自己个人的力量坚持着这场强弱悬殊的战争，坚守着正义和良心的壁垒，正是这种中国知识分子的风骨，完美地证明了中国还有一双揉不进沙子的眼睛，推动了中国股市早日走上正轨，推动了中国经济的发展。

资料来源：佚名.总有一种力量激励我们前行——首届《感动中国》2002年度人物事迹［EB/OL］.［2023-02-03］（2023-10-02）.https：//history.sohu.com/a/636879674_121619895；刘姝威.重读刘姝威600字经典之作《应立即停止对蓝田股份发放贷款》［EB/OL］.［2017-02-26］（2023-10-02）.https：//www.sohu.com/a/127298800_499067.笔者根据以上文章摘选整理。

【本章巩固练习题】

一、单项选择题

1.提高企业营业利润的方式可以通过（　　）。

A.增加营业外收入　　B.降低营业外支出

C.降低所得税　　D.增加销售收入

2.在企业利润的来源中，未来可持续性最强的是（　　）。

A.主营业务利润　　B.投资收益

C.营业外收支　　D.公允价值变动收益

3.按照发生期间进行归集和补偿的费用，统称为（　　）。

A.行政管理费用　　B.一般管理费用

C.期间费用　　D.经营总成本

4.影响应收账款坏账风险提升的因素是（　　）。

A.账龄较短　　B.客户群分散

C.信用标准严格　　D.信用期限较长

5.若企业占用过多的存货和应收账款，一般不会直接影响企业的（　　）。

A.资金周转　　B.获利能力

C.偿债能力　　D.长期资本结构

6.投资者最关心的财务信息是（　　）。

A.总资产利润率　　B.毛利率

C.净资产收益率　　D.流动比率

7.关注企业收益稳定性及经营安全性的信息主体是（　　）。

A.股东及潜在投资者　　B.债权人

C.内部管理者　　D.政府

8.编制共同比利润表，作为总体的项目是（　　）。

A.主营业务收入　　B.主营业务利润

C.利润总额　　D.净利润

9.财务报表分析的目的是（　　）。

A.将财务报表数据转换成有用的信息，以帮助报表使用者改善决策

B.增加股东财富

C.使企业能够避税

D.使顾客能够买到物美价廉的产品

10.关于货币资金，下列说法错误的是（　　）。

A.货币资金包括库存现金、银行存款和其他货币资金

B.信誉好的企业没必要持有大量的货币资金

C.企业不仅应保持一定量的货币资金，而且货币资金越多越好

D.货币资金本身就是现金，无须变现

二、多项选择题

1.下列选项，可以提高产品销售收入的途径有（　　）。

A.扩大销售数量　　B.改善品种结构

C.适当提高单位售价　　D.降低单位生产成本

2.下列叙述正确的有（　　）。

A.给企业提供贷款的机构或个人称为贷款债权人

B.商业债权人需要了解流动资产的状况及其变现能力

C.贷款债权人最关心的是投资收益率

D.贷款债权人需要了解企业的获利能力和现金流量

3.下列财务比率，比率越高，直接说明企业长期偿债能力越强的有（　　）。

A.总资产利润率　　B.所有者权益比率

C.资产负债率　　D.利息保障倍数

4.对企业管理者而言，进行资产结构和资产管理效果分析的意义主要体现在（　　）。

A.优化资本结构　　B.改善财务状况

C.加速资金周转　　D.减少资产经营风险

5.应收账款是企业的一项债权，一般按交易发生日或销售确立日的金额予以入账。相关人员分析应收账款的质量和流动性时，应注意（　　）。

A.应收账款的规模　　B.坏账损失风险

C.潜在亏损风险　　　　　　D.应收账款流动性的考核指标

三、判断题

1. 财务报表分析的对象是企业的经营活动。（　）
2. 比较分析有三个标准：历史标准、同业标准、预算标准。（　）
3. 财务报表分析主要为投资者服务。（　）
4. 分析企业的流动比率，可以判断企业的营运能力。（　）
5. 企业持有较多的货币资金，最有利于投资者。（　）
6. 企业要想获取收益，必须拥有固定资产，运用固定资产可以为企业创造直接收入。（　）
7. 如果企业利润主要源自主营业务收入，那么说明企业的经营成果是比较稳定的。（　）
8. 一般来说，企业的获利能力越强，则长期偿债能力越强。（　）
9. 一般来说，服务业的资产周转率比制造业的资产周转率慢。（　）
10. 销售增长率越高并不一定代表企业在销售方面具有良好的成长性。（　）

四、简答题

1. 财务报表分析的基本内涵是什么？
2. 财务报表分析的基本框架是什么？
3. 财务报表分析的基本方法有哪些？
4. 如何理解资产负债表的主要项目？
5. 如何理解利润表的主要项目？
6. 如何理解企业财务报表就是企业的“一张照片”？
7. 会计是一门“技术”，还是一门“艺术”，抑或是“魔术”？

五、案例综合题

1.某制造业企业2023年6月30日资产负债表（简表）见表6-2。

表6-2　　**资产负债表（简表）**

2023年6月30日　　单位：元

资产	金额	负债及所有者权益	金额
流动资产	201 970	流动负债	97 925
其中：速动资产	68 700	非流动负债	80 000
固定资产	237 000	负债合计	177 925
无形资产	138 955	所有者权益	400 000
资产总计	577 925	负债及所有者权益总计	577 925

假定该制造业企业所在的行业流动资产占总资产的比例平均值为30%；

要求：

（1）编制该制造业企业2023年6月30日共同比资产负债表。

（2）对该制造业企业的资产结构及负债结构做出评价。

2.某企业负债融资和权益融资的情况见表6-3。

表6-3 某企业负债融资和权益融资情况表 金额单位：元

项目	年初数	年末数	增减幅度	年初比例	年末比例	变动差异
流动负债	15 715	21 182				
非流动负债	1 529	679				
股东权益	10 040	50 286				
合计	27 284	72 147				

要求：

（1）请计算有关数据，并填入表6-3。

（2）试分析该企业的融资结构。

【本章知识结构图】

第七章　会计智能化发展及其趋势

【学习目标】

随着信息技术的发展与应用及商业环境的变迁，会计信息化经历了会计核算电算化、会计管理电算化、网络会计、ERP会计、智能化会计几个阶段。通过本章的学习，学生应该了解国外会计信息化及我国会计信息化的发展历程，理解信息技术对会计的影响，把握未来会计信息化的发展趋势，洞察会计发展未来，以更好地适应会计智能化时代的到来。

【引导案例】

中化国际的会计智能化发展之路

中化国际的全称是中化国际（控股）股份有限公司，主要经营领域包括农业类化学品、物体添加剂、中间体以及纯天然橡胶等。中化国际自上市以来，就不断地开始进行战略转型，凭借先进的研发、生产能力及优秀的营销手段，已成功转型为以精细化工、农业类化学品为主业的公司。中化国际2019年的营业收入高达601.27亿元，总资产为504.39亿元。在德勤推出财务机器人后不久，普华永道也推出了财务智能机器人。2017年8月，中化国际与普华永道开展合作，在企业内部引入人工智能技术，将普华永道财务机器人引入中化国际的财务共享服务中心。在引入财务机器人后，中化国际在改造会计工作核算流程、降低人力成本、提升工作效率和会计信息质量等方面都发生了很大的变化。

中化国际在会计智能化转型过程中，不断优化ERP系统的流程。运用财务机器人可以快速、自动获取并整合财务数据，自动进行记账、算账、核对、报税等工作，对于一项有一定规则的任务，财务机器人还可以模仿会计工作者分析判断并处理这些工作。此外，财务机器人的侵入性较低，它不需要彻底替换原有的财务软件和技术框架，只需在原有的财务系统中添加特定的程序代码，就能实现会计流程自动化，从而大幅减少企业成本，会计工作效率大大提升，使会计信息的时效性和准确性不断改善，进而为企业的经营决策提供有效支持。

第一节　会计信息化的发展

会计被公认为一种商业语言。如前所述，会计通过确认、计量、记录与报告四个环节提供会计信息，满足会计信息使用者有关投资、信贷及管理等各类决策的需要。这种通过数据识别、收集和存储的过程，即信息开发、测试和沟通的过程。从这种意义上讲，会计是提供信息的一个信息系统，人们称之为会计信息系统（Accounting Information System，AIS）。

会计信息系统可以是基于纸和笔的手工系统，也可以是运用最新信息技术的复杂系统，再或者介于两者之间。无论采用哪种方法，其处理过程都是一致的。会计信息系统必须收集、输入、加工和报告数据与信息。纸和笔或者电脑硬件和软件只不过是用来生产信息的工具。

在现实经济生活中，一方面企业规模、业务多少与复杂程度存在差异，另一方面计算机在会计领域中的应用需要计算机等信息设备的投入，即会计信息化是需要成本的，因此手工会计信息系统与计算机会计信息系统仍将在一段时间内并存。人们把以计算机为代表的信息技术在会计领域的应用称为会计电算化，而随着人们对会计电算化认识的深入，当前会计界一般用会计信息化取代会计电算化。本节为大家介绍国内外会计信息化的发展过程。

一、国外会计信息化的发展

1946年，世界上第一台计算机问世，实现了20世纪一项划时代的变化。此后，计算机在航空航天、工业、生物、医学、教育、经济等领域迅速得到广泛应用。计算机所具有的自动、高速进行大量计算和数据处理的特性，使其成为需要进行大规模数据处理的经济管理工作的必然选择。1954年，美国通用电气公司首次利用计算机计算职工薪金的举动，开创了利用计算机进行会计数据处理的新纪元，引起了会计数据处理技术的变革，电算化会计也应运而生了。20世纪60年代中期以后，计算机硬件、软件的性能得到了进一步改进，可操作性不断增强，为计算机在会计领域的普及创造了条件。特别是微型计算机的问世，数据库与计算机网络技术的迅猛发展，使人们充分认识到电算化数据处理的优越性。在新技术、新方法不断呈现的同时，专业会计软件不断翻新，电算化会计的理论研究不断完善和成熟，电算化会计系统逐渐成形。国外会计信息化大致经历以下几个阶段：

1.单项（成批）处理阶段（20世纪50年代初期至20世纪50年代中期）

该阶段的特点：程序简单，程序和数据相互不独立，无数据管理。以模拟手工核算为主，目的是替代繁重的手工劳动。

2.会计信息综合（系统）处理阶段（20世纪50年代中期至20世纪60年代）

该阶段的特点：利用计算机对某一管理子系统进行核算。具有简单记账、算账功能的“簿记系统”被具有一定管理、分析功能的会计电算化信息系统所代替。

3.管理信息系统处理阶段（20世纪70年代）

该阶段的特点：会计电算化信息系统成为管理信息系统的一个主要组成部分，企业可以借助计算机系统提供的信息进行最高决策，从而提高了企业的工作效率和管理水平。

4.决策支持系统处理阶段（20世纪80年代至今）

该阶段的特点：应用程度和数据更具独立性，数据冗余度更小，出现了分布式网络系统。

值得一提的是，随着信息技术应用的普及与企业资源管理水平的提高，会计信息系统日益成为企业资源计划（Enterprise Resource Planning，ERP）系统的一部分。ERP系统从20世纪60年代开始就逐渐将会计电算化信息系统整合进入企业管理信息系统。

二、我国会计信息化发展

我国会计电算化工作始于1979年。其主要标志是，1979年财政部支持并参与了长春第一汽车制造厂的会计电算化试点工作。1981年8月，在财政部、第一机械工业部和中国会计学会的支持下，中国人民大学和长春第一汽车制造厂联合召开了“财务、会计、成本应用电子计算机专题讨论会”。这次会议成为我国会计电算化理论研究的一个里程碑，在这次会议上提出计算机在会计上的应用统称为“会计电算化”。从此，随着20世纪80年代计算机在全国各个领域的应用、推广和普及，计算机在会计领域的应用也得以迅速发展。概括起来，我国会计信息化可以分为以下几个阶段：

1.缓慢发展阶段（1983年以前）

这个阶段始于20世纪70年代少数企事业单位单项会计业务的电算化，计算机技术应用会计领域的范围十分狭窄，涉及的业务十分单一，最普遍的是工资核算的电算化。在这个阶段，由于会计电算化人员缺乏，计算机硬件昂贵，软件汉化不理想，会计电算化没有得到高度重视，因此，这个阶段会计电算化的发展比较缓慢。

2.自发发展阶段（1983—1987年）

从1983年下半年起，全国掀起了一股计算机的浪潮，微型计算机在国民经济各个领域得到了广泛应用。然而，由于使用计算机的经验不足，理论准备与人才培训不够，管理水平滞后，造成在会计电算化实施过程中出现了许多盲目的低水平重复开发的现象，从而浪费了许多人力、物力和财力。

这一阶段的主要表现：一是没有经过认真调查研究就匆匆上马的会计软件开发项目占大多数，有的单位先买计算机，再确定上什么项目，没有全盘考虑如何一步一步地实现会计电算化；还有的单位为了评先进、上等级等，买一台计算机来充门面。二是开展会计电算化的单位之间缺乏交流，闭门造车、低水平、重复开发的现象严重。三是会计软件多为专用定点开发，针对通用会计软件开发的研究不够，会计软件的规范化、标准化程度低，从而使得会计软件的商品化受到很大制约。四是会计电算化的管理落后于客观形势发展的需要，全国只有少数地方财政部门开展了会计电算化组织管理工作，并配备了管理会计电算化的专职人员，制定了相应的管理制度，而多数地区还没有着手开展管理工作。五是既懂会计又懂计算机的人才正在培养过程中，从1984年开始，各大中专院校、研究院所纷纷开始培养会计电算化的专门人才。六是会计电算化的理论研究开始得到重视，许多高等院校、研究院所及企业组织了专门的班子研究会计电算化理论。1987年11月中国会计学会成立了会计电算化研究组，为有组织地开展会计电算化理论研究做好了准备。

3.普及与提高阶段（1988—1994年）

这一阶段相继出现了以开发经营会计核算软件为主的专业公司，而且业务发展得很快，并逐步形成了会计软件产业。由于受这一时期我国经济发展水平的影响和计算机技术发展的限制，会计电算化的演进具有多态性。可以说，我国会计电算化的演进过程是：从单项数据处理，发展到全面应用计算机、建立会计信息系统的过程；从计算机处理和手工操作并行，发展到甩掉手工账本，靠计算机独立运行完成记账、算账及报账等任务的过程；从应用计算机处理企业内部会计信息，发展到应用计算机汇总并报送财务报表，为国家宏观经济提供可靠的会计信息的过程；从最初采用原始的软件开发方法，发展到运用现代软件工程学方法开发会计软件的过程；从最初单家独户开发会计软件，发展到设置专门机构，集中专门人才，开发通用化、商品化的会计软件的过程。

这一发展阶段有以下三个主要标志：一是会计软件的开发向通用化、规范化、专业化和商品化的方向发展；二是各级行政部门和业务主管部门加强了对会计电算化的管理，许多地区和部门制定了相应的发展规划、管理制度和会计软件开发标准；三是急于求成的思想逐渐被克服，失败和成功的经验给人们以启示。

4.网络会计发展阶段（1995—1998年）

随着改革的深化、开放的扩大，市场经济体制逐步建立，市场经济环境促使会计不断变革，同时也对提供及时、准确、完整的会计信息提出了新的要求。个人电脑和局域网技术的迅速发展，为企业开创会计信息化事业提供了必要的硬件环境，从而掀起了我国会计信息化事业发展的新浪潮，企业会计信息化进入了由单项会计数据处理（EDP）阶段到部门级会计信息系统的发展阶段。

5.ERP阶段（1999—2007年）

20世纪90年代中后期，我国改革开放进入了深化发展时期。伴随着我国加入WTO，企业面临着来自国际市场和国内市场的双重竞争，导致企业对管理、决策和市场信息的需求大幅增加，部门级会计信息系统所生产的会计信息因“滞后性”和“孤立性”已无法满足企业管理的需求，企业越来越深刻地认识到：信息系统、数字化管理是提高企业市场竞争力的重要平台和手段。同时，网络技术的发展，特别是互联网的问世和应用，为开展企业整体信息化提供了IT环境。ERP系统席卷了信息化市场，推动了企业级财务业务一体化会计信息系统的应用和发展。作为企业管理信息系统的一个子系统，企业级会计信息系统在功能、结构和性能上比部门级会计信息系统更加完备和优化。

6.社会化会计阶段（2008年至今）

21世纪互联网、移动通信、物联网、智慧地球、云计算、大数据等技术的应用推动了网络时代的发展和知识经济时代的到来，在这个阶段会计信息化步入了以规范化、标准化、知识化，智能化、互联化、云化、社会化、产业化为主要标志的会计信息化变革时代。财政部、工业和信息化部、国资委等监管部门引领和推动了我国会计信息化的新发展。以2008年11月12日财政部联合工业和信息化部、人民银行、国家税务总局、国资委、审计署、银监会、证监会和保监会成立全国会计信息化委员会暨XBRL中国地区组织为起点，发布了一系列信息化的指导意见、发展纲要、系列标准及其实施通知等，为发展和规范我国会计信息化事业起到了核心作用。

三、会计电算化与会计信息化的区别

传统的会计电算化，实质上并未突破手工会计核算的思想框架。会计电算化与会计信息化虽然都是利用现代科学技术处理会计业务，都提高了会计工作的效率和企业财务管理水平，但企业信息化环境下的会计信息化系统与会计电算化系统相比，无论是技术上还是内容上都是一次质的飞跃，两者的内涵大相径庭。

1.历史背景不同

会计电算化产生于工业社会。随着工业化程度的提高，会计业务的处理量日渐增大，传统会计工作的处理方法日渐落后。为了适应社会经济的发展，加强信息处理力度，企业开始采用电子计算机对会计业务进行处理。会计信息化则产生于信息社会。在信息社会中，有一个公式：“企业的财富=经营+信息”，可见信息的重要性。信息社会要求社会信息化，企业是社会的细胞，社会信息化必然要求企业信息化，企业信息化必然导致会计信

息化。

2.目标不同

现行的会计电算化系统是基于手工会计系统发展而来的，其业务流程与手工操作方法基本一致，主要是为了减轻手工会计系统的重复性劳动，从而提高效率；会计信息化系统是从管理者的角度进行设计的，能实现会计业务的信息化管理，充分发挥会计工作在企业管理和决策中的核心作用。

3.技术手段不同

现行的会计电算化系统由于在开始设立时受到环境的束缚，其系统主要是针对单功能的计算机设立的，后来的会计电算化软件也是在此基础上的发展和改善；会计信息化系统是在网络环境下进行设计的，其实现的主要手段是计算机网络及现代通信等新的信息技术。

4.功能范围和会计程序不同

会计电算化系统是对手工会计系统的改进，是在手工会计系统的基础上产生的，因此，会计电算化系统的程序也模仿手工会计系统的程序而进行，同样是从记账凭证开始，最后实现用计算机对经济业务进行记账、转账和提供报表等功能；会计信息化系统是适应时代的要求，根据现代信息的及时性、准确性、实时性的特点而产生的，它是从管理的角度进行设计的，具有业务核算、会计信息管理和决策分析等功能，因此，会计信息化系统的程序是根据会计目标，按照信息管理原理和信息技术重整会计流程。

5.信息输入输出的对象不同

会计电算化系统主要是为财务部门设立的，设计时只考虑了财务部门的需要，由财务部门输入数据，输出数据时也只能由财务部门打印后报送其他机构；会计信息化系统是企业业务处理及管理信息系统的组成部分，其大量的输入数据是从企业内外的其他系统中直接获取的，输出数据也是依靠网络由企业内外的各机构、部门根据授权直接从会计信息系统中获取的。

6.系统的层次不同

会计电算化以事务处理层为主；会计信息化包括事务处理层、信息管理层、决策支持层和决策层。

第二节　财务共享核算系统

一、财务共享相关概念

1.财务共享服务

关于共享服务的认识，至今并没有统一，但国外关于共享服务的内涵已有一些表述，如芭芭拉·E.奎因（Barbara E.Quinn）认为共享服务是一项商业经营，其理念是“以顾客为中心+服务收费=商业”。以顾客为中心意味着：明确的顾客群是企业后台部门工作的保障，后台部门将企业的其他部门作为客户，客户的实际需求及其愿意支付给产品或服务的价格是后台部门最大的商业导向，后台部门需要根据这些商业导向要求来设计产品、提供有针对性的服务。我国学术界与实务界关于共享服务的认识也并不完全一致，如刘汉进认为共享服务是在具有多个运营单元的公司中组织管理功能的一种方式，它是指企业将原来分散在不同业务单元进行的财务管理、人力资源管理、IT等事务性或者需要充分发挥专业技能的活动，从原来的业务单元中分离出来，由专门成立的独立实体提供统一的服务。

2.财务共享服务中心

财务共享服务中心（Financial Shared Service Center，FSSC）是近年来快速流行起来的会计和报告业务管理方式。它是将不同国家、地点的实体会计业务归集到一个场所，再通过信息系统集中处理，并进行记账、报告，这个集中的场所即财务共享服务中心。

二、财务共享服务发展的必要性及其意义

随着20世纪80年代企业不断并购和发展，企业的规模不断扩大，从而出现了效率降低、决策缓慢的“大企业病”。因此，不少跨国企业集团纷纷开展了财务管理变革和流程再造，新的财务管理模式——财务共享服务——应运而生。

美国的企业集团如福特汽车、通用电气、百特医疗和科尔尼公司最先实施共享服务，据统计调查分析，财务共享服务项目可以把员工人数减少70%左右，从而提高了财务工作的效率和信息质量。世界500强企业基本实现了财务共享服务模式。自2010年以来，国际商业机器公司（IBM）、花旗银行、海尔集团、中国电信、中国铁建等国内外知名企业纷纷建立起了财务共享服务中心。财务共享服务中心以业务伙伴的形式，通过网络为分布在不同国家和地区的企业集团成员单位提供标准化、流程化、高效率、低成本的共享服务。

在中国，原先采用的分散式的财务核算及管理模式在企业发展初期能发挥重要作用，但是随着企业规模的扩大以及业务模式的不断创新，特别是随着国际化战略的推行，分散式的财务核算和管理模式面临着巨大的挑战，不仅组织效率低下、成本巨大，而且独立的信息孤岛难以保证财务信息质量，对业务的战略推进能力也较弱，因此，随着企业业务规模的扩大，建立全球化的财务共享服务中心成为必然选择。

财务共享服务中心可以支撑财务转型，使财务从过去的职责角色逐渐向业务伙伴角色转型；可以通过制定企业统一的作业标准和流程、统一的信息系统、统一的资金管控与调度制度，来加强风险管控；可以支撑企业扩张、降低成本、提高效率、提升质量以及提供优质服务。

三、财务共享服务中心建设的要素

财务共享服务中心的建设是一项系统工程，需要对企业组织的管理模式、岗位职责、业务流程等方面进行转变或优化调整。企业集团在决定建设财务共享服务中心前，需要先对企业进行全面评估，综合权衡企业的实际经营情况，然后再制定财务共享服务中心的建设发展规划。结合国内外文献，财务共享服务中心的建设一般从组织要素、流程要素、技术要素、选址要素、法规要素和服务要素六大关键方面实施，即财务共享服务中心建设六要素。

1.组织要素

组织要素主要包括确定财务共享服务中心的组织机构设置方式、职责划分和人员岗位设置。财务共享服务中心的组织结构设置需要考虑岗位与技能、岗位与素质、岗位与空间相匹配的原则。结合典型企业财务共享服务中心岗位设置的经验，财务共享服务中心的岗

位通常分为三种类型，即财务操作岗、关键技术岗和运营管理岗。

2.流程要素

流程的分析通常需要按照业务流程重组的思想，确定在财务共享服务的流程中哪些是对原来流程的增加，哪些需要删除，哪些需要调整，并考虑到财务共享服务流程的评价因素，以更好地提升财务共享服务的效率。

3.技术要素

随着现代信息技术的发展与深化应用，企业财务共享服务中心的建设需要考虑企业当前信息系统的使用情况，结合企业集团整体的信息化规划，统筹考虑集团总部及各子公司、分公司信息化的程度与水平，合理考虑财务共享服务的功能结构与物理结构，将硬件、软件、人员、数据、制度五个信息系统要素加以协同。在智能化时代，从某种意义上讲，技术要素显得更为重要。

4.选址要素

财务共享服务中心建设的选址事关系统运行的成本，需要考虑城市环境因素、人力资源因素、基础设施、信息化网络因素等多方面的内容，否则，不仅不能带来价值，反而会影响企业的财务管理水平。

5.法规要素

财务共享服务中心建设受到国家财务管理、会计、审计及税务相关政策的影响，如电子签名、发票验证与传递、授权审批的有效性等都受到国家相关法律法规的影响。因此，在财务共享服务中心建设中要充分考虑国家的相关政策是否允许，只有这样，财务共享服务中心才能合理合法且高效运行。

6.服务要素

从某种意义上讲，财务共享服务中心的服务功能就是界定财务共享服务中心的内容及要求，明确对企业集团各项业务活动与管理提供的承诺与条件。财务共享服务中心建成以后，应当在企业集团战略目标指引下，统一配置集团的财务资源，统一提供服务流程，实现业财融合，提升服务水平与服务能力，最终实现其战略支持目标。

四、财务共享系统核算流程

财务共享服务中心实施的流程主要包括应付流程、应收流程、固定资产流程及总账流程等。对这些典型流程的研究和了解，有利于提高流程运作的效率和质量。对于会计初学者来说，可以首先了解财务共享服务背景下会计流程的变革。下面以应付流程为例说明其在财务共享服务下的流程情况[①]。

应付流程是财务共享服务中实施最为普遍的业务流程，这与其自身高度标准化且有大量业务支撑的特点相一致。应付流程主要解决面向企业内外部供应商的费用报销及货款或服务支付（如图7-1所示）。

应付业务通过设于财务共享服务中心的影像系统、业务处理系统、ERP系统、银企互联/网银系统、供应商管理系统、业务审计系统的支持，能够实现基于信息系统的高效共享服务流程。在应付业务过程中最为重要的是公司和供应商的业务交接界面。这种交接体

① 本部分参考：陈虎，孙彦丛．财务共享服务［M］．2版．北京：中国财政经济出版社，2018.

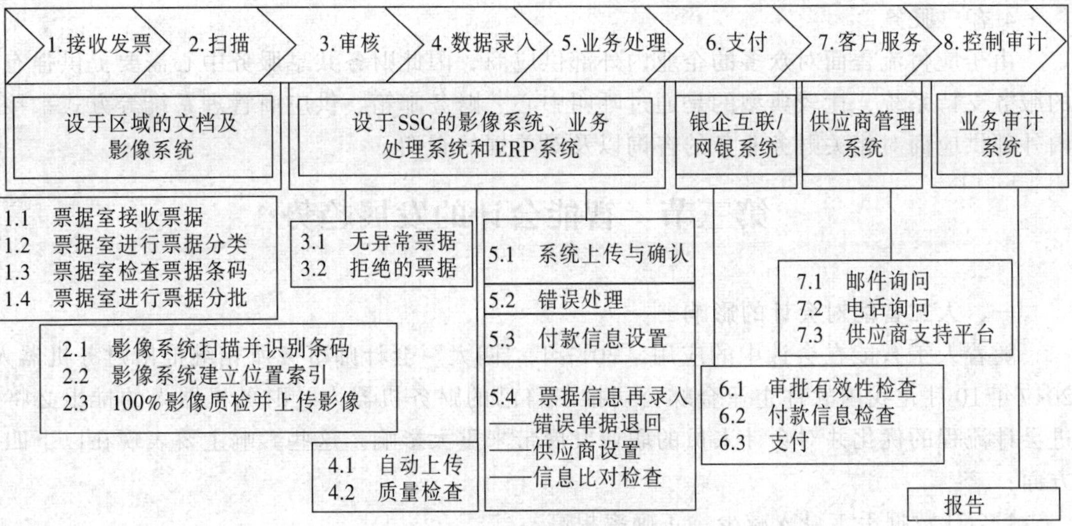

图7-1 财务共享服务中的应付流程

现在两个界面：一是供应商发票及业务信息向公司传递的界面；二是财务共享服务中心进行支付并接收供应商查询的界面。基于这两个界面和财务共享服务中心内部处理过程，整个应付流程可以分为下列四个逻辑过程：

1.发票信息采集

发票信息采集过程包括实物发票的接收和扫描。这两个步骤的主要目的在于提取发票中的信息，并将这些信息作为后期应用的依据。

很多财务共享服务中心采用条码技术并结合影像管理系统来实现对发票等票据信息的全程管理。财务共享服务中心的票据室接收到票据以后，需要对票据进行简单整理，并检查票据的条码是否打印齐备，同时对票据的粘贴质量进行检查。检查合格的票据由扫描员依次进行扫描，票据经过高速扫描仪扫描后转换为影像存储，扫描系统跟进条码对票据进行自动分拣，扫描完毕的影像须经过检查复核后，上传至服务器。

2.数据及业务处理

数据处理过程主要实现对采集的发票信息进行审核以及应付信息和支付信息的转换。

影像系统根据设定的影像推送机制，将待处理影像传递到审核人员手中。审核人员对影像及相关业务信息进行审核，检查本次支付申请是否经过了足够权限的业务审批，并审核是否符合企业财务制度的规定。

同时，影像中的重要信息需要被补充录入系统，并与在发票信息采集过程中获取的信息或系统已存储的判断条件进行比对复核，有异常的单据需要退回，并在修正后重新审核。比对无误后，检查发票的付款信息和账务信息，借助业务处理系统形成发票信息，并将这些信息导入ERP系统，从而形成账务处理记录。导入前，需要对发票信息进行复核，导入后需要对发票进行核销、中转等后续处理。

3.银行支付

业务处理系统中的付款信息可以被导入ERP系统，ERP系统将这些付款信息转换为符合网络银行接口标准的支付数据，再通过银企互联/网银系统完成支付。

4.客户服务

由于应付流程面对众多的企业内外部供应商，因此财务共享服务中心需要提供强有力的服务支持系统，比较典型的是通过呼叫中心、财务邮箱、供应商管理系统等方式来接收内外部供应商对相关财务业务的咨询以及对单据的查询。

第三节　智能会计的发展趋势

一、人工智能对会计的影响

随着人工智能在会计中的应用，2017年“四大”会计师事务所相继推出财务机器人。2017年10月，我国软件企业金蝶公司推出自己的财务机器人。财务机器人的推出必将促进会计流程的优化并对会计人员的职业发展带来重大影响。这些影响主要表现在以下四个方面：

1.会计数据手工录入减少，正确率提高

随着文字识别技术、影像技术的发展与应用，单据的电子化、电子发票的推行，机器人流程自动化（Robotic Process Automation，RPA）技术的运用，传统会计中的原始凭证相关数据已在一定程度上实现了系统自动识别与采集，不少原始票据通过系统验证并传递，继而生成会计记账凭证、明细账、总账和各类报表。系统按时间顺序记录每笔业务，并加以核实和验证。区块链技术的应用使交易一旦被记录将无法进行更改，从而避免了人工作业的失误以及造假的可能，使得数据和记录的真实性、精准度得到保证。

2.会计管理与监控流程化，效率明显提升

受自身能力、专业素质以及外部环境等因素的影响，传统会计工作中数据的滞后性和人为失误在所难免。人工智能是将会计模型和方法程序化，不仅减少了人为失误，提升了数据处理能力，而且可以将会计人员的工作重心逐渐转向数据的挖掘、分析等重要环节和高附加值工作，解放了劳动力，节约了劳动时间，节省了劳动成本，从而有效地提升了会计工作效率。

3.人工智能使得管理决策水平进一步提升

传统会计是对历史数据的处理与分析，而人工智能使得会计核算突破时间和空间的限制，使信息数据更加及时、准确，同时有利于适应公允价值、可变现净值和现值等计量方法的推广使用，从而使得企业的生产经营和管理决策建立在更加实时、可靠的数据分析基础上，决策风险被大大降低。

4.人工智能促使会计人员提高自身的素质

由于RPA、影像识别技术、数据挖掘技术的应用，传统会计工作中的重复性、机械性工作将被财务机器人取代。据剑桥大学对近400种职业进行的调查结果，会计职业被代替的概率在九成以上，特别是大量的基础核算工作将被人工智能替代，为此会计人员必须适应人工智能时代的要求，不断学习，改变自身的知识结构，实现转型，从而将自己培养成复合型财会人才。

二、人工智能会计发展趋势

智能财务的未来发展趋势主要取决于企业的实际应用需求、智能技术的发展、智能财务系统的研发速度，以及智能财务相关政策、法规和文化的匹配度等方面①。刘勤，杨寅（2018）认为未来智能会计的主要应用领域表现在以下四个方面：

1.会计核算全流程自动化

会计核算全流程自动化以智能感知、数据爬虫、光学字符识别（Optical Character Recognition，OCR）、电子发票、移动支付、RPA、自然语言理解、基于知识图谱或处理规则的专家系统、会计信息标准以及神经网络等技术为基础，场景中的部分功能已在一些先进企业中局部实现。

系统支持电子凭证和非电子凭证的智能化处理，可实现财务凭证处理的前置化，即实现业务事件（而非财务人员）对财务处理流程的驱动。企业借助更智能的财务软件和更灵活的信息展示工具实现账务处理的全过程自动化。在财务信息输出的环节，系统把自动处理的结果用更细的颗粒度来描述，并动态、频道化、个性化地展示出多维“业财管”融合的报表信息，以满足企业内外部决策者实时查询的需求。

2.智能支持财务决策

智能支持财务决策基于数据挖掘、神经网络、知识图谱、遗传算法、BRL、大数据分析、对话机器人、智能预警、智能诊断和虚拟展示等技术，运用数量经济学、模糊数学、信息论、控制论、系统论等理论和工具，是一种面向财务预测、控制、分析与决策一体化的应用，通过建立专家财务系统给财务决策提供及时、科学的支持。

3.建设智能财务共享服务平台

智能财务共享服务平台以数据爬虫、OCR、专家系统、RPA、电子发票、电子档案、移动计算、财务云、数据挖掘、数据展示等技术为基础，实现财务处理的标准化、集中化、流程化和信息化，特别是实现处理流程的智能化，将服务的内容从应收、应付、总账、资产管理、费用报销、资金管理等一般事务性流程领域扩展到税务分析、公司治理、资金运作、预测和预算、内部审计和风险管理等高价值流程领域。共享中心智能化的过程将大幅减少企业对财务人员的需求。

4.人机智能一体化管理平台

人机智能一体化管理平台以云共享、大数据处理、物联网、机器人以及自然语言理解、深度学习模型等技术为基础，加强人脑智能、人工智能以及环境的相互作用和融合，从而建立企业业务活动、财务活动和其他管理活动的深度融合管理平台。

三、人工智能下会计人员的转型

人工智能虽然可以替人做一些简单、重复性的基础会计工作，但并不能完全替代会计人员。随着人工智能与会计信息系统的不断结合，从事简单记账工作的初级会计人员将会越来越少，而中高级会计人员将会集中于分析、预测和统筹的相关领域②。我国大约有1 600万名会计人员，随着人工智能时代的来临，大量的财会人员需要转型。焦阳、侯俐敏（2019）认为，为适应智能会计时代的来临，财会人员可以向管理型财务专家、风险控制专家和智能化实施顾问三方面转型。

---

① 刘勤，杨寅．智能财务的体系架构、实现路径和应用趋势探讨［J］．管理会计研究，2018（1）．

② 焦阳，侯俐敏．人工智能时代下会计行业的发展［N］．山西日报，2019-08-07．

1.管理型财务专家

企业运营必将产生大量的经济数据，而这些原始的经济数据需要专业的会计人员进行整理、分析并做出科学预测，这是计算机无法代劳的。目前，人工智能在会计领域所做的工作基本上是前端数据的收集、清洗和初步分类，而最终结果的预测和结论认定仍然需要专业人员的智慧来完成，因此，越来越多具备会计专业知识并掌握计算机应用技术的现代会计人员将会发展成为管理型财务专家。

2.风险控制专家

在市场经济环境下，一个运营良好的企业离不开风险管理和内部控制。当企业发展到一定规模后，其生产运营和经济活动会逐渐变得错综复杂，这时企业整体的风险管理和内部控制就显得尤为重要。而会计信息系统会为风险管理提供科学支持，其中，由专业会计人员负责对企业整体运营风险进行监控将会起到事半功倍的作用。

3.智能化实施顾问

会计领域人工智能的应用离不开计算机信息系统，而这两者的有机结合需要那些既掌握会计专业知识又懂信息系统应用的复合型会计人员，这一趋势已成为行业共识。

第四节 会计大数据及其可视化

一、大数据的含义

“大数据”概念最早出现在1980年，由著名的未来学家阿尔文·托夫勒在其著作《第三次浪潮》中所提出。2009年美国互联网数据中心证实大数据时代的来临。

“大数据（Big Data）”这个术语最早期的引用与使用软件处理可追溯到Apache.org的开源项目Nutch。当时，大数据用来描述为更新网络搜索索引需要同时进行批量处理或分析的大量数据集。随着谷歌Map Reduce和Google File System（GFS）的发布，大数据不再仅用来描述大量的数据，而是涵盖了处理数据的速度。从某种程度上说，大数据是数据分析的前沿技术。

大数据一词源于英文的“Big Data”一词，以往也有类似的词语，如“信息爆炸”“海量数据”等，似乎都很难去准确描述这个词的具体内涵。

美国著名信息技术研究和分析的公司高德纳（Gartner）最早对“大数据”给出了这样的定义：“大数据”是需要新处理模式才能具有更强的决策力、洞察发现力和流程优化能力的海量、高增长率和多样化的信息资产。从数据的类别上看，“大数据”是指无法使用传统流程或工具处理或分析的信息。它定义了那些超出正常处理范围和大小、迫使用户采用非传统处理方法的数据集。

麦肯锡全球研究院（McKinsey Global Institute）发布的《大数据：创新、竞争和生产力的下一个前沿》（Big data：The next frontier for innovation，competition，and productivity，2011）是这么定义“大数据”的：大数据通常是指大小规格超越传统数据库软件工具抓取、存储、管理和分析能力的数据群。这个定义也有很强的主观色彩，因为究竟什么样规格的数据才是大数据，没有统一的标准，也就是无法确定超过多少TB（1 000GB）的数据才是大数据。随着时间的推移和技术的发展，我们必须知道“大数据”的量会越来越大。还有一点，这定义也会因为部门的差异而发生标准的变化，这和通用的是什么软件以及特定行业数据集的大小有密切的关系。因此，现有各行业的大数据可以是几十TB，也可以是几千TB。

根据知名存储与数据库软件公司EMC的界定，特指的大数据一定是指大型数据集，规模大概在10TB。通过多用户将多个数据集集合在一起，能构成PB的数据量。

Informatica中国区的首席产品顾问但彬就提到过，大数据里有海量数据的含义，但它又大于海量数据的定义。简单来说，海量数据加上其他复杂类型的数据就是大数据的概念了。但彬还提到，所有交易和交互数据集都属于大数据，它的规模和复杂程度早已在依据合理成本和时限进行捕捉、管理和处理数据集的传统技术的能力之上。

在维克托·迈尔·舍恩伯格和肯尼斯·库克耶编写的《大数据时代》中指出："大数据是指不用传统的随机分析法（即抽样调查）这样的捷径，而是采用所有数据进行分析处理。"

全球最大的数据中心IDC则侧重从技术角度说明其概念："大数据处理技术代表了新一代的技术架构，这种架构通过高速获取数据并对其进行分析和挖掘，从海量且形式各异的数据源中更有效地抽取出富含价值的信息。"

人们对于大数据的理解仍未统一，上面几种代表的观点为理解大数据提供了不同视角，随着人工智能、云计算、区块链、物联网及大数据等新兴信息技术的快速发展与应用，大数据的内涵与外延将更加清晰。

综合各种观点，简单来说，大数据就是现有的一般技术难以管理的大量数据的集合。比如，目前关系型数据库无法进行管理的具有复杂结构的数据，或者量太大导致查询时间超出允许范围的庞大数据。我们可以把大数据定义为：规模（体量）和复杂度（多样性）常常超出了现有数据管理软件和传统数据处理技术在可接受的时间内收集、存储、管理、检索、分析、挖掘和可视化（价值）能力的数据集的聚合。

二、大数据的特点

管理咨询公司麦肯锡认为大数据具有海量的数据规模、快速的数据流转、多样的数据类型和价值密度低四大特征。IBM公司增加了一个真实性（Veracity）特征。

1.数据规模大（Volume）

电脑的数据运算和储存单位都是字节（byte），1KB（kilobyte）等于1 024B，就是千字节。除此之外还有更高的单位MB（Megabyte，兆字节）、GB（Gigabyte，吉字节）、TB（Trillion byte，太字节）、PB（Pet byte，拍字节）、EB（Exabyte，艾字节）、ZB（Zetta byte，泽它字节）和YB（Yotta byte，尧字节）。每一级之间的换算关系是1 024。到了2009年，几乎每一个美国企业，只要是雇员人数超过1 000人的，它的数据存储量大概都超过了200TB，这是10年前沃尔玛公司数据仓库存储量的2倍还多。在不少经济部门当中，企业平均的数据存储量甚至都达到了1PB。2010年欧洲组织的存储总量大概为11EB，这个数字几乎是整个美国数据总量（16EB）的70%。2010年全球企业在硬盘上的数据存储量已经超过了7EB，而在PC和笔记本电脑等设备上的个人存储量也超过了6EB。美国国会图书馆当时存储的数据大概只是1EB的4 000分之一（James，2011）。硬件技术的发展速度远远赶不上数据容量的增长速度，为此数据存储和处理的危机应运而生。巨大数量的数据被处理掉，例如医疗卫生提供商会将它们90%的数据给处理掉（其中包括几乎所有在手术过程中产生的实时视频和图像资料）。

全世界在2018年创建、捕获、复制和消耗的数据总量为33泽字节（ZB），相当于33万亿GB。2020年，这一数字增长到59 ZB，预计到2025年将达到令人难以想象的175 ZB。1泽字节是8 000 000 000 000 000 000 000比特。[①]

为了让这些数字更直观，我们假设每一个比特都是一枚1英镑的硬币，大约3毫米（0.1英寸）厚。由一摞硬币组成的1ZB将有2 550光年高，可以让你到达最近的恒星系统半人马座阿尔法星600次。目前，我们每年产生的数据量是这个数字的59倍，复合增长率估计在61%左右。

2.种类和来源比较多（Variety）

我们有结构化的数据、非结构化的数据、半结构化的数据。结构化的数据就像我们地理信息这类数据，譬如常见的Excel软件中处理的数据，像地形图、影像图，这类数据是结构化的数据，我们过去传统的数据库管理的多是这种结构化的数据。还有一种是半结构化的数据，像统计的各种表格数据，还有各种专业部门所产生的表格式的数据，这些数据都属于半结构化的数据。对于非结构化的数据，我们最常见的如大街上各种交通部门、公安部门的视频流的数据，就是视频监控的数据，这类数据是非结构化数据。现在大数据管理和传统不一样的地方，过去多为结构化数据，现在多为半结构化数据和非结构化数据。有统计表明，全世界非结构化数据的增长率是63%，相对而言结构化数据增长率只有32%。2012年，非结构化数据在整个互联网数据中的占比已经超过了75%。

三种主要技术趋势汇聚成了大数据：其一是海量交易数据，包括半结构化和非结构化信息，在从ERP应用程序到基于数据仓库应用程序的在线交易处理（OLTP）和分析系统的过程当中总在不断增长。企业很多的数据和业务流程也在不断走向公共和个人云转移，将造成更为复杂的局面。其二是海量交互数据。因为Facebook、Twitter、LinkedIn以及其他更多的社交媒体的兴起，这一部分数据诞生了海量的交互数据，其中涵盖了呼叫详细记录（CDR）、设备和传感器信息、GPS和地理定位映射数据，还有利用管理文件传输（Manage File Transfer）协议传送的海量图像文件、Web文本和点击流数据、科学信息、电子邮件等。其三就是海量数据处理。随着大数据的涌现，已经有很多用于密集型数据处理的架构应运而生，比如Apache Hadoop，它具有能可靠、高效、可伸缩的方式分布式处理大数据的软件框架Hadoop，具有开放源码以及在商品硬件群中运行的特性。Hadoop是可伸缩的，PB级的数据它也可以处理。

3.数据增长速度快，处理速度也快（Velocity）

过去结构化的数据常常是半年甚至一两年才更新一次，可是现在我们进入了大数据的阶段，我们更新的频次、频率可能是每秒钟数据都在变化，都在更新。这些更新变化的数据每时每刻都要追加到我们的大数据当中来，对它的管理、对它的其他的要求比过去要高得多。

4.价值较大（Value）

正因为汇集了这么多的数据，而这些数据又潜藏着很多规律、知识、模式，对政府决策、为老百姓的生活提供便利等方面很有意义。但是，海量数据价值密度相对较低，如何结合业务逻辑并通过强大的机器算法来挖掘数据价值，是大数据时代最需要解决的问题。

① MELVIN M，VOPSON.约150年后，数据的比特数量将超过地球原子总数［N］.科技日报，2021-08-09.

5.真实性（Veracity）

数据的准确性和可信赖度，即数据的质量。真实性（Veracity）是由IBM公司提出的大数据所具有的特征，其理由是认为互联网上留下的都是人类行为的真实电子踪迹，都能真实地反映或折射人们的行为乃至思想和心态。但研究者很快就发现，事实并非完全如此，互联网中有大量的虚假、错误数据，例如，曾经有人认为淘宝的交易数据具有很高的可靠性，但很快就发现存在大量的虚假流量和虚假成交量问题。这种数据仅从电子踪迹的角度来说是真实的，但不能真实地反映人们的交易行为。类似事例使人们认识到不同领域、不同来源的大数据的可靠性是有差异的。对于舆情研究来说，互联网数据的可靠性尤其值得考量。

三、会计大数据的含义及其特点

（一）会计大数据的含义

随着现代市场经济的发展，企业数量不断增多，企业规模不断扩大，企业每天发生大量的交易，企业的人、财、物在不断的运动，企业每天产生大量的经营数据与会计数据。随着云计算、人工智能、区块链、移动互联网、大数据等新信息技术的不断应用与日益普及，企业数据采集、存储与处理的能力不断增强，企业的生产经营进入运用大数据进行经营与财务决策的最佳时代。

陈虎等（2022）认为，会计大数据是指财务部门能够利用新一代数字技术，拓展其在经营管理中的作用及职能，为企业带来新的业务洞察，帮助创新商业模式，最终帮助企业实现新的利润及价值创造的过程中所需用到的一切相关数据。

（二）会计大数据的特点

陈虎等（2022）认为，从内涵来看，会计大数据相对于传统会计数据而言，呈现出以下特点：

1.涵盖范围扩大

过去财务数据更多的是指发票金额、付款明细、科目余额表、财务报表等结果数据，数据种类和规模相对局限。而会计大数据是指与企业经营相关的包含内部和外部、财务和非财务、结构化和非结构化等各类型数据的集合，涉及企业生态的各个方面。

2.服务目的改变

传统会计数据更多服务于外部报告及披露需要，对于内部管理决策发挥的作用有限。会计大数据在数据深度和广度层面的扩展为财务部门发挥对于企业的价值创造作用提供了更为广阔的空间，能够有效服务于企业的业务创新和决策支持。

3.技术应用先进

随着数据资源的不断丰富，催生了对更强大的存储和计算能力、更复杂多样的算法模型构建、更实时个性的数据服务等大数据分析与处理技术的需要，会计大数据需要在新一代数字技术的应用基础上才能发挥潜在的巨大价值。

四、会计大数据分析可视化

（一）大数据分析可视化的含义

数据可视化就是使用抽象的方法表达数据的变化、联系或者趋势的方法，将数据转换为图形图像显示出来，其目的是让用户更好地使用数据。

数据可视化是通过大数据采集、处理与分析将复杂的数据分析结果运用合适的图形、图表显示出来，以更好地表达数据的变化、联系或趋势的过程。数据可视化利用视觉感知来呈现数据，在数据分析的过程中更容易找到规律和展现隐藏在数据背后的信息，进而帮助人们更好地理解和分析数据。

（二）大数据分析可视化的特点

1.清晰且易于理解

数据可视化能够将复杂的数据以图像的形式展现，这种方法可以使数据更加清晰且易于理解。

2.高效

数据可视化可以快速地将数据呈现出来，从而能够加快决策过程。

3.交互性

通过数据可视化，用户可以自定义视角，探索数据。

4.可视

通过数据可视化将数据转换成视觉元素，更容易地发现和理解数据中的规律和趋势。

5.生动形象

通过数据可视化，数据变得更加鲜活，通过直观的图表，更好地呈现数据。

（三）会计大数据可视化的原则

会计大数据可视化是将单一数据或复杂会计数据通过视觉呈现，从而精简且直观地传递出会计数据所蕴含的深层次信息。

会计大数据可视化设计的主要原则包括四个方面：第一，充分利用已有的先验知识；第二，选择合适的视图与交互设计；第三，确定并控制可视化图表所包含的信息量；第四，添加美学因素吸引注意力。通过会计大数据可视化，企业可以将一些抽象的、冗余的甚至表面“毫无联系”的数据在适当的逻辑之下，通过特定工具整合起来，利用合适的图形表达出数据背后的深层信息。

（四）会计大数据分析可视化的主要应用领域

会计大数据可视化分析可以帮助企业更好地理解和利用会计数据，提高财务决策的效率和准确性。会计大数据可视化分析可以从以下几个方面进行：

1.财务报表分析

通过可视化图表展示企业的财务报表，包括利润表、资产负债表和现金流量表等。可以直观地了解企业的财务状况和经营情况，帮助管理层做出更好的决策。

2.费用分析

通过可视化图表展示企业的各项费用，包括人力成本、物流成本、营销成本等。可以帮助企业了解费用结构和费用占比，进而优化费用结构，提高企业的盈利能力。

3.风险管理

通过可视化图表展示企业的风险状况，包括信用风险、市场风险、操作风险等。可以帮助企业及时发现风险，采取相应的措施，减少风险对企业的影响。

4.绩效分析

通过可视化图表展示企业的绩效状况，包括销售额、利润率、回款率等。可以帮助企业了解自身的绩效状况，及时调整经营策略，提高企业的绩效水平。

5.预算管理

通过可视化图表展示企业的预算情况，包括预算制定、预算执行、预算分析等。可以帮助企业掌握预算情况，及时发现预算偏差，采取相应的措施，保证企业的财务稳健性。

总体来说，会计大数据可视化分析可以帮助企业更好地了解和利用会计数据，从而提高会计与财务决策的效率和准确性，进而提高企业的盈利能力和竞争力，促进企业的可持续发展。

（五）会计大数据可视化的组成要素

1.交互性

数字可视化被用于任何可以进行数据分析的场景，用于一个公司不同的经营层级。身份不同的管理人员想要获取的信息自然也是不同的，换一个人可能就需要换一个场景。因此，必须设置一些交互，才能在一张屏幕呈现更多的数据，让用户自己参与选择自己需要的信息，用户的参与过程也将留给他们更加深刻的体验。

2.故事性

小时候大家都看过很多故事书，看完之后家长都会问这个故事告诉了我们什么道理，而不是直接告诉我们这个道理。将数据变为数据故事，让大家更加直观地发现数据背后的逻辑。网上有一个很火的视频，用一个动态图展现了中国GDP的发展，比起一组组数据、一张张静态图片这个视频显然更好地讲述了中国崛起的故事。

3.动态

随着技术的发展在可视化设计中加入动态元素已经是一件很简单的事情、加入动态之后可以将事情的变化以简单直观的方式展现、讲述更大的故事。比如在两地之间加入地图飞线、可以加入轮播表格，呈现更多的数据。

4.真实性

真实的场景往往更有助于用户快速进入角色，同理，如果风格太跳跃，也会让用户难以进入角色，高度的场景还原是很重要的。

5.隐喻

符号、图表可以帮助我们传达复杂的思想逻辑，如设计一张销售可视化大屏时，可以以热力图的形式直观呈现各区的销售数据。会计大数据可视化的展现逻辑以用户为中心，通过采取合适的展现方式帮助不同的用户在海量冗杂的数据中迅速获得所需内容。会计大数据可视化图表的展现逻辑可以概括为时间逻辑、空间逻辑、用户角色逻辑、业务分析流程逻辑以及用户自定义逻辑。

6.元素

一张表格由诸多不同的元素组成，如图表、地图、标题、文字等，整体风格必须一致，需要从色彩的深浅、文字的大小粗细体现数据的逻辑。可视化设计要考虑输出的分辨率及大屏投放效果。

相关会计大数据分析可视化的系统学习请读者继续参阅相关文献。

【课程思政拓展阅读】

推进人工智能时代会计数据标准建设

党的十九届四中全会提出要“推进国家治理体系和治理能力现代化”。党的二十大报告强调，“加快发展数字经济，促进数字经济和实体经济深度融合，打造具有国际竞争力的数字产业集群”。《国家信息化发展战略纲要》要求将信息化贯穿我国现代化进程始终，加快释放信息化发展的巨大潜能，以信息化驱动现代化。“经济越发展，会计越重要”，为更好地推动国民经济高质量发展，需要有高质量的会计数据。当前大数据、人工智能、云计算、区块链等新信息技术发展迅速，应用日益深化，会计需要数字化转型，促进会计职能拓展，才能贯彻《中华人民共和国国民经济和社会发展第十四个五年规划和2035年远景目标纲要》《会计改革与发展“十四五”规划纲要》以及财政“十四五”规划有关精神。2021年财政部制定了《会计信息化发展规划（2021—2025年）》，明确提出会计数据标准建设与应用是会计数字化转型的重要基础。

会计数据标准建设覆盖会计信息系统输入、处理、输出等各环节的会计数据标准。只有形成较为完整的会计数据标准体系，才能提升会计数据的质量、价值与可用性，探索形成服务价值创造的会计数据要素，有效发挥会计数据在经济资源配置和单位内部管理中的作用，支持会计职能对内对外拓展。

处于输入环节的原始凭证的电子化、标准化是会计核算智能化的关键节点之一，我国存在各类原始凭证数据，包括税务发票、财政票据、铁路客票、机票行程单、银行回单、银行对账单、海关电子缴款书等，这些原始凭证数据的标准化、规范化、数字化事关会计信息化工作的推进程度、发展速度，原始凭证填制、获取的电子化并符合会计规范与财经法规的要求，有利于促进会计智能化发展，这也是制约人工智能在会计中应用的瓶颈环节。当前全面数字化电子发票的实施为原始凭证数据标准的建立提供了法治条件。

处理环节会计数据的标准化建设关键在于记账凭证与各类账簿的电子化数据标准的建设，既要满足会计核算要求，又要满足穿透式监管与审计要求。

输出环节的会计数据主要是指各类财务报表的数据标准化，确保按照会计准则制度编制财务报表的数据基础上，建立基于会计准则通用分类标准的财务报表会计数据标准。有利于降低编制及报送成本、提高报表信息质量，提升会计数据共享水平，提升监管效能。

会计数据输入、处理与输出三个环节的会计数据标准的建设相互依存、相互制约，共同构成人工智能时代会计数据标准体系。

全国会计信息化技术标准委员会专家、华东理工大学商学院教授胡仁昱表示，想要提升会计数据的精准度和可用性，输入环节的会计数据标准尤为重要。建议在输入环节，加快制定、试点和推广电子凭证会计数据标准，统筹解决电子票据接收、入账和归档全流程的自动化、无纸化问题。

2023年世界人工智能大会的“智能财务论坛”上，财政部会计司副司长王东表示，财政部在积极配合司法部推动会计法和注册会计师法两部法律的修订。在健全会计数据标准体系方面，财政部正会同相关部门建立覆盖输入、处理、输出等各环节的会计信息系统的数据标准，围绕审计数据的采集、银行函证、质量控制等审计领域，健全注册会计师行业审计数据标准。同时要借助信息共享机制和信息监管平台，会同相关部门推动会计数据部门间共享，建立共享交换标准。

资料来源：李嘉亮.数字化转型 推动会计工作向高水平迈进［N］. 中国会计报，2022-02-18.（笔者摘选整理）

【本章巩固练习题】

一、简答题

1. 我国会计信息化发展具有什么特征？

2. 财务共享系统的基本流程包括哪些环节？

3. 人工智能对会计产生了什么影响？

二、研讨题

人工智能背景下的会计人员应该如何实现转型？

【本章知识结构图】

第八章　内部控制与会计职业道德

【学习目标】

本章主要介绍会计规范、内部控制、财产清查和会计职业道德四个方面的内容。会计规范、内部控制和会计职业道德都是为了规范会计机构和会计人员的会计行为，实现会计目标，保证会计信息质量，保护企业和国家的财产安全和完整。通过本章学习，学生应该了解我国会计规范体系的内容，理解内部控制的基本原理，掌握财产清查的概念、种类、方法和清查结果的账务处理方法，充分重视会计职业道德的要求，了解我国注册会计师职业道德规范体系，掌握注册会计师职业道德（也适用于一般会计人员）的基本原则和概念框架，学会应对会计职业道德问题的方法。

【引导案例】

康美药业、獐子岛财务舞弊案例

2021年年初，证监会官网公布了2020年证监稽查20起典型违法案例，包括财务造假、操纵市场、信息披露违法违规、内幕交易等，其中涉嫌巨额财务造假的康美药业、扇贝多次“跑路”的獐子岛案、辅仁药业等案件曾在2020年轰动市场。其中，康美药业虚增货币资金887亿元，虚增收入275亿元，虚增利润39亿元。獐子岛连续两年财务报告严重失实。2020年2月28日，獐子岛（002069，SZ）发布2019年度业绩快报。报告期内，公司实现营业收入27.23亿元，同比下降2.67%；归属于上市公司股东的净利润亏损3.99亿元，同比下降1 341.79%。在2016年和2017年，獐子岛就存在业绩造假行为。2016年獐子岛虚增1.3亿元净利润，2017年虚减2.7亿元净利润。辅仁药业大股东及其关联方长期非经营性占用公司资金最高达13亿元。财务舞弊案例的频繁发生，其根源在于什么？如何通过规范会计法律法规，加强内部控制制度建设，增强会计人员职业道德，从而有效防范财务舞弊行为的发生？

第一节　会计规范体系

一、会计规范的概念和特征

（一）会计规范的概念

任何信息使用者都期望得到对自己决策可靠、有用和有效的信息。会计机构和会计人员是信息的生产者，同样要为信息使用者提供可靠、有用和有效的会计信息。会计信息的使用者很多，包括单位内部的经营管理者和单位外部的投资者、债权人、政府管理部门等。但单位外部的信息使用者与单位内部的经营管理者所拥有的信息是不对称的，后者比前者掌握更多、更真实的会计信息以及与会计有关的信息。为了保证会计信息的质量，保证各单位会计信息之间的可比性，满足会计信息使用者特别是单位外部信息使用者的要求，并尽可能消除信息的不对称性，就必须有一整套统一的、被普遍接受的会计规范来约束会计信息的生产过程，从而规范会计信息提供者的行为。

几乎所有会计问题的处理都需要有一个外在的、统一的标准来指导。会计规范是协调、统一会计处理过程中对不同处理方法做出合理选择的假设、原则、制度等的总和。会计规范是评价会计工作的标准，包括会计法规、会计制度、会计惯例和会计职业道德等组成部分。关于会计规范概念的界定，理论界还没有达成共识，表述方式也不尽相同。本书认为，会计规范是管理会计活动和规范会计行为的法律、法令、条例、规章、制度和道德守则等的总称。

（二）会计规范的特征

1.权威性

会计规范作为规范会计行为合理、合法的有效标准，必然具有充分的影响力和威望，能够让会计人员信服，而不管这种信服是自发的还是强制的，也不管这种规范是成文的还是惯例性的。会计规范作为一种标准，让人明白哪些行为是合规的，哪些行为是不合规的。会计规范的权威性可以来自制定机关，如国家立法机关和行政机关，也可以来自社会的广泛支持。

2.统一性

会计规范在一定范围内是统一的，适用范围不是针对具体的或特定的某一单位、某一企业，而是全国；适用业务不是针对具体的或特定的某一业务，而是所有会计行为。当然，有些会计规范的适用范围也有一定的限制，如某地方性会计法规只适用于本地区；企业内部的会计管理制度只在本企业具有约束力。

3.科学性

会计是一门科学，会计规范需要具备科学性、合理性。科学性是指会计规范能够体现会计工作的内在规律和内在要求。毋庸置疑，会计规范与会计所处的客观环境、条件要实现有机结合，从而体现高度的科学性。

4.动态性

会计规范在一定时期、一定客观环境内是相对稳定的，但并非一成不变。随着社会政治经济条件的发展变化，一些会计规范可能不再适宜或变得过时，因而需要对其进行修正甚至放弃，而一些新的会计规范逐渐被建立、接受。因此，会计规范的建立和发展是一个动态的演进过程。

二、会计规范体系及其构成

（一）会计规范体系的概念

会计规范的内容繁杂多样，将所有属于会计规范的内容综合在一起就构成会计规范体系。会计规范体系是指为管理会计活动和规范会计行为而建立的一系列相互联系、协调统一的法律、准则、制度和道德规范的总称。

会计规范体系有广义和狭义之分。狭义的会计规范体系仅指由国家权力机关和政府行政部门、会计行业协会制定的专门针对会计行为的一系列会计规范。广义的会计规范体系不仅包括狭义的会计规范体系，而且包括与会计行为有关的法律法规，如公司法、证券法、票据法、税法等，还包括由单位制定的内部相关规章制度。下面仅介绍狭义的会计规范体系。

（二）我国会计规范体系的构成

从我国目前的实际情况来看，会计规范体系主要由以下四个方面构成：

1.会计法规

会计法规是指国家权力机关和行政机关制定的关于会计工作的各种规范性文件。会计法规包括与会计有关的法律和行政法规，是在会计规范体系中最具约束力的组成部分。会计法规是调整经济活动中的会计关系的法律规范的总称，是社会法律制度在会计方面的具体体现，是调节和控制会计行为的外在制约因素。

（1）会计法律。会计法律是指由全国人民代表大会及其常务委员会经过一定立法程序制定的有关会计工作的法律。我国主要的会计法律有《中华人民共和国会计法》（以下简称《会计法》）、《中华人民共和国注册会计师法》（以下简称《注册会计师法》）等。下面主要对《会计法》做简单介绍。

《会计法》是规范会计工作的根本大法，是制定其他会计法规的依据，也是会计机构、会计人员开展会计工作、进行会计核算和实施会计监督的基本依据。自1985年发布实施以来，特别是经过1999年修订和1993年、2017年两次修正，《会计法》在规范会计行为、提高会计信息质量、维护市场经济秩序、推进法治社会建设方面发挥了重要作用。近年来，随着我国全面深化改革的持续推进，会计法的实施环境已经发生了重大变化，经济社会发展和会计改革工作中遇到的新情况、新问题亟待以法律形式加以明确和规范，客观上又提出了修订完善会计法的要求。为此，财政部于2019年10月21日发布了《会计法修订草案（征求意见稿）》。

《会计法修订草案（征求意见稿）》共有六章六十条，包括总则、会计核算、会计监督、会计机构和会计人员、法律责任、附则等。与现行的《会计法》相比，《会计法修订草案（征求意见稿）》（以下简称征求意见稿）的主要变化为：

一是在总则部分，为适应政府会计改革新变化，征求意见稿将本法需要规范的财务会计报告的范畴明确为企业财务会计报告、政府会计主体的财务报告和决算报告、民间非营利组织财务会计报告，以及其他会计主体的财务会计报告。

二是在会计核算部分，征求意见稿对需要进行会计核算的经济业务事项，按照主要会计报表项目进行了高度概括，突出了企业与政府会计主体会计核算的共性要求；充分考虑了会计法与会计准则等下位法的定位及分工，删减了会计法中部分针对会计核算的细节性规定，如会计凭证错误的具体更正方法等；增加了对会计信息化的原则性要求，同时，考虑到信息化条件对会计核算的流程产生的影响，修改部分条款表述，以兼顾手工记账与信息化条件的情况。

三是在会计监督部分，为确保内部控制对规范会计核算行为、提高单位会计信息质量发挥有效作用，征求意见稿对单位建立和实施内部控制提出总体性要求；从优化政府监管、社会监督、单位内部会计监督的“三位一体”的会计监管体系出发，完善单位内部会计监督和财政部门会计监督的范围；破解会计监管难题，明确了政府业务监管与政府会计监督的基本关系以及相应的处理方法；从保障会计师事务所的社会监督权力的角度，增加单位或个人不得干扰、阻挠会计师事务所正常开展工作的规定。

四是在会计机构和会计人员部分，为激活单位内部会计管理活力，征求意见稿修改了对单位会计工作组织方式的强制性规定；明确必须设置和可以设置总会计师的单位范围，并进一步保护总会计师的法定职责；落实“放管服”改革要求，放宽会计机构负责人（会计主管人员）的任职条件；加强对具有签字权的会计人员的管理，增加对单位财务负责人、会计机构负责人（会计主管人员）实行备案制度的要求；顺应社会管理新趋势，增加对依法成立的有关会计人员、会计机构的自律组织开展自律管理、自我服务的总体要求。

五是在法律责任部分，按照权责对等原则，征求意见稿进一步明确了会计违法行为的内容，并根据会计违法行为的动机、后果等进行了适当分类，以提高会计执法监管的可行性；完善会计责任体系，在现有行政责任、刑事责任的基础上，引入会计民事责任；加大违法处罚力度，在行政责任的处罚过程中，增加了“没收违法所得”的处罚规定，即“先没后罚”，同时，适当提高了经济处罚的数额；增加了代理记账机构的法律责任的规定；保障会计人员的合法权益，增加了雇员免责条款。

六是在附则部分，征求意见稿增加了对本法涉及的国家统一的会计制度、代理记账等术语的解释；适应对外开放需要，增加了国务院财政部门对境外机构在我国境内发行证券等金融业务所涉及会计管理的特殊规定的授权；适应跨境监管需要，增加了国务院财政部门开展跨境会计、审计监督管理合作机制的授权。

（2）会计行政法规。会计行政法规是指由国务院制定并发布，或者由国务院有关部门如财政部拟定并经国务院批准发布，调整经济生活中的某些方面会计关系的法律规范。我国现行的会计行政法规主要包括《企业财务会计报告条例》、《总会计师条例》、《会计基础工作规范》、《会计档案管理办法》、《企业会计信息化工作规范》、《代理记账管理办法》、《会计人员管理办法》和《会计专业技术人员继续教育规定》等。

下面简要介绍《企业财务会计报告条例》和《会计档案管理办法》的主要内容。

《企业财务会计报告条例》是2000年6月由国务院制定和颁布的，自2001年1月1日起实施。该条例共六章四十六条，除总则和附则外，主要对企业财务会计报告的构成、编制、对外提供和法律责任做了规定。根据该条例，企业不得编制和对外提供虚假的或者隐瞒重要事实的财务会计报告，企业负责人对本企业财务会计报告的真实性、完整性负责；财务会计报告分为年度、半年度、季度和月度财务会计报告。年度、半年度财务会计报告应当包括会计报表、会计报表附注和财务情况说明书；企业编制财务会计报告，应当根据真实的交易、事项以及完整、准确的账簿记录等资料，并按照国家统一的会计制度规定的编制基础、编制依据、编制原则和方法进行编制。对外提供的财务会计报告反映的会计信息应当真实、完整。

《会计档案管理办法》于1998年8月21日由财政部、国家档案局发布。2015年12月11日，《会计档案管理办法》已经财政部部务会议、国家档案局局务会议修订通过，修订后的《会计档案管理办法》自2016年1月1日起实施。现行的《会计档案管理办法》共计三十一条以及两张附表，主要对会计档案的管理部门、归档范围、保管与移交、查阅与借出、保管期限等做了规定。附表分别对企业和其他组织会计档案保管期限和财政总预算、行政单位、事业单位和税收会计档案保管期限做了明确规定。该管理办法规定，单位应当加强会计档案管理工作，建立和完善会计档案的收集、整理、保管、利用和鉴定销毁等管理制度，采取可靠的安全防护技术和措施，保证会计档案的真实、完整、可用、安全。应当进行归档的会计资料包括会计凭证、会计账簿、财务会计报告和其他会计资料。会计档案的保管期限分为永久和定期两类，定期保管期限一般分为10年和30年，会计档案的保管期限从会计年度终了后的第一天算起。

2.会计准则[①]

会计准则又称会计标准、会计原则，是会计确认、计量和报告行为的规范，是制定会计制度的依据，也是保证会计信息质量的标准。会计准则由财政部制定和发布。

我国会计准则由三部分构成：一是基本准则。基本准则在整个准则体系中起统御作用，主要规范会计目标、会计信息质量要求，以及会计要素的确认、计量和报告原则等。基本准则的作用是指导具体准则的制定和为尚未有具体准则规范的会计实务问题提供处理原则。二是具体准则。具体准则主要规范具体交易或事项的会计处理。三是会计准则应用指南。应用指南主要包括具体准则解释和会计科目、主要账务处理等，为执行会计准则提供操作性规范。

我国会计准则分政府会计准则和企业会计准则两大类。

政府会计准则由1个基本准则、11个具体准则和3个应用指南组成。《政府会计准则——基本准则》于2015年10月发布，自2017年1月1日起施行。《政府会计准则——基本准则》包括总则、政府会计信息质量要求、政府预算会计要素、政府财务会计要素、政府决算报告和财务报告、附则等六章内容。有关存货、投资、固定资产、无形资产、公共基础设施、政府储备物资、会计调整、负债、财务报表编制和列报、政府和社会资本合作项目合同、文物资源等11个具体准则于2016—2023年陆续发布。《政府会计准则第3号——固定资产》应用指南于2017年2月发布；《政府会计准则第10号——政府和社会资本合作项目合同》应用指南于2020年12月发布；《政府会计准则第11号——文物资源》应用指南于2023年10月发布。

我国现行的企业会计准则由1个基本准则、42个具体准则及其应用指南组成。《企业会计准则——基本准则》于2006年2月颁布，自2007年1月1日起实施，2014年7月23日修订。《企业会计准则——基本准则》包括总则、会计信息质量要求、资产、负债、所有者权益、收入、费用、利润、会计计量、财务会计报告、附则等十一章内容。关于存货、长期股权投资、投资性房地产、固定资产、生物资产、无形资产、非货币性资产交换、资产减值、职工薪酬等具体准则从2006年开始陆续发布并从2014年开始对部分具体准则进行修订。

为了规范小企业会计确认、计量和报告行为，促进小企业可持续发展，发挥小企业在社会经济发展中的重要作用，简化小企业的会计核算，财政部还于2011年10月发布了《小企业会计准则》，并规定从2013年1月1日起在小企业范围内施行。

3.会计制度

会计制度是进行会计工作所遵循的规则、方法和程序的行为准则。会计制度可以区分为广义的会计制度和狭义的会计制度。从广义来讲，会计制度是指我国《会计法》第八条规定的“国家实行统一的会计制度”，包括会计工作制度、会计人员管理制度和会计核算制度等，会计准则是其重要的组成部分。狭义的会计制度就是习惯上所称的会计制度，是

---

① 会计准则实际上也属于会计行政法规，由于在会计规范体系中居于特殊地位，因此将其单独作为一个部分。

指国家财政部门制定的会计核算行为规范，即会计核算制度，包括会计科目表及其使用说明、财务报表格式及编写说明、凭证账簿的设置以及会计分录等，这种会计制度是基层及会计人员直接使用的会计基础工作规范和会计事务处理指南。这里所指的会计制度是指狭义的会计制度。

会计制度曾经是我国企事业单位和各级政府机关会计核算的直接依据。在会计准则颁布和实施以后，我国废除了大部分体现各行业、各部门具体情况的会计制度，但仍然保留甚至制定了一些新的会计制度，以满足一些特殊组织的会计核算要求，如现行的《农民专业合作社财务会计制度》《非营利组织会计制度》《政府会计制度——行政事业单位会计科目和报表》等。

4.会计职业道德规范

会计职业道德规范是从事会计工作的人员所应该遵守的具有会计职业特征的道德准则和行为规范的总称，是对会计人员的一种主观心理素质的要求，控制和掌握着会计管理行为的方向和合理化程度。会计职业道德规范是一类比较特殊的会计规范，采用道德的形式对会计人员进行理性规范，促使会计人员确立正确的人生观、会计观，使其行为符合社会习俗和惯例。有关会计职业道德规范的具体内容见本章第四节。

第二节　内部控制

一、内部控制概述

(一) 内部控制的含义

内部控制的最基本思想，就是源于对经济人特性的认识，希望通过人与人之间的相互牵制、制约，来达到最大限度地约束人的自利行为、保护财产、防范差错的目的。

控制是指掌握住对象，使其按控制者的意愿活动；或者是控制主体对控制客体施加影响的过程与行为，以保证控制客体能够按照控制主体所设定的目标和条件行动。以企业组织为空间范围，控制可以分为外部控制与内部控制。其中，外部控制是指企业作为控制主体，借助企业之外的各种机制或力量，对企业发挥控制性作用。例如，独立审计师就是最常见的一种外部控制制度；又如，大型央企会受国资委的直接或间接控制。内部控制是指发生在一个企业或组织内部，通过组织内部的各种制度安排或机制达成控制性目的，以最大限度地保证企业财产安全完整、有效运行等。

我国对于企业内部控制的定义几经变迁。从21世纪初财政部颁布的《内部会计控制规范——基本规范（试行）》和《内部会计控制规范——货币资金（试行）》等一系列具体规范，到上交所和深交所分别发布的《上海证券交易所上市公司内部控制指引》和《深圳证券交易所上市公司内部控制指引》，直到内部控制规范体系的基本形成，对于内部控制的定义经历了从无到有、范围逐步扩大、科学严谨性逐步提升的发展过程。最早的内部控制定义仅仅局限于会计控制，而现在的内部控制则是完整的内部控制概念。财政部2008年印发的《企业内部控制基本规范》第三条规定："本规范所称内部控制，是由企业董事会、监事会、经理层和全体员工实施的、旨在实现控制目标的过程。"

(二) 内部控制的目标

《企业内部控制基本规范》明确的内部控制目标是：合理保证企业经营管理合法合规、

资产安全、财务报告及相关信息真实完整，提高经营效率和效果，促进企业实现发展战略。

企业设计的内部控制活动和流程要充分防范和控制任何影响以上五个目标实现的风险，并要为实现以上目标提供合理保证。也就是说，内部控制不仅是一种防弊纠错的机制，而且是一种经营管理方法和战略实施工具，还是一种为实现多重目标而实施的全面控制。

应当特别说明的是，内部控制只能为控制目标的实现提供“合理保证”，而不是“绝对保证”，这是因为企业目标的实现除了受到企业自身因素的限制以外，还受到外部环境的影响，而内部控制无法作用于外部环境；同时，内部控制本身也存在一定的局限性，使得其不可能为企业控制目标的实现提供“绝对保证”。

（三）内部控制制度

企业应当根据有关法律法规、《企业内部控制基本规范》及《企业内部控制应用指引》等，制定本企业的内部控制制度并组织实施。

内部控制制度是指企业为实现内部控制目标而制定的各部门、各岗位之间既相互分工负责又相互衔接的制度安排。比如采购业务，需要通过有关制度规定，安排不同部门、不同岗位完成提出采购需求、批准、合同签订和审批、实施采购、验收、付款等各个环节。如果这些采购工作由一个部门、一个人来完成，那么有可能影响以上内部控制五个目标的实现。

企业要以内部环境为重要基础、以风险评估为重要环节、以控制活动为重要手段、以信息与沟通为重要条件、以内部监督为重要保证，建立相互联系、相互促进的五要素内部控制框架。内部环境是实施内部控制的基础条件，主要包括治理结构、组织机构设置与权责分配、企业文化、人力资源政策、内部审计机构设置、反舞弊机制等。风险评估是实施内部控制的重要环节，主要包括目标设定、风险识别、风险分析和风险应对。控制活动是根据风险评估结果采取相应的控制措施，是实施内部控制的具体方式，主要包括职责分工控制、授权控制、审核批准控制、预算控制、财产保护控制、会计系统控制、内部报告控制等。信息与沟通是及时、准确、完整地收集、传递与企业经营管理相关的各种信息，使信息在企业有关层级之间有效沟通和正确应用，是实施内部控制的重要条件，主要包括信息的收集机制，以及企业内部与企业外部有关方面的沟通机制等。内部监督是企业对其内部控制的健全性、合理性和有效性进行监督检查与评估，并做出相应处理的过程，是实施内部控制的重要保证。

二、会计系统中的内部控制

会计本身就是内部控制制度的重要组成部分，没有会计职能的内部控制是不完整的，也是无效的。早期内部控制中的很多方法就是建立在会计系统之上的，如账簿之间的核对、账簿记录与财产的一致性以及会计报表数据的可靠性等。会计系统中的内部控制体现在会计制度设计、货币资金管理、存货管理和财产清查等方面。关于财产清查在本章第三节专门介绍。

（一）会计制度与内部控制

企业的一切会计工作都按照会计制度进行。企业财务会计信息的可靠性、提供信息的及时性等都取决于会计制度的科学性与合理性。企业自身制定的会计制度，有相当一部分内容与内部控制制度有关，为此，当设计会计制度时，企业要关注以下几个方面：

1.会计机构独立设置

企业应设立独立的会计机构，会计机构或会计人员不得兼任财物实际收支和保管工作。在工作中，企业应执行钱、物、账分管的原则。这是组织规划控制在会计中的具体应用。例如，在我国绝大部分企业中，都设有独立的会计（财务）科（处、部）。

2.账务处理程序设计

企业应对凭证账簿的格式、凭证账簿的填制登记、凭证的传递、凭证账簿的保管等做出严格、详细、科学的规定，以确保账务处理的正确性和及时性，从而保证会计资料的真实完整，杜绝非法篡改会计资料等行为。这是文件记录控制、授权批准控制在会计中的应用。例如，一张凭证要经制单、会计、主管等人员签字后才能入账，现金支票的签发要经主管领导批准等。

3.会计岗位和人员配备

企业应当根据业务规模和管理的需要，在会计机构内部设置、配备相应岗位，并对每个岗位明确岗位职责。从事会计工作的人员，必须具有相应的专业知识和技能；利用内部牵制制度相互制约，以便明确责任。例如，出纳和总账会计都是会计部门工作人员，但二者不得兼任，以免发生挪用现金或侵吞现金的现象。

（二）货币资金与内部控制

货币资金主要包括库存现金和银行存款，是流动性最强的资产。如果管理失控，极易导致货币资金被挪用、贪污或盗窃。即使在内部控制制度比较完善的上市公司，也会发生货币资金被挪用、贪污或盗窃的现象。因此，企事业单位、政府部门等要从内部控制角度加强对货币资金的管理。

1.库存现金的管理

单位要按照国家规定的现金使用范围使用现金结算，现金主要用于对个人的结算和单位之间转账结算起点金额以下的结算；要严格执行库存现金限额的要求，库存现金限额不能超过3～5天的日常零星开支；单位现金收入应于当日送存开户银行，支付现金，可以从本单位库存现金限额中支付或者从开户银行提取，不得从本单位的现金收入中直接支付(即坐支)；单位根据规定从开户银行提取现金，应当写明用途，由本单位财会部门负责人签字盖章；单位应当建立健全现金账目，逐笔记载现金支付。现金账目应当日清月结，账款相符；现金收支中的相关职务必须分离，也就是通常所说的“管钱的不管账，管账的不管钱”，单位应确保将现金管理和相应的会计记账两类岗位分开，且有一定的隔离措施；库存现金总账要定期或不定期与库存现金日记账进行核对，不仅要核对余额，而且要核对发生额；单位相关部门要不定期对库存现金进行清查。

2.银行存款的管理

单位要加强对银行账户的管理，在银行开设新的账户，必须经过董事会或单位领导集体同意和财务部门负责人的批准，不得出租、出借银行账户；财务会计部门应按照开户银行设置银行存款日记账，并逐日逐笔记录银行存款收入、支出、结存情况；银行存款日记账要每月与银行对账单核对，并查明未达账款的具体事项，编制未达账款调节表，保持账款相符；票印要分管，出纳人员不能既保管空白支票等结算票据，又保管结算票据要求使用的预留开户银行印鉴的印章；办理网银结算录入、审核的两个优盾和两个密码，要由出纳人员和财务负责人分别掌握；银行存款总账要定期或不定期与银行存款日记账进行核对，不仅要核对余额，而且要核对发生额；单位监督管理部门要不定期对银行存款进行清查，要将银行对账单与银行存款日记账逐笔进行核对。

（三）存货与内部控制

存货的流动性虽然不及货币资金，但相对于固定资产，仍然具有较强的流动性。企业存货种类繁多，流动频繁，比较容易发生保管差错、过期贬值甚至盗窃损失等现象。存货在生产流通企业的流动资产中一般约占50%的比例，任何存货管理上的疏漏，都会给企业造成重大损失。只有强化内部控制，加强存货管理，才能保证存货的安全完整。对存货的内部控制，企业通常采取下列措施：

1.存货业务中的相关职务分离

存货业务涉及采购、验收、保管、领用、盘点、会计记录等业务，从事这些业务的工作人员应适当分离，如存货采购部门人员与申请采购、验收、保管人员适当分离，产成品验收部门同产品制造部门分离，存货保管人员同会计记录人员分离，存货销售与发货人员分离等。

2.建立存货盘存控制制度

对存货的会计记录一般采用永续盘存制。为避免永续盘存制的弊端，企业至少应在每年年末，通过实地盘点，来校验账存数与实存数的差异以及存货的质量差异，以确保企业存货的安全性和财务报表的真实性。

3.建立合理的存货计价及管理制度

企业要根据经济环境选择恰当的存货计价方法，使财务报表尽可能反映存货的真实价值，以确定销货成本合理、准确。存货的计价方法一经选定，不得任意更改，否则易导致利用存货计价方法进行利润操纵的现象发生。如果确因经济环境发生变化须改变计价方法，那么应在报表附注中说明改变计价方法的原因及对当期财务状况的影响情况。

第三节　财产清查

财产清查不仅是一种会计核算的方法，而且是企业进行内部控制的重要手段。企业经常性地开展财产清查工作，不仅能够提高会计信息质量，而且能够保障各项财产物资的安全完整，从而加速资金周转，提高资金的使用效率。

一、财产清查的概念与种类

财产清查是指通过对货币资金、实物资产和往来款项等财产物资进行盘点或核对，以确定其实存数，并查明账存数与实存数是否相符的一种专门方法。财产清查的种类有：

（一）全面清查和局部清查

按照清查范围，财产清查可分为全面清查和局部清查。

全面清查是指对所有的财产进行全面盘点、核对。一般适用于以下几种情况：（1）年终决算前；（2）单位撤销、合并或改变隶属关系前，中外合资、企业股份制改制前；（3）开展全面资产评估、清产核资前；（4）单位主要负责人调离工作岗位前。

局部清查是指根据需要只对部分财产进行盘点、核对。一般适用于以下几种情况：(1) 库存现金（日清月结）；(2) 银行存款（每月至少同银行核对一次）；(3) 库存商品、原材料等流动性较强的存货（除年度清产外，每月应有计划地重点清查）；(4) 债权、债务（年度内至少同对方核对一至两次）。

（二）定期清查和不定期清查

按照清查时间，财产清查可分为定期清查和不定期清查。

定期清查是指按照预先计划安排的时间对财产进行盘点、核对。定期清查一般在年末、季末、月末进行。

不定期清查是指事前不规定清查日期，而是根据特殊需要临时进行盘点、核对。一般适用于以下几种情况：(1) 更换财产保管员、出纳员；(2) 发生自然灾害或意外损失；(3) 有关财政部门、审计部门、银行等对单位进行检查；(4) 单位发生撤销、合并、重组等事项。

（三）内部清查和外部清查

按照清查执行系统，财产清查可分为内部清查和外部清查。

内部清查是指由本单位内部自行组织清查工作小组所进行的财产清查工作。大多数财产清查都属于内部清查。

外部清查是指由上级主管部门、审计机关、司法部门、注册会计师根据国家有关规定或情况需要对本单位所进行的财产清查。一般来讲，进行外部清查时应有本单位相关人员参加。

二、财产清查的一般程序

财产清查既是一种会计核算的方法，又是财产物资管理的一项重要制度。企业必须有计划、有组织地进行财产清查。

财产清查一般包括以下程序：(1) 建立财产清查组织；(2) 组织清查人员学习有关政策规定，掌握有关法律、法规和相关业务知识，以提高财产清查工作的质量；(3) 确定清查对象、范围，明确清查任务；(4) 制订清查方案，具体安排清查内容、时间、步骤、方法，以及必要的清查前准备；(5) 清查时本着先清查数量、核对有关账簿记录等，后认定质量的原则进行；(6) 填制盘存清单；(7) 根据盘存清单，填制实物、往来账项清查结果报告表。

三、财产清查的方法

由于货币资金、实物、往来款项的特点各有不同，因此，企业在进行财产清查时，应采用与其特点和管理要求相适应的方法。

（一）货币资金的清查方法

1.库存现金的清查方法

库存现金的清查是指采用实地盘点法确定库存现金的实存数，然后与库存现金日记账的账面余额相核对，以确定账实是否相符。为明确责任，当清查库存现金时，出纳人员必须在场。

2.银行存款的清查方法

银行存款的清查是指采用与开户银行核对账目的方法确定银行存款的实有数，即将本单位银行存款日记账的账簿记录与开户银行转来的对账单逐笔进行核对，来查明银行存款的实有数。银行存款的清查一般在月末进行。

在核对前，出纳人员须将截止到清查日的所有银行存款的收付业务都登记入账，对发生的错账、漏账应及时查清更正，然后再与银行对账单逐笔核对。如果二者余额相符，那么通常说明没有错误；如果银行存款日记账余额与银行对账单余额不一致，那么其可能是企业或银行一方或双方记账错误，也可能是存在未达账项。

未达账项是指企业和银行之间，由于凭证传递所导致的记账时间不一致而发生的一方已经入账，而另一方尚未入账的事项。未达账项一般分为以下四种情况：（1）企业已收款记账，银行未收款记账的款项；（2）企业已付款记账，银行未付款记账的款项；（3）银行已收款记账，企业未收款记账的款项；（4）银行已付款记账，企业未付款记账的款项。

上述任何一种未达账项的存在，都会使企业银行存款日记账的余额与银行开出的对账单余额不符。所以，企业在与银行进行对账时首先应查明是否存在未达账项，如果存在未达账项，那么应该编制“银行存款余额调节表”（见表8-1），并据以调节双方的账面余额，从而确定企业银行存款实有数。

银行存款余额调节表的编制，是以双方账面余额为基础，各自分别加上对方已收款入账而己方尚未入账的数额，减去对方已付款入账而己方尚未入账的数额。其计算公式如下：

$$\text{企业银行存款日记账余额} + \text{银行已收企业未收款} - \text{银行已付企业未付款} = \text{银行对账单余额} + \text{企业已收银行未收款} - \text{企业已付银行未付款}$$

【例8-1】某企业201×年6月30日的银行存款日记账的余额为51 000元，银行方面送来的对账单上的余额为76 200元，经逐笔核对，发现有下列未达账项：

（1）企业开出转账支票一张，金额17 700元，企业已记银行存款减少，但持票人尚未到银行办理转账手续。

（2）企业收到转账支票一张，金额3 000元，送存银行，企业已记银行存款增加，而银行尚未入账。

（3）企业委托银行托收的11 000元货款，银行已收并登记入账，但企业尚未收到收款通知。

（4）银行代企业支付水电费500元，银行已登记入账，但企业尚未收到付款通知。

根据以上未达账项，企业编制“银行存款余额调节表”（见表8-1）。

表8-1 **银行存款余额调节表**

201×年6月30日

单位：元

项目	金额	项目	金额
企业银行存款日记账余额	51 000	银行对账单余额	76 200
加：银行已收企业未收款项	11 000	加：企业已收银行未收款项	3 000
减：银行已付企业未付款项	500	减：企业已付银行未付款项	17 700
调节后存款余额	61 500	调节后存款余额	61 500

凡在几个银行开户以及开设有外币存款账户的单位，应分别按存款银行开设“银行存款日记账”。每月月底，应分别将各开户银行的“银行存款日记账”与其对应的“银行对

账单”进行核对，并分别编制各开户银行的“银行存款余额调节表”。

需要注意的是：调节后的余额如果相等，那么通常说明企业和银行的账面记录没有错误，该余额通常为企业可以动用的银行存款实有数。调节后的余额如果不相等，那么通常说明一方或双方记账有误，需进一步追查，待查明原因后予以更正和处理。银行存款余额调节表是一种对账记录或对账工具，不能作为调整账面记录的依据，即不能根据银行存款余额调节表中的未达账项来调整银行存款账面记录，未达账项只有在收到有关凭证后才能进行有关账务处理。

（二）实物资产的清查方法

实物资产主要包括固定资产、存货等。实物资产的清查是指对实物资产在数量和质量上所进行的清查。常用的清查方法主要有实地盘点法和技术推算法。实物资产的清查结果要填写“盘点报告表”和“账存实存对照表”，这两张表单根据单位实际情况由清查人员自行设计。

（三）往来款项的清查方法

往来款项主要包括应收、应付款项和预收、预付款项等。往来款项的清查一般采用发函询证的方法进行核对。往来款项清查以后，将清查结果编制“往来款项清查报告单”，填列各项债权、债务的余额。对于有争执的款项以及无法收回的款项，应在报告单上详细列明情况，以便及时采取措施进行处理，从而避免或减少坏账损失。“往来款项清查报告单”同样根据单位的实际情况由清查人员自行设计。

四、财产清查结果的处理

（一）财产清查结果处理的要求

对于在财产清查过程中发现的问题，如财产物资的盘盈、盘亏、毁损或其他各种损失，应核实情况，调查分析原因，并按照国家有关法律法规的规定，进行相应处理。

财产清查结果处理的具体要求有：（1）分析产生差异的原因和性质，提出处理建议；（2）积极处理多余积压财产，清理往来款项；（3）总结经验教训，建立和健全各项管理制度；（4）及时调整账簿记录，保证账实相符。

（二）财产清查结果的账务处理步骤

如果在财产清查过程中出现盘盈、盘亏、毁损等账实不符的情况，那么需要进行账务处理。账务处理分为领导批准处理前和领导批准处理后两个步骤进行：

1.审批之前的处理

会计部门根据“盘点报告表”“账存实存对照表”等已经查实的数据资料，填制记账凭证，记入有关账簿，使账簿记录与实际盘存数相符，同时根据权限，将处理建议报股东大会或董事会，或其他类似机构批准。

2.审批之后的处理

企业清查的各种财产损溢，应于期末前查明原因，并根据企业的管理权限，经股东大会或董事会，或其他类似机构批准后，在期末结账前处理完毕。会计人员应严格按照有关部门对财产清查结果提出的处理意见，进行账务处理，填制有关记账凭证，登记有关账簿，并追回由于责任者原因造成的财产损失。如果在期末结账前尚未经批准，那么在对外提供财务报表时，要先按上述规定进行处理，并在附注中做出说明；其后批准处理的金额与已处理金额不一致的，再调整财务报表相关项目的年初数。

（三）财产清查结果的账务处理方法

为了反映和监督企业在财产清查过程中查明的各种财产物资的盘盈、盘亏、毁损及其处理情况，应设置“待处理财产损溢”账户（但固定资产盘盈和毁损分别通过“以前年度损益调整”“固定资产清理”账户核算）。该账户属于双重性质的资产类账户，下设“待处理流动资产损溢”和“待处理非流动资产损溢”两个明细账户进行明细分类核算。该账户借方登记财产物资的盘亏数、毁损数和批准转销的财产物资盘盈数；贷方登记财产物资的盘盈数和批准转销的财产物资盘亏及毁损数。企业清查的各种财产的盘盈、盘亏和毁损应在期末结账前处理完毕，因此，“待处理财产损溢”账户在期末结账后没有余额。

“待处理财产损溢”账户的结构如下：

借方　　　　待处理财产损溢	贷方
（1）待处理财产的盘亏及毁损数 （2）转销已批准处理财产的盘盈数	（1）待处理财产的盘盈数 （2）转销已批准处理财产的盘亏及毁损数
余额：尚未批准处理盘亏数或毁损数大于盘盈数的差额	余额：尚未批准处理盘盈数大于盘亏数或毁损数的差额

【例8-2】甲公司在财产清查过程中，发现库存现金长款50元，其原因无法查明，报经批准，列作营业外收入。编制如下会计分录：

批准处理前：

借：库存现金　50

　贷：待处理财产损溢——待处理流动资产损溢　50

批准处理后：

借：待处理财产损溢——待处理流动资产损溢　50

　贷：营业外收入　50

【例8-3】某企业在库存现金清查过程中，发现短款100元。

（1）在审批前，根据“库存现金盘点报告表”的记录，编制如下会计分录：

借：待处理财产损溢——待处理流动资产损溢　100

　贷：库存现金　100

（2）经核查，在上述现金短款100元中，有50元属于出纳员王某的责任造成的，应由其赔偿；其余50元原因不明，经批准转作管理费用。编制如下会计分录：

借：其他应收款——王某　50

　　管理费用　50

　贷：待处理财产损溢——待处理流动资产损溢　100

【例8-4】某企业在财产清查过程中，发现甲材料盘盈200元。

（1）在报经审批前，根据“账存实存对比表”的记录，编制如下会计分录：

借：原材料——甲材料　200

　贷：待处理财产损溢——待处理流动资产损溢　200

（2）经查明，该盘盈材料是由于收发计量上的差错造成的，经批准，冲减管理费用，编制如下会计分录：

借：待处理财产损滥——待处理流动资产损溢　200

　贷：管理费用　200

【例8-5】某企业在财产清查过程中，发现乙材料短缺2 000元。

（1）在报经审批之前，根据“账存实存对比表”的记录，编制如下会计分录：

借：待处理财产损溢——待处理流动资产损溢　2 000

　贷：原材料——乙材料　2 000

（2）经审批，上述盘亏材料的处理结果为：200元属自然损耗，列作管理费用；800元属管理过失，责成过失人赔偿；1 000元属于意外损失，经批准列作营业外支出。编制如下会计分录：

借：管理费用　200

　　其他应收款　800

　　营业外支出　1 000

　贷：待处理财产损溢——待处理流动资产损溢　2 000

【例8-6】某企业在财产清查过程中，发现账外设备一台，重置价值为10 000元，估计有七成新，净值为7 000元。

在报经审批之前，根据“账存实存对比表”的记录，编制如下会计分录：

借：固定资产　7 000

　贷：以前年度损益调整　7 000

报经批准后的处理将在后续课程中介绍。

【例8-7】某企业在财产清查过程中，发现盘亏机器一台，账面价值18 000元，累计已提折旧12 000元。

（1）报经审批之前，根据“账存实存对比表”的记录，编制如下会计分录：

借：待处理财产损溢——待处理固定资产损溢　6 000

　　累计折旧　12 000

　贷：固定资产　18 000

（2）经批准，上述盘亏的机器列入营业外支出，编制如下会计分录：

借：营业外支出　6 000

　贷：待处理财产损溢——待处理固定资产损溢　6 000

需要注意的是，盘盈与盘亏、毁损的财产物资不能相互抵销后再进行账务处理。

财产清查结果的具体账务处理方法见表8-2。

表8-2　**财产清查结果的账务处理方法**

财产清查业务		领导审批前	领导审批后
库存现金清查	现金盘盈	借：库存现金 　贷：待处理财产损溢	借：待处理财产损溢 　贷：营业外收入（原因不明） 　　　其他应付款（错付现金）
	现金盘亏	借：待处理财产损溢 　贷：库存现金	借：其他应收款（错付或赔偿） 　　管理费用（管理不善） 　贷：待处理财产损溢

续表

财产清查业务		领导批准前	领导批准后
存货清查	存货盘盈	借：原材料、库存商品等 　贷：待处理财产损溢	借：待处理财产损溢 　贷：管理费用
	存货盘亏	借：待处理财产损溢 　贷：原材料、库存商品等	借：其他应收款（赔偿） 　　管理费用（管理不善等） 　　营业外支出（非常损失） 　贷：待处理财产损溢
固定资产清查	固定资产盘盈	借：固定资产（重置成本） 　贷：以前年度损益调整	通过借记“以前年度损益调整”计算应纳所得税、调整利润分配
	固定资产盘亏	借：待处理财产损溢 　　累计折旧 　贷：固定资产	借：营业外支出 　贷：待处理财产损溢
往来款项清查	企业确实无法收回的应收款项	借：坏账准备 　贷：应收账款等	
	企业确实无法支付的应付款项	借：应付账款等 　贷：营业外收入	
	收回已确认为坏账的应收款项	借：银行存款 　贷：应收账款 借：应收账款 　贷：坏账准备	

第四节　会计职业道德

一、会计职业道德概述

尽管有外部的会计规范体系和内部控制制度来规范和约束会计人员的会计行为，但国内外财务舞弊现象时有发生，提供虚假会计信息和侵占公司、国家资产的行为仍然屡禁不止。其根本原因在于会计及相关人员的职业道德缺失，或者遇到职业道德困境时禁不住诱惑、禁不住压力而应对不当。

（一）会计职业道德的概念

道德是道和德的合成词，道是道理，是规律，是方向、方法、技术的总称；德是素养、品性、品质。道德属于一种社会意识形态，是调整人与人之间、个人与社会之间相互关系的行动规范的总和，它以真诚与虚伪、善与恶、正义与非正义、公正与偏私等观念来衡量和评价人们的思想和行动。通过各种形式的教育和社会舆论力量，人们会逐渐形成一定的信念、习惯和传统。道德是后天养成的合乎行为规范和准则的东西。它是做人做事的底线。它要求我们，也帮助我们，同时还在生活中约束着我们。

职业道德是指在一定职业活动中应遵循的、体现一定职业特征的、调整一定职业关系的职业行为准则和规范。我国《公民道德建设实施纲要》提出了职业道德的基本内容，即“爱岗敬业、诚实守信、办事公道、服务群众、奉献社会”。

会计职业道德是指在会计职业活动中应当遵循的、体现会计职业特征的、调整会计职业关系的职业行为准则和规范。会计职业道德是一般社会公德在会计工作中的具体体现，引导、制约会计行为，调整会计人员与社会、会计人员与不同利益集团以及会计人员之间关系的社会规范。

（二）会计职业道德与会计法规的关系

1.会计职业道德与会计法规的联系

会计职业道德与会计法规有着共同的目标、相同的调整对象，承担着同样的责任，两者联系密切，主要表现在：

（1）在作用上相互补充，相互协调。会计行为不可能都由会计法规进行规范，不需要或不宜由会计法规进行规范的行为，可通过会计职业道德规范来实现，同样，那些基本的会计行为必须运用会计法规强制规范。

（2）在内容上相互渗透，相互重叠。会计法规中含有会计职业道德规范的内容，同时，会计职业道德规范中也包含会计法规的某些条款。

（3）在地位上相互转化、相互吸收。最初的会计职业道德规范就是对会计职业行为约定俗成的基本要求，后来制定的会计法规吸收了这些基本要求，便形成了会计法规，会计法规是会计职业道德的最低要求。

（4）在实施过程中相互作用。会计职业道德是会计法律制度正常运行的社会和思想基础，会计法规是促进会计职业道德规范形成和遵守的重要保障。

2.会计职业道德与会计法规的区别

（1）性质不同。会计法规通过国家机器强制执行，具有很强的他律性；会计职业道德基本上是非强制执行的，具有很强的自律性。

（2）作用范围不同。会计法规侧重于调整会计人员的外在行为和结果的合法化，有较强的客观性；会计职业道德不仅调整会计人员的外在行为，而且调整会计人员内在的精神世界。

（3）实现形式不同。会计法规的表现形式是具体的、明确的、正式形成文字的成文条例；而会计职业道德的表现形式既有明确的成文的规定，又有不成文的规范。

（4）实施保障机制不同。会计法规是国家强制力保障实施的；而会计职业道德上不仅有国家法律的要求，而且需要会计人员的自觉遵守。

（5）评价标准不同。会计法规是以会计人员享有的权利和义务或法律规定为标准来判定其行为是否违法；而会计职业道德则以善恶为标准来判定人们的行为是否违背道德规范。

（三）会计职业道德规范层次

我国会计职业道德规范有以下两个层次：

一是在国家权力机关和行政机关制定的会计法规体系中规定的，以及专门制定的有关会计职业道德的规范。前者如《会计法》《会计基础工作规范》《注册会计师法》《会计人员管理办法》，其中都有对会计人员及相关人员的会计职业道德要求；后者如《中国总会计师职业道德与行为规范（试行）》《中国内部审计准则第1201号——内部审计人员职业道德规范》《关于加强会计人员诚信建设的指导意见》。

二是行业协会如中国注册会计师协会专门制定的会计职业道德规范体系，包括《中国注册会计师职业道德守则》和《中国注册会计师协会非执业会员职业道德守则》。

（四）会计职业道德的一般要求

《关于加强会计人员诚信建设的指导意见》（财会〔2018〕9号）中指出：要“强化会计职业道德约束。针对会计工作特点，进一步完善会计职业道德规范，引导会计人员自觉遵纪守法、勤勉尽责、参与管理、强化服务，不断提高专业胜任能力；督促会计人员坚持客观公正、诚实守信、廉洁自律、不做假账，不断提高职业操守。”该指导意见和其他有关会计法规，对会计人员职业道德的一般要求是：爱岗敬业、诚实守信、廉洁自律、客观公正、坚持准则、提高技能、参与管理、强化服务。

下面重点介绍中国注册会计师的职业道德规范。注册会计师职业道德规范尤其是非执业会员道德规范，同样适用于单位一般会计人员。

二、注册会计师职业道德规范体系

为了顺应经济社会发展对注册会计师诚信和职业道德水平提出的更高要求，规范中国注册会计师协会会员的职业行为，进一步提升职业道德水平，维护职业形象，保持与国际职业会计师道德守则的持续动态趋同，中国注册会计师协会（CICPA）对我国注册会计师职业道德守则进行了全面修订，2020年12月17日，CICPA正式发布了新修订的《中国注册会计师职业道德守则（2020）》和《中国注册会计师协会非执业会员职业道德守则（2020）》，自2021年7月1日起施行。

因此，我国注册会计师职业道德规范体系由《中国注册会计师职业道德守则（2020）》和《中国注册会计师协会非执业会员职业道德守则（2020）》两部分组成，前者适用于执业会员，后者适用于非执业会员。其中，《中国注册会计师职业道德守则（2020）》具体包括《中国注册会计师职业道德守则第1号——职业道德基本原则》《中国注册会计师职业道德守则第2号——职业道德概念框架》《中国注册会计师职业道德守则第3号——提供专业服务的具体要求》《中国注册会计师职业道德守则第4号——审计和审阅业务对独立性的要求》《中国注册会计师职业道德守则第5号——其他鉴证业务对独立性的要求》等5个守则和1个附件《中国注册会计师职业道德守则术语表》。《中国注册会计师协会非执业会员职业道德守则（2020）》没有细分为多个守则，只有1个附件，即《中国注册会计师协会非执业会员职业道德守则术语表》。

三、中国注册会计师协会非执业会员职业道德守则

鉴于大部分会计人员从事的都是单位内部的会计工作，《中国注册会计师协会非执业会员职业道德守则》可以成为单位内部会计人员遵循的职业道德标准，加上篇幅的限制，因此本书只概要介绍《中国注册会计师协会非执业会员职业道德守则》的主要内容。

《中国注册会计师协会非执业会员职业道德守则（2020）》包括：第一章 总则、第二章 职业道德基本原则、第三章 职业道德概念框架、第四章 利益冲突、第五章 信息的编制和列报、第六章 专业知识和技能、第七章 与财务报告和决策相关的经济利益、薪酬和激励、第八章 利益诱惑（包括礼品和款待）、第九章 应对违反法律法规行为、第十章 违反

职业道德基本原则的压力，共一百二十七条。下面就其中的“职业道德基本原则”“职业道德概念框架”作简要说明。

（一）职业道德基本原则

1.诚信

非执业会员应当遵循诚信原则，在所有的职业活动中保持正直、诚实守信。要求职业会计师以求真务实和知行合一的态度对待会计工作，并以公众利益为重。诚信所包含的道德内涵与会计信息的关键质量特征高度相关。诚信是会计职业的基石，是会计职业道德最为首要的原则。

2.客观公正

非执业会员应当遵循客观公正原则，公正处事，实事求是，不得由于偏见、利益冲突或他人的不当影响而损害自己的职业判断。客观公正原则要求职业会计师必须以实际发生的经济活动为依据，对会计事项进行确认、计量、记录和报告，以达到会计信息的可靠性；同时，当履行职业义务时，必须摒弃单位、个人私利，公平公正、不偏不倚地对待相关利益各方，以达到信息的中立或不偏不倚。

3.专业胜任能力和勤勉尽责

非执业会员应当遵循专业胜任能力和勤勉尽责原则。根据该原则的要求，非执业会员应当：（1）获取并保持应有的专业知识和技能，确保为工作单位提供具有专业水准的服务；（2）做到勤勉尽责。专业胜任能力和勤勉尽责要求职业会计师应当通过教育、培训和执业实践获取并保持专业胜任能力，持续了解并掌握当前法律、技术和实务的发展变化，将专业知识和技能始终保持在应有的水平，当运用专业知识和技能时应合理运用职业判断。

4.保密

非执业会员应当遵循保密原则，对职业活动中获知的涉密信息保密。保密原则要求职业会计师警惕无意中泄密的可能性，包括在社会交往时无意中泄密的可能性，特别要警惕无意中向关系密切的商业伙伴或近亲属泄密的可能性；对所在会计师事务所或受雇单位内部的涉密信息保密；对拟承接的客户或拟受雇的单位向其披露的涉密信息保密；在未经客户或受雇单位授权的情况下，不得向第三方披露其所获知的涉密信息，除非法律法规或职业准则规定会计师在这种情况下有权利或义务进行披露。

5.良好的职业行为

非执业会员应当遵循良好的职业行为原则，遵守相关法律法规，避免发生任何可能损害职业声誉的行为。良好的职业行为要求职业会计师不得在明知的情况下，从事任何可能损害诚信原则、客观公正原则或良好职业声誉，以及可能违反职业道德基本原则的业务、职务或活动。职业会计师在向公众传递信息以及推介自己和工作时，应当客观、真实、得体，不得损害职业形象。职业会计师应当诚实、实事求是，不得有下列行为：夸大宣传提供的服务、拥有的资质或获得的经验；贬低或无根据地比较他人的工作。

（二）职业道德概念框架

职业道德概念框架是指解决职业道德问题的思路和方法，用以指导非执业会员：（1）识别对职业道德基本原则的不利影响；（2）评价不利影响的严重程度；（3）必要时采取防范措施消除不利影响或将其降低至可接受的水平。图8-1反映了会计职业道德概念框架的构成要素。

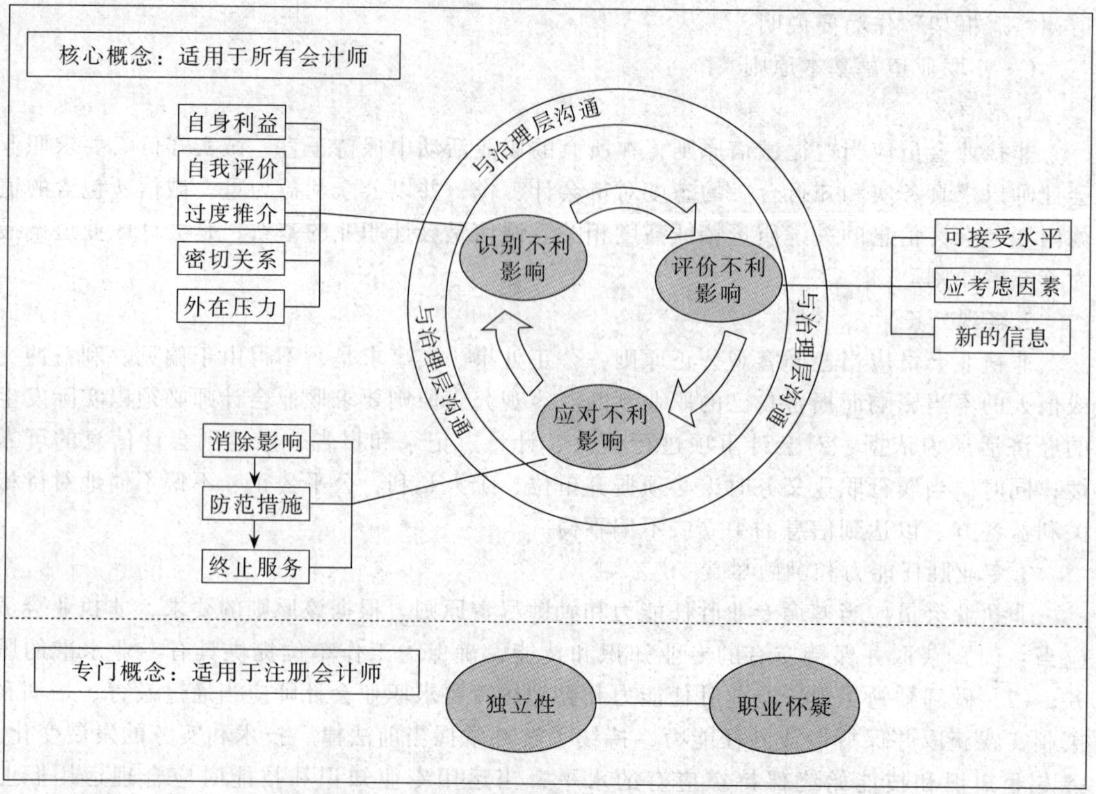

图8-1　会计职业道德概念框架的构成要素

非执业会员遇到的许多情形（如职业活动、利益和关系）都可能会对职业道德基本原则产生不利影响，职业道德概念框架旨在帮助非执业会员应对这些不利影响。职业道德概念框架适用于各种可能对职业道德基本原则产生不利影响的情形。由于实务中的情形多种多样且层出不穷，会计职业道德守则不可能对所有情形都做出明确规定，非执业会员如果遇到会计职业道德守则未做出明确规定的情形，应当运用职业道德概念框架识别、评价和应对各种可能产生的不利影响，而不能想当然地认为本守则未明确禁止的情形就是允许的。

1.识别对职业道德基本原则的不利影响

可能对职业道德基本原则产生不利影响的因素包括自身利益、自我评价、过度推介、密切关系和外在压力。

（1）自身利益。下列事项可能因自身利益对职业道德基本原则产生不利影响：非执业会员在工作单位中拥有经济利益，或者接受工作单位的贷款或担保；非执业会员参与工作单位的激励性薪酬计划；非执业会员有能力将工作单位资产挪为私用；非执业会员接受工作单位供应商提供的礼品或款待。

（2）自我评价。下列事项可能因自我评价对职业道德基本原则产生不利影响：非执业会员负责设计和运行工作单位的内部控制，又对其设计和运行情况进行评价；非执业会员负责工作单位的会计处理，同时又执行内部审计工作；非执业会员对收购决策进行可行性研究后，又确定该项企业合并的会计处理方法。

（3）过度推介。下列事项可能因过度推介对职业道德基本原则产生不利影响：非执业会员以虚假或误导性的方式宣传工作单位的形象或立场；非执业会员以虚假或误导性的方式推介工作单位的股份、产品或服务；非执业会员有机会操纵招股说明书上的信息以帮助工作单位融资。在促进工作单位实现合法目标的过程中，非执业会员可以宣传工作单位的立场。只要其做出的陈述没有错误，也不具有误导性，通常不会因过度推介对职业道德基本原则产生不利影响。

（4）密切关系。下列事项可能因密切关系对职业道德基本原则产生不利影响：非执业会员负责工作单位的财务报告，而在同一单位工作的近亲属可以做出影响财务报告的决策；非执业会员与工作单位中能够影响经营决策的人员长期存在业务交往；非执业会员接受可能影响其客观公正的礼品或款待。

（5）外在压力。下列事项可能因外在压力对职业道德基本原则产生不利影响：当工作单位与非执业会员或其近亲属在会计政策的选择和运用等方面存在分歧时，非执业会员或近亲属受到解聘或更换职位的威胁；上级主管试图影响非执业会员的决策过程。

2.评价不利影响的严重程度

如果发现存在可能违反职业道德基本原则的情形，非执业会员应当评价其对职业道德基本原则的不利影响。当评价不利影响的严重程度时，非执业会员应当从性质和数量两个方面予以考虑。如果认为对职业道德基本原则的不利影响超出可接受的水平，非执业会员应当确定是否能够采取防范措施消除不利影响或将其降低至可接受的水平。

非执业会员对不利影响严重程度的评价可能受多种因素的影响，例如：非执业会员所从事职业活动的性质和范围；非执业会员所在工作单位的工作环境和经营环境。其中，与非执业会员所在工作单位的工作环境和经营环境有关的例子包括：（1）领导层强调道德行为的重要性，并期望员工以符合道德标准的方式行事；（2）制定政策和程序，授权并鼓励员工就其关心的道德问题与高级管理人员沟通，而不必担心受到惩罚；（3）制定政策和程序用于监控员工绩效的质量；（4）建立工作单位的组织监督体系或其他监督结构以及强有力的内部控制；（5）招聘程序强调雇用高素质、具有胜任能力人员的重要性；（6）向所有员工及时传达工作单位的政策、程序及其变化情况，并就这些政策和程序提供适当的培训和教育；（7）制定与职业道德和行为守则相关的政策。

当非执业会员认为工作单位的其他人员已经发生或将要发生违反职业道德的行为时，可以考虑征询法律意见。

3.应对不利影响

职业会计师应当运用职业判断，确定如何应对超出可接受水平的不利影响，包括以下三种基本的应对方式：消除产生不利影响的情形，包括利益或关系；采取可行的防范措施将不利影响降低至可接受的水平；拒绝或终止特定的职业活动。在极其特殊的情况下，如果非执业会员无法采取防范措施消除不利影响或将其降低至可接受的水平，可能需要考虑向工作单位提出辞职。

除消除不利影响、采取防范措施（将不利影响降低至可接受水平）和拒绝或终止特定的职业活动等应对方式的选择外，非执业会员还可选择以下应对方式：与治理层的讨论和沟通；必要的披露。

当按照会计职业道德守则的规定与治理层进行沟通时，非执业会员应当确定与工作单位治理结构中的哪些适当人员进行沟通。如果非执业会员与治理层的下设组织（如审计委员会）或个人沟通，应当确定是否还需要与治理层整体进行沟通，以使治理层所有成员充分知情。在确定具体沟通对象时，非执业会员可能需要考虑下列事项：具体情况的性质和重要程度；拟沟通的事项。

如果非执业会员与同时承担管理层职责和治理层职责的人员沟通，应当确保这种沟通能够向所有负有治理责任的人员充分传递应予沟通的内容。在某些情况下，治理层全部成员均参与工作单位的管理。例如，在一家小企业中，仅有的一名业主管理该企业，并且没有其他人负有治理责任。在这些情况下，如果与同时承担管理层职责和治理层职责的人员沟通，可以认为非执业会员已满足与治理层沟通的要求。

职业会计师有时候需要根据不利影响的性质和严重程度，通过运用职业判断以确定是否有必要进行特定的披露以获取相关方明确同意，并对相关事项加以记录。

【课程思政拓展阅读】

注册会计师的职业操守何在？

捅出2.4万亿元惊天窟窿的许家印被抓了。有人说该被追责的不仅是许家印和恒大，还应该有恒大的御用审计师普华永道。

1998年普华永道会计师事务所（以下简称“普华永道”）由普华和永道两个会计师事务所在英国伦敦合并而成，分布于152个国家，共860余家分公司和办事处，以及15.5万名员工。2021年美国管理会计师协会与普华永道签署战略合作协议。

普华永道连续14年为恒大审计，公开资料显示，每年从恒大领走4 500多万元的审计费，协助恒大财务作假，帮恒大把击鼓传花的游戏越玩越大，以30多亿元的资金撬走了几千亿元的银行贷款，进而扩张至两万多亿元的债务，从而造就了如此规模巨大的庞氏骗局。

2021年9月，恒大财富爆雷，恒大签署“保交楼”军令状；2023年7月，恒大补发2021年和2022年财务报告，分别亏损6 862亿元和1 258亿元。恒大部分报表项目见表8-3。

表8-3 **恒大部分报表项目** 单位：亿元

项目	2020年	2021年	2022年
主营业务收入	5 072	2 500	2 301
净利润	314	−6 862	−1 258
总资产	23 012	21 071	18 383
总负债	19 507	25 802	24 374
净资产	3 504	−4 731	−5 991

最引人注目的是：2021年独立核数师报告摘要以企业自身会计处理方式变更为由，披露的6 643亿元（不含税）的巨额“以前年度收入”调减，恒大的净资产由正转负、资不抵债。突然“消失”的6 643亿元成了关键点，这显然不是一个“会计处理方式变更”的理由就可以搪塞过去的。

更令人担忧的是，除了恒大，由普华永道担任审计任务的头部房企还有碧桂园、融创、富力等；而包括普华永道在内的国际四大会计师事务所几乎包揽了国内头部房企的相关业务。如今，国内的头部房企有很多都面临着与恒大相似的局面。

直到恒大财富"爆雷"前夕，普华永道在2020年年报的审计意见中，还发表了无保留意见。而从2022年1月初开始，普华永道等四大会计师事务所开始辞去与一众房企相关的审计工作，"分手"的借口是出奇一致的"审计费用未达成一致"。

资料来源：笔者根据网上公开资料改编而成。

【本章巩固练习题】

一、简答题

1. 什么是财产清查？进行财产清查有何意义？

2. 财产清查有哪些种类？一般程序是怎样的？

3. 财产清查结果的账务处理需通过什么账户？

4. 我国会计规范体系由哪几个层次构成？

5. 什么是会计职业道德？其具体内容有哪些？

6. 会计职业道德与法律的关系如何？

二、账务处理题

习题一

（一）目的：练习财产清查结果的账务处理。

（二）资料：

1. 在财产清查过程中确定材料盘盈1 100元。

2. 盘盈材料经批准转销，冲减管理费用。

3. 在财产清查过程中发现材料盘亏4 600元，按规定程序上报有关部门审批。

4. 在上项盘亏的材料中有2 600元属于正常经营损耗，经批准转销；有2 000元属于责任者个人赔偿。

5. 在财产清查过程中确定一台机床盘亏，其账面原价13 000元，已提折旧7 500元。

6. 盘亏机床经批准转销，作为营业外支出的增加。

7. 甲公司在财产清查过程中，发现库存现金长款50元，其原因无法查明，报经领导批准，列作营业外收入。

（三）要求：根据上述资料编制有关会计分录。

习题二

（一）目的：练习银行存款余额调节表的编制。

（二）资料：某企业202×年6月30日银行存款日记账余额为110 000元，而银行对账单上的存款余额为110 500元，经查对账目，发现下列未达账项：

1. 银行已于6月29日代该企业支付电费2 000元，未通知该企业。

2. 该企业在6月30日收到外单位为偿还欠款而交来的转账支票一张，票面金额为5 300元，已送存银行，但银行尚未入账。

3. 该企业于6月30日签发转账支票一张，购买材料，金额为4 200元，持票人未到银行办理转账结算。

4. 该企业本季度存款利息计3 600元，银行结算后已入账，但该企业尚未收到存款结息通知。

（三）要求：根据上述资料编制银行存款余额调节表。

【本章知识结构图】

参考文献

［1］杨雄胜.会计基本理论研究［M］. 北京：中国财政经济出版社，2021.

［2］缪艳娟. 中级财务会计［M］. 2版. 大连：东北财经大学出版社，2019.

［3］缪艳娟. 试论改变现金流量表“依附性”的现实路径［J］. 中国农业会计，2020（10）：8-11.

［4］普雷维茨，莫里诺. 美国会计史：会计的文化意义［M］. 杜兴强，于竹丽，等，译. 北京：中国人民大学出版社，2006.

［5］刘峰. 会计学［M］. 北京：清华大学出版社，2019.

［6］李端生. 基础会计学［M］. 3版. 北京：中国人民大学出版社，2011.

［7］陈国辉，迟旭升. 基础会计［M］. 6版. 大连：东北财经大学出版社，2018.

［8］崔智敏，陈爱玲. 会计学基础［M］. 7版. 北京：中国人民大学出版社，2020.

［9］熊义成. 基础会计［M］. 2版. 长沙：湖南师范大学出版社，2017.

［10］张捷，刘英明. 基础会计［M］. 6版. 北京：中国人民大学出版社，2019.

［11］李爱红，施先旺，马荣贵. 会计学基础［M］. 北京：机械工业出版社，2018.

［12］任瑞丽，王青亚. 会计学基础［M］. 西安：西安电子科技大学出版社，2018.

［13］夏冬林，秦玉熙. 会计学——原理与方法［M］. 3版. 北京：中国人民大学出版社，2019.

［14］财政部会计资格评价中心. 初级会计实务［M］. 北京：经济科学出版社，2019.

［15］李海波，蒋瑛. 会计学原理——基础会计［M］. 19版. 上海：立信会计出版社，2019.

［16］郑永强. 让财报说话［M］. 北京：机械工业出版社，2019.

［17］陈汉文，韩洪灵. 商业伦理与会计职业道德［M］. 北京：中国人民大学出版社，2020.

［18］荆新，王化成，刘俊彦. 财务管理学［M］. 8版. 北京：中国人民大学出版社，2018.

［19］胡玉明. 财务报表分析［M］. 4版. 大连：东北财经大学出版社，2022.

［20］张先治，陈友邦. 财务分析［M］. 8版. 大连：东北财经大学出版社，2017.

［21］王化成，支晓强，王建英. 财务报表分析［M］. 2版. 北京：中国人民大学出版社，2018.

［22］池国华. 财务报表分析［M］. 北京：高等教育出版社，2019.

［23］袁凤林. 会计信息化应用教程［M］. 大连：东北财经大学出版社，2020.

［24］焦阳，侯俐敏. 人工智能时代下会计行业的发展［N］. 山西日报，2019-08-07.

［25］刘勤，杨寅. 智能财务的体系架构、实现路径和应用趋势探讨［J］. 管理会计研究，2018（1）.

[26] 陈虎，孙彦丛. 财务共享服务 [M]. 2版. 北京：中国财政经济出版社，2018.

[27] 陈虎，陈健. 会计大数据分析与处理技术：助推数据赋能财务新未来 [J]. 财务与会计，2022 (10)：33-38.

[28] 韩菲. 财经法规与会计职业道德 [M]. 北京：高等教育出版社，2019.

[29] 中华人民共和国财政部. 企业会计准则 [M]. 2021年版. 上海：立信会计出版社，2021.